大足石刻全集

第七卷
宝顶山大佛湾石窟第15—32号考古报告
下册

大足石刻研究院　编

黎方银　主编

DAZU SHIKE
QUANJI

重庆出版集团　重庆出版社

THE DAZU ROCK CARVINGS

Vol. VII

DAFOWAN (NOS. 15—32), BAODINGSHAN

Part Two

EDITED BY
ACADEMY OF DAZU ROCK CARVINGS

EDITOR IN CHIEF
LI FANGYIN

总　策　划　　郭　宜　　黎方银

《大足石刻全集》学术委员会

主　　任　　丁明夷
委　　员　　丁明夷　马世长　王川平　宁　强　孙　华　杨　泓　李志荣　李崇峰
　　　　　　李裕群　李静杰　陈明光　陈悦新　杭　侃　姚崇新　郭相颖　雷玉华
　　　　　　霍　巍（以姓氏笔画为序）

《大足石刻全集》编辑委员会

主　　任　　王怀龙　黎方银
副 主 任　　郭　宜　谢晓鹏　刘贤高　郑文武
委　　员　　王怀龙　毛世福　邓启兵　刘贤高　米德昉　李小强　周　颖　郑文武
　　　　　　郭　宜　黄能迁　谢晓鹏　黎方银（以姓氏笔画为序）
主　　编　　黎方银
副 主 编　　刘贤高　邓启兵　黄能迁　谢晓鹏　郑文武

《大足石刻全集》第七卷编纂工作团队

调查记录　　张媛媛　邓启兵　陈　静　黄能迁
现场测绘　　胡云岗　赵　岗　蒋小菁　卢光宇　张玉敏　周　颖
　　　　　　毛世福　黄能迁　邓启兵
绘　　图　　毛世福　周　颖
图版拍摄　　郑文武（主机）　王　远　吕文成　周　瑜
拓　　片　　唐长清　唐毅烈
铭文整理　　赵凌飞
资料整理　　赵凌飞　张媛媛　未小妹　李朝元
英文翻译　　姚淇琳
英文审定　　Tom Suchan　唐仲明
报告编写　　刘贤高　邓启兵　黄能迁　黎方银
统　　稿　　刘贤高
审　　定　　丁明夷

《大足石刻全集》第七卷编辑工作团队

工作统筹　　郭　宜　郑文武
三　　审　　康聪斌　夏　添　邓士伏　郭　宜　邱振邦
编　　辑　　郑文武　夏　添　王　远　吕文成
印前审读　　曾祥志
图片制作　　郑文武　王　远　吕文成
装帧设计　　胡靳一　郑文武
排　　版　　何　璐　黄　淦
校　　色　　宋晓东　郑文武
校　　对　　唐联文　刘　真　何建云　李小君　唐云沄　刘　艳

总目录

第一卷　　　北山佛湾石窟第1—100号考古报告

第二卷　　　北山佛湾石窟第101—192号考古报告

第三卷　　　北山佛湾石窟第193—290号考古报告

第四卷　　　北山多宝塔考古报告

第五卷　　　石篆山、石门山、南山石窟考古报告

第六卷　　　宝顶山大佛湾石窟第1—14号考古报告

第七卷　　　宝顶山大佛湾石窟第15—32号考古报告

第八卷　　　宝顶山小佛湾及周边石窟考古报告

第九卷　　　大足石刻专论

第十卷　　　大足石刻历史图版

第十一卷　　附录及索引

GENERAL CATALOGUE

Vol. I　　　　FOWAN (NOS. 1–100), BEISHAN

Vol. II　　　　FOWAN (NOS. 101–192), BEISHAN

Vol. III　　　FOWAN (NOS. 193–290), BEISHAN

Vol. IV　　　DUOBAO PAGODA, BEISHAN

Vol. V　　　　SHIZHUANSHAN, SHIMENSHAN AND NANSHAN

Vol. VI　　　DAFOWAN (NOS. 1–14), BAODINGSHAN

Vol. VII　　　DAFOWAN (NOS. 15–32), BAODINGSHAN

Vol. VIII　　XIAOFOWAN AND SURROUNDING CARVINGS, BAODINGSHAN

Vol. IX　　　COLLECTED RESEARCH PAPERS ON THE DAZU ROCK CARVINGS

Vol. X　　　　EARLY PHOTOGRAPHS OF THE DAZU ROCK CARVINGS

Vol. XI　　　APPENDIX AND INDEX

目　录

I　摄影图版

图版 1　宝顶山大佛湾石窟北崖航拍图（局部） …………… 2
图版 2　宝顶山大佛湾石窟南崖航拍图（局部） …………… 3
图版 3　第 15—17 号（由东向西） …………………………… 4
图版 4　第 15—17 号（由西向东） …………………………… 6
图版 5　第 14、15 号龛交界壁面 …………………………… 8
图版 6　第 15、16 号龛交界壁面 …………………………… 9
图版 7　第 16、17 号龛交界壁面 …………………………… 10
图版 8　第 17、18 号龛交界壁面 …………………………… 11
图版 9　第 15 号龛外立面 …………………………………… 12
图版 10　第 15 号龛龛顶 ……………………………………… 14
图版 11　第 15 号龛上层第 1 身佛像 ………………………… 16
图版 12　第 15 号龛上层第 2 身佛像 ………………………… 17
图版 13　第 15 号龛上层第 3 身佛像 ………………………… 18
图版 14　第 15 号龛上层第 4 身佛像 ………………………… 19
图版 15　第 15 号龛上层第 5 身佛像 ………………………… 20
图版 16　第 15 号龛上层第 6 身佛像 ………………………… 21
图版 17　第 15 号龛上层第 7 身佛像 ………………………… 22
图版 18　第 15 号龛中层序品造像 …………………………… 23
图版 19　第 15 号龛中层第 1 组造像 ………………………… 24
图版 20　第 15 号龛中层第 2 组造像 ………………………… 25
图版 21　第 15 号龛中层第 3 组造像 ………………………… 26
图版 22　第 15 号龛中层第 4 组造像 ………………………… 27
图版 23　第 15 号龛中层第 5 组造像 ………………………… 28
图版 24　第 15 号龛中层第 6 组造像 ………………………… 29
图版 25　第 15 号龛中层第 7 组造像 ………………………… 30
图版 26　第 15 号龛中层第 8 组造像 ………………………… 31
图版 27　第 15 号龛中层第 9 组造像 ………………………… 32
图版 28　第 15 号龛中层第 10 组造像 ……………………… 33
图版 29　第 15 号龛下层右侧地狱场景 …………………… 34
图版 30　第 16 号龛外立面 ………………………………… 35
图版 31　第 16 号龛龛顶 …………………………………… 36
图版 32　第 16 号龛上部第 1 身造像 ……………………… 37
图版 33　第 16 号龛上部第 2 身造像 ……………………… 38
图版 34　第 16 号龛上部第 3 身造像 ……………………… 39
图版 35　第 16 号龛上部第 4—6 身造像 …………………… 40
图版 36　第 16 号龛下部左受刑者 ………………………… 42
图版 37　第 16 号龛下部右受刑者 ………………………… 43
图版 38　第 17 号龛外立面 ………………………………… 44
图版 39　第 17 号龛龛顶 …………………………………… 46
图版 40　第 17 号龛左侧壁造像 …………………………… 48

图版 41　第 17 号龛右侧壁造像 …………………………… 49
图版 42　第 17 号龛主尊佛像 ……………………………… 50
图版 43　第 17 号龛主尊佛像头顶毫光内造像 …………… 51
图版 44　第 17 号龛主尊头左、右光芒内外造像 ………… 52
图版 45　第 17 号龛主尊头后光芒第 1 组造像 …………… 53
图版 46　第 17 号龛主尊头后光芒第 2 组造像 …………… 54
图版 47　第 17 号龛主尊头后光芒第 3 组造像 …………… 55
图版 48　第 17 号龛主尊头后光芒第 4 组造像 …………… 56
图版 49　第 17 号龛主尊头后光芒第 5 组造像 …………… 57
图版 50　第 17 号龛左侧壁下层序品造像 ………………… 58
图版 51　第 17 号龛左侧壁下层序品弟子像 ……………… 60
图版 52　第 17 号龛左侧壁下层序品乞丐像 ……………… 61
图版 53　第 17 号龛左侧壁下层序品第 1 身外道像 ……… 62
图版 54　第 17 号龛左侧壁下层序品第 2 身外道像 ……… 63
图版 55　第 17 号龛左侧壁下层序品第 3 身外道像 ……… 64
图版 56　第 17 号龛左侧壁下层序品第 4 身外道像 ……… 65
图版 57　第 17 号龛左侧壁下层序品第 5 身外道像 ……… 66
图版 58　第 17 号龛左侧壁下层序品第 6 身外道像 ……… 67
图版 59　第 17 号龛左侧壁第 1 组造像 …………………… 68
图版 60　第 17 号龛左侧壁第 2 组造像 …………………… 69
图版 61　第 17 号龛左侧壁第 3 组造像 …………………… 70
图版 62　第 17 号龛左侧壁第 4 组造像 …………………… 71
图版 63　第 17 号龛左侧壁第 5 组造像 …………………… 72
图版 64　第 17 号龛右侧壁第 1 组造像 …………………… 73
图版 65　第 17 号龛右侧壁第 2 组造像 …………………… 74
图版 66　第 17 号龛右侧壁第 3 组造像 …………………… 75
图版 67　第 17 号龛右侧壁第 4 组造像 …………………… 76
图版 68　第 17 号龛右侧壁第 5 组造像 …………………… 77
图版 69　第 17 号龛右侧壁第 6 组造像 …………………… 77
图版 70　第 18—20 号（由东向西） ………………………… 78
图版 71　第 18—20 号（由西向东） ………………………… 79
图版 72　第 18、19 号龛交界壁面 ………………………… 80
图版 73　第 19、20 号龛交界壁面 ………………………… 81
图版 74　第 18 号龛外立面 ………………………………… 82
图版 75　第 18 号龛龛顶 …………………………………… 84
图版 76　第 18 号龛中部上层一佛二菩萨主尊像 ………… 86
图版 77　第 18 号龛中部上层主尊像 ……………………… 88
图版 78　第 18 号龛中部上层主尊佛像左侧胁侍菩萨像 … 89
图版 79　第 18 号龛中部上层主尊佛像右侧胁侍菩萨像 … 90
图版 80　第 18 号龛中部上层主尊佛像头部左侧楼阁 …… 91

图版81	第18号龛中部上层主尊佛像头部右侧楼阁	92
图版82	第18号龛中部上层左主尊菩萨像	93
图版83	第18号龛中部上层右主尊菩萨像	94
图版84	第18号龛中上部左侧十佛	95
图版85	第18号龛中上部右侧十佛	95
图版86	第18号龛中上部左侧飞天像	96
图版87	第18号龛中上部右侧飞天像	97
图版88	第18号龛中上部左侧大宝楼阁	98
图版89	第18号龛中上部左侧大宝楼阁前侧菩萨像	99
图版90	第18号龛中上部左侧大宝楼阁底层屋身童子像	100
图版91	第18号龛中上部左侧大宝楼阁上层屋身敲钟童子像	101
图版92	第18号龛中上部右侧珠楼	102
图版93	第18号龛中上部右侧珠楼前侧菩萨像	103
图版94	第18号龛中上部右侧珠楼前童子像	104
图版95	第18号龛中上部右侧珠楼上层屋身佛像	105
图版96	第18号龛中上部勾栏左起第1身乐童像	106
图版97	第18号龛中上部勾栏左起第2身乐童像	107
图版98	第18号龛中上部勾栏左起第3身乐童像	107
图版99	第18号龛中上部勾栏左起第4身乐童像	108
图版100	第18号龛中上部勾栏左起第5身乐童像	108
图版101	第18号龛中上部勾栏左起第6身乐童像	109
图版102	第18号龛中上部勾栏左起第7身乐童像	109
图版103	第18号龛中部下层"上品三生"造像	110
图版104	第18号龛中部下层"上品上生"造像	112
图版105	第18号龛中部下层"上品中生"造像	114
图版106	第18号龛中部下层"上品中生"造像左下童子像	115
图版107	第18号龛中部下层"上品中生"造像右下童子像	116
图版108	第18号龛中部下层"上品中生"造像左上迦陵频伽像	117
图版109	第18号龛中部下层"上品下生"造像	118
图版110	第18号龛中部下层左侧世俗人像	120
图版111	第18号龛中部下层右侧世俗人像	121
图版112	第18号龛中部下层"中品三生"造像	122
图版113	第18号龛中部下层"中品上生"造像	124
图版114	第18号龛中部下层"中品中生"造像	126
图版115	第18号龛中部下层"中品下生"造像	128
图版116	第18号龛中部下层"下品三生"造像	130
图版117	第18号龛中部下层"下品上生"造像	132
图版118	第18号龛中部下层"下品中生"造像	134
图版119	第18号龛中部下层"下品下生"造像	136
图版120	第18号龛下方左起第2段栏杆内化生童子像	138
图版121	第18号龛下方左起第3段栏杆内化生童子像	138
图版122	第18号龛下方左起第7段栏杆内化生童子像	139
图版123	第18号龛下方左起第8段栏杆内化生童子像	139
图版124	第18号龛下方左起第1株菩提树	140

图版125	第18号龛下方左起第2株菩提树	141
图版126	第18号龛下方左起第3株菩提树	142
图版127	第18号龛下方左起第4株菩提树	143
图版128	第18号龛左侧壁8组造像	144
图版129	第18号龛左侧壁第1组造像	145
图版130	第18号龛左侧壁第2组造像	146
图版131	第18号龛左侧壁第3组造像	147
图版132	第18号龛左侧壁第4组造像	148
图版133	第18号龛左侧壁第5组造像	149
图版134	第18号龛左侧壁第6组造像	150
图版135	第18号龛左侧壁第7组造像	151
图版136	第18号龛左侧壁第8组造像	152
图版137	第18号龛右侧壁8组造像	153
图版138	第18号龛右侧壁第1组造像	154
图版139	第18号龛右侧壁第2组造像	155
图版140	第18号龛右侧壁第3组造像	156
图版141	第18号龛右侧壁第4组造像	157
图版142	第18号龛右侧壁第5组造像	158
图版143	第18号龛右侧壁第6组造像	159
图版144	第18号龛右侧壁第7组造像	160
图版145	第18号龛右侧壁第8组造像	161
图版146	第19号龛外立面	162
图版147	第19号龛龛顶	163
图版148	第19号龛主尊坐像	164
图版149	第19号龛主尊上方圆龛佛像	165
图版150	第19号龛主尊座下动物	166
图版151	第19号龛主尊左侧毫光内造像	167
图版152	第19号龛主尊右侧毫光内造像	167
图版153	第20号龛外立面	168
图版154	第20号龛龛顶	170
图版155	第20号龛主尊菩萨像	172
图版156	第20号龛主尊菩萨左侍者像	173
图版157	第20号龛主尊菩萨右侍者像	173
图版158	第20号龛第一层左起第1圆龛坐佛	174
图版159	第20号龛第一层左起第2圆龛坐佛	175
图版160	第20号龛第一层左起第3圆龛坐佛	176
图版161	第20号龛第一层左起第4圆龛坐佛	177
图版162	第20号龛第一层左起第5圆龛坐佛	178
图版163	第20号龛第一层左起第6圆龛坐佛	179
图版164	第20号龛第一层左起第7圆龛坐佛	180
图版165	第20号龛第一层左起第8圆龛坐佛	181
图版166	第20号龛第一层左起第9圆龛坐佛	182
图版167	第20号龛第一层左起第10圆龛坐佛	183
图版168	第20号龛第二层左侧像	184

图版169	第20号龛第二层右侧像 …… 184	图版213	第20号龛第三、四层第15幅造像立面 …… 230
图版170	第20号龛第二层第1身坐式主像 …… 186	图版214	第20号龛第三、四层第15幅之养鸡女像 …… 231
图版171	第20号龛第二层第2身坐式主像 …… 187	图版215	第20号龛第三、四层第16幅造像 …… 232
图版172	第20号龛第二层第3身坐式主像 …… 188	图版216	第20号龛第三、四层第17幅造像 …… 233
图版173	第20号龛第二层第4身坐式主像 …… 189	图版217	第20号龛第三、四层第17幅第1组造像 …… 234
图版174	第20号龛第二层第5身坐式主像 …… 190	图版218	第20号龛第三、四层第17幅第2组造像 …… 235
图版175	第20号龛第二层第6身坐式主像 …… 191	图版219	第20号龛第三、四层第17幅第3组造像 …… 236
图版176	第20号龛第二层第7身坐式主像 …… 192	图版220	第20号龛第三、四层第17幅第4组造像 …… 237
图版177	第20号龛第二层第8身坐式主像 …… 193	图版221	第20号龛第三、四层第18幅造像立面 …… 238
图版178	第20号龛第二层第9身坐式主像 …… 194	图版222	第20号龛第三、四层第18幅第1组造像 …… 240
图版179	第20号龛第二层第10身坐式主像 …… 195	图版223	第20号龛第三、四层第18幅第2组造像 …… 241
图版180	第20号龛第二层第11身坐式主像 …… 196	图版224	第20号龛第三、四层第18幅第3组造像 …… 242
图版181	第20号龛第二层第12身坐式主像 …… 197	图版225	第20号龛前侧地坪造像石堡 …… 243
图版182	第20号龛第二层第1身侍者像 …… 198	图版226	第21—23号龛（由东向西） …… 244
图版183	第20号龛第二层第2身侍者像 …… 199	图版227	第20、21号龛交界壁面 …… 245
图版184	第20号龛第二层第3身侍者像 …… 200	图版228	第21号龛外立面 …… 246
图版185	第20号龛第二层第4身侍者像 …… 201	图版229	第21号龛龛顶 …… 248
图版186	第20号龛第二层第5身侍者像 …… 202	图版230	第21号龛主尊及侍者像 …… 250
图版187	第20号龛第二层第6身侍者像 …… 203	图版231	第21号龛主尊左上胁侍菩萨像 …… 251
图版188	第20号龛第二层第7身侍者像 …… 204	图版232	第21号龛主尊右上胁侍菩萨像 …… 252
图版189	第20号龛第二层第8身侍者像 …… 205	图版233	第21号龛主尊左下侍女像 …… 253
图版190	第20号龛第二层第9身侍者像 …… 206	图版234	第21号龛主尊右下侍女像 …… 254
图版191	第20号龛第二层第10身侍者像 …… 207	图版235	第21号龛第一排第1身佛像 …… 255
图版192	第20号龛第三、四层第1幅造像 …… 208	图版236	第21号龛第一排第2身佛像 …… 256
图版193	第20号龛第三、四层第2幅造像 …… 209	图版237	第21号龛第一排第3身佛像 …… 257
图版194	第20号龛第三、四层第3幅造像 …… 210	图版238	第21号龛第一排第4身佛像 …… 258
图版195	第20号龛第三、四层第4幅造像 …… 211	图版239	第21号龛第一排第5身佛像 …… 259
图版196	第20号龛第三、四层第5幅造像 …… 212	图版240	第21号龛第一排第1身菩萨像 …… 260
图版197	第20号龛第三、四层第6幅造像 …… 213	图版241	第21号龛第一排第2身菩萨像 …… 261
图版198	第20号龛第三、四层第7幅造像 …… 214	图版242	第21号龛第一排第3身菩萨像 …… 262
图版199	第20号龛第三、四层第8幅造像 …… 215	图版243	第21号龛第一排第4身菩萨像 …… 263
图版200	第20号龛第三、四层第9幅造像 …… 216	图版244	第21号龛第二排左侧五组造像 …… 264
图版201	第20号龛第三、四层第10幅造像 …… 217	图版245	第21号龛第二排右侧五组造像 …… 266
图版202	第20号龛第三、四层第11幅造像 …… 218	图版246	第21号龛第二排第1组造像 …… 268
图版203	第20号龛第三、四层第11幅右侧第1组造像 …… 220	图版247	第21号龛第二排第2组造像 …… 269
图版204	第20号龛第三、四层第11幅右侧第2组造像 …… 221	图版248	第21号龛第二排第3组造像 …… 270
图版205	第20号龛第三、四层第11幅右侧第3组造像 …… 222	图版249	第21号龛第二排第4组造像 …… 271
图版206	第20号龛第三、四层第11幅左侧第1组造像 …… 223	图版250	第21号龛第二排第5组造像 …… 272
图版207	第20号龛第三、四层第11幅左侧第2组造像 …… 224	图版251	第21号龛第二排第6组造像 …… 273
图版208	第20号龛第三、四层第11幅左侧第3组造像 …… 225	图版252	第21号龛第二排第7组造像 …… 274
图版209	第20号龛第三、四层第11幅左侧第4组造像 …… 226	图版253	第21号龛第二排第8组造像 …… 275
图版210	第20号龛第三、四层第12幅造像 …… 227	图版254	第21号龛第二排第9组造像 …… 276
图版211	第20号龛第三、四层第13幅造像 …… 228	图版255	第21号龛第二排第10组造像 …… 277
图版212	第20号龛第三、四层第14幅造像 …… 229	图版256	第21号龛第三排左侧6身信众像 …… 278

图版 257	第21号龛第三排右侧9身信众像	280
图版 258	第21号龛第三排左起第1身信众像	282
图版 259	第21号龛第三排左起第2身信众像	283
图版 260	第21号龛第三排左起第3身信众像	284
图版 261	第21号龛第三排左起第4身信众像	285
图版 262	第21号龛第三排左起第5身信众像	286
图版 263	第21号龛第三排左起第6身信众像	287
图版 264	第21号龛第三排左起第7身信众像	288
图版 265	第21号龛第三排左起第8身信众像	289
图版 266	第21号龛第三排左起第9身信众像	290
图版 267	第21号龛第三排左起第10身信众像	291
图版 268	第21号龛第三排左起第11身信众像	292
图版 269	第21号龛第三排左起第12身信众像	293
图版 270	第21号龛第三排左起第13身信众像	294
图版 271	第21号龛第三排左起第14身信众像	295
图版 272	第21号龛第三排左起第15身信众像	295
图版 273	第22号龛外立面	296
图版 274	第22号龛左起第1身明王像	298
图版 275	第22号龛左起第2身明王像	299
图版 276	第22号龛左起第3身明王像	300
图版 277	第22号龛左起第4身明王像	301
图版 278	第22号龛左起第5身明王像	302
图版 279	第22号龛左起第5身明王左上飞天像	303
图版 280	第22号龛左起第5身明王右上飞天像	304
图版 281	第22号龛左起第6身明王像	305
图版 282	第22号龛左起第7身明王像	306
图版 283	第22号龛左起第8身明王像	307
图版 284	第22号龛左起第9身明王像	308
图版 285	第22号龛左起第10身明王像	309
图版 286	第23号龛外立面	310
图版 287	第24—30号（由东向西）	312
图版 288	第24—30号（由西向东）	313
图版 289	第24—26号	314
图版 290	大佛湾南崖西侧右段下层第31号龛及其上方第30号龛	316
图版 291	第32号龛及其前侧石梯	317
图版 292	第32号龛所在崖壁底部的石板大道（由东北向西南）	318
图版 293	第32号龛所在崖壁底部的石板大道（由西南向东北）	319
图版 294	佛缘桥南桥头至南崖中段石板道	320
图版 295	佛缘桥南桥头至南崖西段石梯	321
图版 296	第24号龛外立面	322
图版 297	第25号龛外立面	323
图版 298	第26号窟外立面	324
图版 299	第26号窟窟室	325
图版 300	第26号窟窟外西壁	326
图版 301	第26号窟窟外北壁	327
图版 302	第27号龛外立面	328
图版 303	第27号龛龛顶	329
图版 304	第29号窟外立面	329
图版 305	第29号窟窟室	330
图版 306	第29号窟窟口及甬道（自窟内向窟外）	332
图版 307	第29号窟甬道左侧壁	333
图版 308	第29号窟甬道右侧壁	334
图版 309	第29号窟窟底	335
图版 310	第29号窟正壁	336
图版 311	第29号窟左侧壁	338
图版 312	第29号窟右侧壁	340
图版 313	第29号窟前壁	342
图版 314	第29号窟窟顶	343
图版 315	第29号窟窟外伏狮	344
图版 316	第29号窟正壁中佛像	345
图版 317	第29号窟正壁中佛像座台	346
图版 318	第29号窟正壁中佛像头顶上方佛像	347
图版 319	第29号窟正壁左佛像	348
图版 320	第29号窟正壁左佛像座台	349
图版 321	第29号窟正壁左佛像座台左起第1身狮子	350
图版 322	第29号窟正壁左佛像座台左起第2身狮子	351
图版 323	第29号窟正壁左佛像座台左起第3身狮子	352
图版 324	第29号窟正壁左佛像座台左起第4身狮子	353
图版 325	第29号窟正壁左佛像头顶上方坐像	354
图版 326	第29号窟正壁右佛像	355
图版 327	第29号窟正壁右佛像座台	356
图版 328	第29号窟正壁右佛像座台左起第1身狮子	357
图版 329	第29号窟正壁右佛像座台左起第2身狮子	358
图版 330	第29号窟正壁右佛像座台左起第3身狮子	359
图版 331	第29号窟正壁右佛像座台左起第4身狮子	360
图版 332	第29号窟正壁右佛像头顶上方坐像	361
图版 333	第29号窟正壁左端立像	362
图版 334	第29号窟正壁左端立像头顶上方立像	363
图版 335	第29号窟正壁右端立像	364
图版 336	第29号窟正壁右端立像头顶上方立像	365
图版 337	第29号窟左壁内第1身菩萨像	366
图版 338	第29号窟左壁内起第2身菩萨像	367
图版 339	第29号窟左壁内起第3身菩萨像	368
图版 340	第29号窟左壁内起第4身菩萨像	369
图版 341	第29号窟左壁内起第3、4身菩萨像间的造像	370
图版 342	第29号窟左壁内起第5身菩萨像	371
图版 343	第29号窟左壁内起第4、5身菩萨像间乌龟	372

图版 344　第 29 号窟左壁内起第 6 身菩萨像 ·················· 373
图版 345　第 29 号窟左壁内起第 1 组场景造像 ··············· 374
图版 346　第 29 号窟左壁内起第 2 组场景造像 ··············· 375
图版 347　第 29 号窟左壁内起第 3 组场景造像 ··············· 376
图版 348　第 29 号窟左壁内起第 4 组场景造像 ··············· 377
图版 349　第 29 号窟左壁内起第 5 组场景造像 ··············· 378
图版 350　第 29 号窟左壁内起第 6 组场景造像 ··············· 379
图版 351　第 29 号窟右壁内起第 1 身菩萨像 ·················· 380
图版 352　第 29 号窟右壁内起第 2 身菩萨像 ·················· 381
图版 353　第 29 号窟右壁内起第 3 身菩萨像 ·················· 382
图版 354　第 29 号窟右壁内起第 2、3 身菩萨像之间立像 ··· 383
图版 355　第 29 号窟右壁内起第 4 身菩萨像 ·················· 384
图版 356　第 29 号窟右壁内起第 5 身菩萨像 ·················· 385
图版 357　第 29 号窟右壁内起第 4、5 身菩萨像间造像 ······ 386
图版 358　第 29 号窟右壁内起第 6 身菩萨像 ·················· 387
图版 359　第 29 号窟右壁内起第 1 组场景造像 ··············· 388
图版 360　第 29 号窟右壁内起第 2 组场景造像 ··············· 389
图版 361　第 29 号窟右壁内起第 3 组场景造像 ··············· 390
图版 362　第 29 号窟右壁内起第 4 组场景造像 ··············· 391
图版 363　第 29 号窟右壁内起第 5 组场景造像 ··············· 392
图版 364　第 29 号窟右壁内起第 6 组场景造像 ··············· 393
图版 365　第 29 号窟窟底前侧案台上左侧石盘 ··············· 394
图版 366　第 29 号窟窟底前侧案台上居中石盘 ··············· 395
图版 367　第 29 号窟窟底前侧案台上右侧石盘 ··············· 396
图版 368　第 29 号窟窟底前侧案台上居中石盘浅龛造像 ······ 397
图版 369　第 29 号窟窟底中部跪式菩萨像（正面）············ 398
图版 370　第 29 号窟窟底中部跪式菩萨像（左侧面）········· 399
图版 371　第 29 号窟窟底中部跪式菩萨像（右侧面）········· 400
图版 372　第 29 号窟窟底中部跪式菩萨像（背面）············ 401
图版 373　第 30 号龛右侧立面（从西向东）··················· 402
图版 374　第 30 号龛右侧立面（从东向西）··················· 403
图版 375　第 30 号龛左侧立面（从西向东）··················· 404
图版 376　第 30 号龛第 1 组造像 ································ 406
图版 377　第 30 号龛第 2 组造像 ································ 407
图版 378　第 30 号龛第 3 组造像 ································ 408
图版 379　第 30 号龛第 4 组造像 ································ 409
图版 380　第 30 号龛第 5、6 组造像 ···························· 410
图版 381　第 30 号龛第 7 组造像 ································ 412
图版 382　第 30 号龛第 8 组造像 ································ 413
图版 383　第 30 号龛第 9 组造像 ································ 414
图版 384　第 30 号龛第 10 组造像 ······························· 415
图版 385　第 30 号龛第 11 组造像 ······························· 416
图版 386　第 30 号龛第 12 组造像 ······························· 417
图版 387　第 31 号龛外立面 ······································ 418

图版 388　第 31 号龛龛内二立像 ································ 419
图版 389　第 31 号龛龛外上方浅龛三佛像 ····················· 420
图版 390　第 32 号龛外立面 ······································ 421
图版 391　第 32 号龛龛内造像 ··································· 422
图版 392　第 32 号龛龛外造像 ··································· 423

Ⅱ 铭文图版

图版1	第15号龛中层序品造像"投佛祈求嗣息"铭文	426
图版2	第15号龛中层第1组"怀担守护恩"、第3组"生子忘忧恩"造像铭文	427
图版3	第15号龛中层第2组"临产受苦恩"造像铭文	428
图版4	第15号龛中层第4组"咽苦吐甘恩"、第6组"乳哺养育恩"造像铭文	429
图版5	第15号龛中层第5组"推干就湿恩"、第7组"洗濯不净恩"造像铭文	430
图版6	第15号龛中层第8组"为造恶业恩"造像铭文	431
图版7	第15号龛中层第9组"远行忆念恩"造像铭文	432
图版8	第15号龛中层第10组"究竟怜悯恩"造像铭文	433
图版9	第15号龛中层序品造像下方偈语	434
图版10	第15号龛下层第1则"佛说报父母恩德经"铭文	435
图版11	第15号龛下层第2则"佛说为于父母供养三宝经"铭文	436
图版12	第15号龛下层第3则"佛说为于父母□悔罪愆经"铭文	437
图版13	第15号龛下层第4则"佛说不孝罪为先经"铭文	438
图版14	第15号龛下层第5则"刑法"铭文	439
图版15	第15号龛下层第6则"佛说不孝之人堕阿毗地狱经"铭文	440
图版16	第15号龛下层第7则偈语	441
图版17	第16号龛上部左起第6像手持簿册铭文	442
图版18	第16号龛下部第1则"古圣雷音霹雳诗"铭文	443
图版19	第16号龛下部第2则偈语	443
图版20	第16号龛下部第3则偈语	444
图版21	第17号龛主尊佛像上方楼阁"忉利天宫"题刻	445
图版22	第17号龛序品"六师外道谤佛不孝"题刻	445
图版23	第17号龛序品"大藏佛说大方便佛报恩经"铭文	446
图版24	第17号龛左侧壁第1组"释迦佛因行孝证三十二相"、第2组"释迦因地行孝剜睛出髓为药"造像铭文	447
图版25	第17号龛左侧壁第3组"释迦因地鹦鹉行孝"造像铭文	448
图版26	第17号龛左侧壁第4组造像"释迦因地割肉供父母"经文	449
图版27	第17号龛左侧壁第5组"佛因地修行舍身济虎"造像铭文	450
图版28	第17号龛右侧壁第1组"释迦因地雁书报太子"、第2组"释迦因地剜肉"造像铭文	451
图版29	第17号龛右侧壁第3组"释迦佛因地为睒子行孝"造像铭文	452
图版30	第17号龛右侧壁第4组"释迦佛因地修行舍身求法"造像偈语	453
图版31	第17号龛右侧壁第4组"释迦佛因地修行舍身求法"造像铭文	454
图版32	第17号龛右侧壁第5组"释迦牟尼佛诣父王所看病"造像铭文	455
图版33	第17号龛右侧壁第6组"亲担父王棺"题刻	456
图版34	第17号龛右侧壁第6组"王棺舆"题刻	457
图版35	第17号龛右侧壁第6组"舍利宝塔"题刻	457
图版36	第17号龛右侧壁第6组"释迦牟尼佛为末世众生设化法故担父王棺"造像铭文	458
图版37	第17号龛左、右侧壁上方偈语	459
图版38	第17号龛主尊佛像身前方台正面《三圣御制佛牙赞》碑	460
图版39	第17号龛主尊佛像身前方台正面左右颂词	461
图版40	第17号龛右侧壁第6组造像左下"指路碑"墨书碑文	462
图版41	第18号龛中部上层左侧"大宝楼阁"题名	462
图版42	第18号龛中部上层右侧"珠楼"题名	463
图版43	第18号龛中部下层"上品上生"题名	463
图版44	第18号龛中部下层"上品上生"造像经文	464
图版45	第18号龛中部下层"上品中生"造像题名及经文	465
图版46	第18号龛中部下层"上品下生"造像题名及经文	466
图版47	第18号龛中部下层"中品上生"题名及"中品三生"经文	467
图版48	第18号龛中部下层"中品中生"题名	468
图版49	第18号龛中部下层"中品下生"题名	468
图版50	第18号龛中部下层"下品三生"题名及造像经文	469
图版51	第18号龛"下品中生"右菩萨幡面"随愿往生"题刻	470
图版52	第18号龛左侧第1组造像"日观"颂词	470
图版53	第18号龛左侧第2组造像"水观"颂词	471
图版54	第18号龛左侧第3组造像"地观"颂词	471
图版55	第18号龛左侧第4组造像"树观"颂词	472
图版56	第18号龛左侧第5组造像"池观"颂词	472
图版57	第18号龛左侧第6组造像"总观"颂词	473
图版58	第18号龛左侧第7组造像"宝相观"颂词	473
图版59	第18号龛右侧第1组造像"法身观"颂词	474
图版60	第18号龛右侧第2组造像"观世音观"颂词	474
图版61	第18号龛右侧第3组造像"大势智观"颂词	475
图版62	第18号龛右侧第4组造像"普观"颂词	476
图版63	第18号龛右侧第5组造像"丈六金身观"颂词	477
图版64	第18号龛右侧第6组造像"上品观"颂词	478
图版65	第18号龛右侧第7组造像"中品观"颂词	479
图版66	第18号龛右侧第8组造像"下品观"颂词	480
图版67	第18号龛中部下层《普劝持念阿弥陀佛》碑	481
图版68	第18号龛中部下层"再三相劝念弥陀"铭文	482

图版 69	第 18 号龛晚期第 2 则"性寅妆绚观经变左岩像记"铭文	483
图版 70	第 18 号龛晚期第 3 则"杨秀爵装彩古佛记"铭文	484
图版 71	第 18 号龛晚期第 4 则"释云劝善文"铭文	485
图版 72	第 18 号龛晚期第 5 则"捐银功德记"铭文	486
图版 73	第 18 号龛晚期第 6 则"曾绍森合家发愿文"铭文	487
图版 74	第 18 号龛晚期第 7 则"性寅妆绚观经变右岩像记"铭文	488
图版 75	第 18 号龛晚期第 9 则"忍"字题刻	489
图版 76	第 18 号龛晚期第 9 则"忍"字题刻右侧偈语	489
图版 77	第 18 号龛晚期第 10 则曾志敏书"西竺一脉"题刻	490
图版 78	第 19 号龛"缚心猿锁六耗"题名	491
图版 79	第 19 号龛主尊座下犬上方偈语	491
图版 80	第 19 号龛主尊座下鸦上方偈语	492
图版 81	第 19 号龛主尊座下蛇左上方偈语	492
图版 82	第 19 号龛主尊座下狐狸上方偈语	492
图版 83	第 19 号龛主尊座下鱼上方偈语	493
图版 84	第 19 号龛主尊座下马上方偈语	493
图版 85	第 19 号龛主尊像左侧毫光铭文	494
图版 86	第 19 号龛主尊像右侧毫光铭文	495
图版 87	第 19 号龛第 1 则铭文	496
图版 88	第 19 号龛第 2 则"心猿颂"铭文	496
图版 89	第 19 号龛第 3 则"祖师颂词"铭文	497
图版 90	第 19 号龛第 4 则"咏乐诗"铭文	497
图版 91	第 19 号龛第 5 则"咏苦诗"铭文	498
图版 92	第 19 号龛第 6 则偈语	498
图版 93	第 19 号龛第 7 则偈语	499
图版 94	第 19 号龛第 8—14 则铭文	500
图版 95	第 19 号龛晚期第 1 则墨书铭文	502
图版 96	第 19 号龛晚期第 2 则墨书铭文	502
图版 97	第 20 号龛第二层第 1 主像"现报司官"题名及颂词	503
图版 98	第 20 号龛第二层第 2 主像"秦广大王"题名及颂词	503
图版 99	第 20 号龛第二层第 3 主像"初江大王"题名及颂词	503
图版 100	第 20 号龛第二层第 4 主像"宋帝大王"题名及颂词	504
图版 101	第 20 号龛第二层第 5 主像"五官大王"题名及颂词	504
图版 102	第 20 号龛第二层第 6 主像"阎罗天子"题名及颂词	504
图版 103	第 20 号龛第二层第 7 主像"变成大王"题名及颂词	505
图版 104	第 20 号龛第二层第 8 主像"太山大王"题名及颂词	505
图版 105	第 20 号龛第二层第 9 主像"平正大王"题名及颂词	505
图版 106	第 20 号龛第二层第 10 主像"都市大王"题名及颂词	506
图版 107	第 20 号龛第二层第 11 主像"转轮圣王"题名及颂词	506
图版 108	第 20 号龛第二层第 12 主像"速报司官"题名及颂词	506
图版 109	第 20 号龛第二层第 1 侍者像"现报司"题名	507
图版 110	第 20 号龛第二层第 4 侍者像簿册墨书题记	507
图版 111	第 20 号龛第二层第 10 侍者像"速报"题名	508
图版 112	第 20 号龛第 1 幅造像"刀山地狱"偈赞	508
图版 113	第 20 号龛第 2 幅造像左上角偈语	509
图版 114	第 20 号龛第 2 幅"镬汤地狱"和第 3 幅"寒冰地狱"造像偈赞	509
图版 115	第 20 号龛"业秤"题刻	510
图版 116	第 20 号龛第 4 幅造像"剑树地狱"偈赞	510
图版 117	第 20 号龛第 5 幅造像"拔舌地狱"题名	510
图版 118	第 20 号龛第 5 幅造像"拔舌地狱"木枷偈语	511
图版 119	第 20 号龛第 5 幅"拔舌地狱"和第 6 幅"毒蛇地狱"造像偈赞	511
图版 120	第 20 号龛第 7 幅"锉碓地狱"碓架题刻	512
图版 121	第 20 号龛第 7 幅"锉碓地狱"偈赞	512
图版 122	第 20 号龛第 8 幅造像"锯解地狱"题名	512
图版 123	第 20 号龛第 8 幅"锯解地狱"和第 9 幅"铁床地狱"造像偈赞	513
图版 124	第 20 号龛"业镜"题刻	513
图版 125	第 20 号龛第 10 幅造像"黑暗地狱"偈赞	513
图版 126	第 20 号龛第 11 幅造像"截膝地狱"题名	514
图版 127	第 20 号龛第 11 幅"截膝地狱"造像右侧第 3 组罪人枷板偈语	514
图版 128	第 20 号龛第 11 幅"截膝地狱"造像右侧第 3 组罪人右侧偈语	515
图版 129	第 20 号龛第 11 幅"截膝地狱"造像右侧第 3 组上方经文	516
图版 130	第 20 号龛第 11 幅"截膝地狱"造像左侧第 2 组下方《华鲜经》经文	517
图版 131	第 20 龛第 12 幅"铁围山阿鼻地狱"造像题名及经文	518
图版 132	第 20 号龛第 13 幅"饿鬼地狱"造像罪人枷板偈语	519
图版 133	第 20 号龛第 13 幅"饿鬼地狱"造像题名及经文	520
图版 134	第 20 号龛第 14 幅"铁轮地狱"造像经文	521
图版 135	第 20 号龛第 15 幅"刀船地狱"题名	522
图版 136	第 20 号龛第 15 幅"刀船地狱"船头偈语	522
图版 137	第 20 号龛第 15 幅"刀船地狱"造像经文	523
图版 138	第 20 号龛第 16 幅造像卷发人左、右侧偈语	524
图版 139	第 20 号龛第 16 幅造像第二级塔身正面《华鲜经》经文	525
图版 140	第 20 号龛第 16 幅造像第三级塔身正面偈语	526
图版 141	第 20 号龛第 16 幅造像右下"护口经"经文	527
图版 142	第 20 号龛第 17 幅第 1 组造像方案正面经文	528
图版 143	第 20 号龛第 17 幅第 2 组造像"镬汤地狱"题名及经文	529
图版 144	第 20 号龛第 17 幅第 3 组造像"铁轮地狱"题名	529
图版 145	第 20 号龛第 17 幅第 3 组"铁轮地狱"碾槽下部偈语	529

图版	标题	页码
图版 146	第20号龛第18幅第1组造像方案正面经文	530
图版 147	第20号龛第18幅第3组造像方池右上经文	531
图版 148	第20号龛主尊地藏菩萨像头光上方壁面墨书	532
图版 149	第20号龛左侧壁下部"天堂地狱论"铭文	533
图版 150	第21号龛第二排第1组"炼指"造像铭文	534
图版 151	第21号龛第二排第2组"立雪"造像铭文	534
图版 152	第21号龛第二排第3组"炼踝"造像铭文	534
图版 153	第21号龛第二排第4组"剜眼"造像铭文	535
图版 154	第21号龛第二排第5组"割耳"造像铭文	535
图版 155	第21号龛第二排第6组"炼心"造像铭文	535
图版 156	第21号龛第二排第7组"炼顶"造像铭文	536
图版 157	第21号龛第二排第8组"舍臂"造像铭文	536
图版 158	第21号龛第二排第9组"炼阴"造像铭文	536
图版 159	第21号龛第二排第10组"炼膝"造像铭文	536
图版 160	第21号龛龛顶"唐瑜伽部主总持王"题名及颂词	537
图版 161	第21号龛晚期第1则"装彩记"墨书残文	537
图版 162	第21号龛晚期第2则"乾缘堂募化装彩记"彩书	537
图版 163	第22号龛左起第5身明王像题名	538
图版 164	第22号龛左起第6身明王像题名	538
图版 165	第22号龛左起第7身明王像题名	539
图版 166	第22号龛左起第8身明王像题名	539
图版 167	第22号龛左起第9身明王像题名	540
图版 168	第22号龛左起第10身明王像题名	540
图版 169	第23号龛左龛"三清殿"题名	541
图版 170	第23号龛左龛楹联	542
图版 171	第23号龛陈希夷书"福寿"题刻	543
图版 172	第23号龛龙䖝声书《与佛有缘》碑并跋文	544
图版 173	第24号龛龛外左侧"香焚宝鼎"题刻	545
图版 174	第24号龛楹联	546
图版 175	第24号龛杨渭莘题诗并序	547
图版 176	第24号龛刘翰卿题诗并序	548
图版 177	第24号龛龛外平台下方楹联	549
图版 178	第25号龛造像镌记	550
图版 179	第26号窟外西壁王德嘉书"宝顶"题刻	552
图版 180	第26号窟外西壁龙必飞书"福寿"题刻	553
图版 181	第26号窟外西壁培修碑碑文	554
图版 182	第26号窟外北壁刘念行题"山水佳处"题刻	554
图版 183	第27号窟龛外左壁史彰撰《重开宝顶碑记》	556
图版 184	第27号窟龛外左壁刘畋人撰《重开宝顶石碑记》	558
图版 185	第27号窟龛外左壁玄极立《重修宝顶事实》碑	560
图版 186	第27号窟龛外右壁刘畋人撰《重开宝顶石碑记》	562
图版 187	第27号窟龛外右壁《重开宝顶石碑记》碑面右上"豫章游和诗"	564
图版 188	第27号窟龛外右壁刘超儒书"寿"字	564
图版 189	第29号窟左壁上部第5组造像"法王宫"题名	565
图版 190	第29号窟右壁上部第5组造像"光明藏"题名	565
图版 191	第29号窟甬道左壁魏了翁书"宝顶山"题刻	565
图版 192	第29号窟甬道左壁李耆岗书"报恩圆觉道场"题刻	566
图版 193	第29号窟甬道左壁经目题刻	566
图版 194	第29号窟甬道右壁佚名书"宝岩"题刻	566
图版 195	第29号窟甬道右壁《大通智胜佛碑》碑文	567
图版 196	第29号窟窟口左侧偈语	567
图版 197	第29号窟甬道左壁晚期第1则"觉寿妆銮培修记"	568
图版 198	第29号窟甬道左壁战符题"圆觉洞用韵"	569
图版 199	第29号窟甬道左壁涂永明"妆绚圆觉洞像记"妆彩记	570
图版 200	第29号窟甬道右壁佚名"观音金像"妆彩记	571
图版 201	第29号窟甬道右壁康圭题"游圆觉洞有怀"	571
图版 202	第29号窟甬道右壁佚名题"无题诗"	572
图版 203	第29号窟甬道右壁"黄朝服培修圆觉洞记"培修记	572
图版 204	第29号窟甬道右壁"无涯妆严圆觉洞文殊像记"妆彩记	573
图版 205	第29号窟甬道右壁"陈重书七绝"诗文	574
图版 206	第29号窟甬道右壁"彭世珽装彩圆觉洞像记"妆彩记	575
图版 207	第29号窟甬道右壁"僧有久修装圆觉洞"培修记	576
图版 208	第29号窟窟外左壁佚名书"江风山月"题刻	577
图版 209	第30号龛第1组造像颂词	578
图版 210	第30号龛第2组造像颂词	578
图版 211	第30号龛第3组造像颂词	579
图版 212	第30号龛第4组造像颂词	579
图版 213	第30号龛第5组造像颂词	580
图版 214	第30号龛第6组造像颂词	580
图版 215	第30号龛第7组造像颂词	581
图版 216	第30号龛第8组造像颂词	581
图版 217	第30号龛第9组造像颂词	582
图版 218	第30号龛第10组造像颂词	582
图版 219	第30号龛第11组造像颂词	583
图版 220	第30号龛第11组造像右下方偈语	583
图版 221	第30号龛第12组造像偈颂	584
图版 222	第30号龛"杨次公证道牧牛颂"题刻	584
图版 223	第30号龛"姜秋舫游记"	585
图版 224	第30号龛壁东端右部《永垂不朽》碑	586
图版 225	第30号龛第11、12组造像间"妆牛王菩萨金身残记"	587
图版 226	第30号龛第11、12组造像间"杜宏章妆彩牧牛图像记"	588
图版 227	第30号龛第11、12组造像间"宋万有妆彩牧牛图记"	588
图版 228	第31号龛偈语	589

图版229　第32号龛龛内左侧《佛说大鱼事经》经文 ··················590

图版230　第32号龛龛内右侧大藏经残文 ······························591

Ⅰ 摄影图版

图版 1　宝顶山大佛湾石窟北崖航拍图（局部）

图版 2　宝顶山大佛湾石窟南崖航拍图（局部）

图版3　第15—17号（由东向西）

图版 4　第 15—17 号（由西向东）

图版 5　第 14、15 号龛交界壁面

图版 6　第 15、16 号龛交界壁面

图版 7　第 16、17 号龛交界壁面

图版 8　第 17、18 号龛交界壁面

图版 9 第 15 号龛外立面

图版 10　第 15 号龛龛顶

Ⅰ 摄影图版

图版11　第15号龛上层第1身佛像

图版 12　第 15 号龛上层第 2 身佛像

图版 13　第 15 号龛上层第 3 身佛像

图版 14　第 15 号龛上层第 4 身佛像

图版 15　第 15 号龛上层第 5 身佛像

图版 16　第 15 号龛上层第 6 身佛像

图版 17　第 15 号龛上层第 7 身佛像

图版 18　第 15 号龛中层序品造像

图版 19　第 15 号龛中层第 1 组造像

图版 20　第 15 号龛中层第 2 组造像

图版 21　第 15 号龛中层第 3 组造像

图版 22　第 15 号龛中层第 4 组造像

图版 23　第 15 号龛中层第 5 组造像

图版 24　第 15 号龛中层第 6 组造像

图版 25　第 15 号龛中层第 7 组造像

图版 26　第 15 号龛中层第 8 组造像

图版 27　第 15 号龛中层第 9 组造像

图版 28　第 15 号龛中层第 10 组造像

图版29　第15号龛下层右侧地狱场景

图版 30　第 16 号龛外立面

图版 31　第 16 号龛龛顶

图版 32 第 16 号龛上部第 1 身造像

图版 33　第 16 号龛上部第 2 身造像

图版 34　第 16 号龛上部第 3 身造像

图版 35　第 16 号龛上部第 4—6 身造像

图版 36　第 16 号龛下部左受刑者

图版 37　第 16 号龛下部右受刑者

图版38 第17号龛外立面

图版 39　第 17 号龛龛顶

图版 40　第 17 号龛左侧壁造像

图版 41　第 17 号龛右侧壁造像

图版 42　第 17 号龛主尊佛像

图版 43　第 17 号龛主尊佛像头顶毫光内造像

图版 44　第 17 号龛主尊头后左、右光芒内外造像

图版 45　第 17 号龛主尊头后光芒第 1 组造像

图版 46　第 17 号龛主尊头后光芒第 2 组造像

图版 47　第 17 号龛主尊头后光芒第 3 组造像

图版 48　第 17 号龛主尊头后光芒第 4 组造像

图版 49　第 17 号龛主尊头后光芒第 5 组造像

图版 50　第 17 号龛左侧壁下层序品造像

图版 51　第 17 号龛左侧壁下层序品弟子像

图版 52　第 17 号龛左侧壁下层序品乞丐像

图版 53　第 17 号龛左侧壁下层序品第 1 身外道像

图版 54　第 17 号龛左侧壁下层序品第 2 身外道像

图版 55　第 17 号龛左侧壁下层序品第 3 身外道像

图版 56　第 17 号龛左侧壁下层序品第 4 身外道像

图版 57　第 17 号龛左侧壁下层序品第 5 身外道像

图版58　第17号龛左侧壁下层序品第6身外道像

图版 59　第 17 号龛左侧壁第 1 组造像

图版60　第17号龛左侧壁第2组造像

图版61　第17号龛左侧壁第3组造像

图版62　第17号龛左侧壁第4组造像

图版 63　第 17 号龛左侧壁第 5 组造像

图版 64　第 17 号龛右侧壁第 1 组造像

图版 65　第 17 号龛右侧壁第 2 组造像

图版 66　第 17 号龛右侧壁第 3 组造像

图版 67　第 17 号龛右侧壁第 4 组造像

图版 68　第 17 号龛右侧壁第 5 组造像

图版 69　第 17 号龛右侧壁第 6 组造像

图版 70　第 18—20 号（由东向西）

图版 71　第 18—20 号（由西向东）

图版 72　第 18、19 号龛交界壁面

图版73　第19、20号龛交界壁面

图版 74　第 18 号龛外立面

图版75　第18号龛龛顶

图版 76　第 18 号龛中部上层一佛二菩萨主尊像

I 摄影图版 87

图版 77　第 18 号龛中部上层主尊佛像

图版 78　第 18 号龛中部上层主尊佛像左侧胁侍菩萨像

图版 79　第 18 号龛中部上层主尊佛像右侧胁侍菩萨像

图版 80　第 18 号龛中部上层主尊佛像头部左侧楼阁

图版 81　第 18 号龛中部上层主尊佛像头部右侧楼阁

图版 82　第 18 号龛中部上层左主尊菩萨像

图版 83　第 18 号龛中部上层右主尊菩萨像

图版 84　第 18 号龛中上部左侧十佛

图版 85　第 18 号龛中上部右侧十佛

图版 86　第 18 号龛中上部左侧飞天像

图版 87　第 18 号龛中上部右侧飞天像

图版 88　第 18 号龛中上部左侧大宝楼阁

图版 89　第 18 号龛中上部左侧大宝楼阁前侧菩萨像

图版 90　第 18 号龛中上部左侧大宝楼阁底层屋前童子像

图版91　第18号龛中上部左侧大宝楼阁上层屋身敲钟童子像

图版 92　第 18 号龛中上部右侧珠楼

图版93　第18号龛中上部右侧珠楼前侧菩萨像

图版 94 第 18 号龛中上部右侧珠楼前童子像

图版 95　第 18 号龛中上部右侧珠楼上层屋身佛像

图版96　第18号龛中上部勾栏左起第1身乐童像

图版 97　第 18 号龛中上部勾栏左起第 2 身乐童像 　　　　　　　　　　　图版 98　第 18 号龛中上部勾栏左起第 3 身乐童像

Ⅰ 摄影图版　107

图版 99　第 18 号龛中上部勾栏左起第 4 身乐童像 　　　　　　　　　图版 100　第 18 号龛中上部勾栏左起第 5 身乐童像

图版 101　第 18 号龛中上部勾栏左起第 6 身乐童像 　　　　　　　　　　　图版 102　第 18 号龛中上部勾栏左起第 7 身乐童像

图版 103　第 18 号龛中部下层"上品三生"造像

图版104　第18号龛中部下层"上品上生"造像

图版105 第18号龛中部下层"上品中生"造像

图版 106　第 18 号龛中部下层"上品中生"造像左下童子像

图版107　第18号龛中部下层"上品中生"造像右下童子像

116　大足石刻全集　第七卷（下册）

图版108　第18号龛中部下层"上品中生"造像左上迦陵频伽像

图版109　第18号龛中部下层"上品下生"造像

图版 110　第 18 号龛中部下层左侧世俗人像

图版 111　第 18 号龛中部下层右侧世俗人像

图版112 第18号龛中部下层"中品三生"造像

图版113　第18号龛中部下层"中品上生"造像

图版 114 第 18 号龛中部下层 "中品中生" 造像

图版 115 第 18 号龛中部下层 "中品下生" 造像

图版 116　第 18 号龛中部下层"下品三生"造像

图版 117　第 18 号龛中部下层 "下品上生" 造像

图版 118　第 18 号龛中部下层 "下品中生" 造像

图版119　第18号龛中部下层"下品下生"造像

图版 120　第 18 号龛下方左起第 2 段栏杆内化生童子像

图版 121　第 18 号龛下方左起第 3 段栏杆内化生童子像

图版 122　第 18 号龛下方左起第 7 段栏杆内化生童子像

图版 123　第 18 号龛下方左起第 8 段栏杆内化生童子像

图版124 第18号龛下方左起第1株菩提树

图版 125　第 18 号龛下方左起第 2 株菩提树

图版 126　第 18 号龛下方左起第 3 株菩提树

图版 127　第 18 号龛下方左起第 4 株菩提树

图版 128　第 18 号龛左侧壁 8 组造像

图版 129　第 18 号龛左侧壁第 1 组造像

图版130　第18号龛左侧壁第2组造像

图版 131　第 18 号龛左侧壁第 3 组造像

图版132　第18号龛左侧壁第4组造像

图版 133　第 18 号龛左侧壁第 5 组造像

图版 134 第 18 号龛左侧壁第 6 组造像

图版 135　第 18 号龛左侧壁第 7 组造像

图版 136　第 18 号龛左侧壁第 8 组造像

图版 137　第 18 号龛右侧壁 8 组造像

图版 138　第 18 号龛右侧壁第 1 组造像

图版 139　第 18 号龛右侧壁第 2 组造像

图版 140　第 18 号龛右侧壁第 3 组造像

图版 141　第 18 号龛右侧壁第 4 组造像

图版 142　第 18 号龛右侧壁第 5 组造像

图版143　第18号龛右侧壁第6组造像

图版144　第18号龛右侧壁第7组造像

图版 145　第 18 号龛右侧壁第 8 组造像

图版 146　第 19 号龛外立面

图版 147　第 19 号龛龛顶

图版 148　第 19 号龛主尊坐像

图版 149　第 19 号龛主尊上方圆龛佛像

图版 150　第 19 号龛主尊座下动物

图版 151　第 19 号龛主尊左侧毫光内造像

图版 152　第 19 号龛主尊右侧毫光内造像

图版 153　第 20 号龛外立面

图版 154　第 20 号龛龛顶

图版 155　第 20 号龛主尊菩萨像

图版 156　第 20 号龛主尊菩萨左侍者像 　　　　　　　　　　　图版 157　第 20 号龛主尊菩萨右侍者像

图版158　第20号龛第一层左起第1圆龛坐佛

图版 159　第 20 号龛第一层左起第 2 圆龛坐佛

图版160 第20号龛第一层左起第3圆龛坐佛

图版 161　第 20 号龛第一层左起第 4 圆龛坐佛

图版 162　第 20 号龛第一层左起第 5 圆龛坐佛

图版 163　第 20 号龛第一层左起第 6 圆龛坐佛

图版 164　第 20 号龛第一层左起第 7 圆龛坐佛

图版 165　第 20 号龛第一层左起第 8 圆龛坐佛

图版 166　第 20 号龛第一层左起第 9 圆龛坐佛

图版 167　第 20 号龛第一层左起第 10 圆龛坐佛

图版 168　第 20 号龛第二层左侧像

图版 169　第 20 号龛第二层右侧像

图版 170　第 20 号龛第二层第 1 身坐式主像

图版 171　第 20 号龛第二层第 2 身坐式主像

图版 172　第 20 号龛第二层第 3 身坐式主像

图版 173　第 20 号龛第二层第 4 身坐式主像

图版 174　第 20 号龛第二层第 5 身坐式主像

图版 175　第 20 号龛第二层第 6 身坐式主像

图版 176　第 20 号龛第二层第 7 身坐式主像

图版 177　第 20 号龛第二层第 8 身坐式主像

图版178 第20号龛第二层第9身坐式主像

图版179　第20号龛第二层第10身坐式主像

图版 180　第 20 号龛第二层第 11 身坐式主像

图版 181　第 20 号龛第二层第 12 身坐式主像

图版 182 第 20 号龛第二层第 1 身侍者像

图版 183　第 20 号龛第二层第 2 身侍者像

图版 184　第 20 号龛第二层第 3 身侍者像

图版185 第20号龛第二层第4身侍者像

图版186　第20号龛第二层第5身侍者像

图版 187　第 20 号龛第二层第 6 身侍者像

图版188　第20号龛第二层第7身侍者像

图版 189　第 20 号龛第二层第 8 身侍者像

图版 190　第 20 号龛第二层第 9 身侍者像

图版 191　第 20 号龛第二层第 10 身侍者像

图版192　第20号龛第三、四层第1幅造像

图版 193　第 20 号龛第三、四层第 2 幅造像

图版 194　第 20 号龛第三、四层第 3 幅造像

图版 195　第 20 号龛第三、四层第 4 幅造像

图版 196　第 20 号龛第三、四层第 5 幅造像

图版 197　第 20 号龛第三、四层第 6 幅造像

图版198　第20号龛第三、四层第7幅造像

图版 199　第 20 号龛第三、四层第 8 幅造像

图版 200　第 20 号龛第三、四层第 9 幅造像

图版 201　第 20 号龛第三、四层第 10 幅造像

图版 202　第 20 号龛第三、四层第 11 幅造像

图版203　第20号龛第三、四层第11幅右侧第1组造像

图版 204　第 20 号龛第三、四层第 11 幅右侧第 2 组造像

图版205　第20号龛第三、四层第11幅右侧第3组造像

图版 206　第 20 号龛第三、四层第 11 幅左侧第 1 组造像

图版207　第20号龛第三、四层第11幅左侧第2组造像

图版210　第20号龛第三、四层第12幅造像

图版 211　第 20 号龛第三、四层第 13 幅造像

图版 212　第 20 号龛第三、四层第 14 幅造像

图版 213 第 20 号龛第三、四层第 15 幅造像立面

图版 214　第 20 号龛第三、四层第 15 幅之养鸡女像

图版 215 第 20 号龛第三、四层第 16 幅造像

图版216　第20号龛第三、四层第17幅造像

图版 217　第 20 号龛第三、四层第 17 幅第 1 组造像

图版218　第20号龛第三、四层第17幅第2组造像

图版219　第20号龛第三、四层第17幅第3组造像

图版 220　第 20 号龛第三、四层第 17 幅第 4 组造像

图版 221　第 20 号龛第三、四层第 18 幅造像立面

图版 222　第 20 号龛第三、四层第 18 幅第 1 组造像

图版 223　第 20 号龛第三、四层第 18 幅第 2 组造像

图版 224　第 20 号龛第三、四层第 18 幅第 3 组造像

图版 225　第 20 号龛前侧地坪造像石堡

图版 226　第 21—23 号龛（由东向西）

图版 227　第 20、21 号龛交界壁面

图版 228　第 21 号龛外立面

图版 229　第 21 号龛龛顶

图版230　第21号龛主尊及侍者像

图版 231　第 21 号龛主尊左上胁侍菩萨像

图版 232 第 21 号龛主尊右上胁侍菩萨像

图版 233　第 21 号龛主尊左下侍女像

图版 234　第 21 号龛主尊右下侍女像

图版 235　第 21 号龛第一排第 1 身佛像

图版 236　第 21 号龛第一排第 2 身佛像

图版237　第21号龛第一排第3身佛像

图版 238　第 21 号龛第一排第 4 身佛像

图版 239　第 21 号龛第一排第 5 身佛像

图版 240　第 21 号龛第一排第 1 身菩萨像

图版 241　第 21 号龛第一排第 2 身菩萨像

图版 242 第 21 号龛第一排第 3 身菩萨像

图版 243　第 21 号龛第一排第 4 身菩萨像

图版 244　第 21 号龛第二排左侧五组造像

图版 245　第 21 号龛第二排右侧五组造像

图版 246　第 21 号龛第二排第 1 组造像

图版 247　第 21 号龛第二排第 2 组造像

图版 248　第 21 号龛第二排第 3 组造像

图版249　第21号龛第二排第4组造像

图版250　第21号龛第二排第5组造像

图版 251　第 21 号龛第二排第 6 组造像

图版 252　第 21 号龛第二排第 7 组造像

图版 253　第 21 号龛第二排第 8 组造像

图版 254　第 21 号龛第二排第 9 组造像

图版 255　第 21 号龛第二排第 10 组造像

图版 256　第 21 号龛第三排左侧 6 身信众像

I 摄影图版　279

图版 257　第 21 号龛第三排右侧 9 身信众像

图版 258　第 21 号龛第三排左起第 1 身信众像

图版 259　第 21 号龛第三排左起第 2 身信众像

图版 260　第 21 号龛第三排左起第 3 身信众像

图版 261　第 21 号龛第三排左起第 4 身信众像

图版 262　第 21 号龛第三排左起第 5 身信众像

图版263　第21号龛第三排左起第6身信众像

图版 264　第 21 号龛第三排左起第 7 身信众像

图版 265　第 21 号龛第三排左起第 8 身信众像

图版266　第21号龛第三排左起第9身信众像

图版 267　第 21 号龛第三排左起第 10 身信众像

图版 268　第 21 号龛第三排左起第 11 身信众像

图版 269　第 21 号龛第三排左起第 12 身信众像

图版 270　第 21 号龛第三排左起第 13 身信众像

图版 271　第 21 号龛第三排左起第 14 身信众像　　　　图版 272　第 21 号龛第三排左起第 15 身信众像

图版 273　第 22 号龛外立面

图版 274　第 22 号龛左起第 1 身明王像

图版 275　第 22 号龛左起第 2 身明王像

图版 276　第 22 号龛左起第 3 身明王像

图版 277　第 22 号龛左起第 4 身明王像

图版 278　第 22 号龛左起第 5 身明王像

图版 279　第 22 号龛左起第 5 身明王左上飞天像

图版 280　第 22 号龛左起第 5 身明王右上飞天像

图版 281　第 22 号龛左起第 6 身明王像

图版 282　第 22 号龛左起第 7 身明王像

图版283 第22号龛左起第8身明王像

图版 284　第 22 号龛左起第 9 身明王像

图版 285　第 22 号龛左起第 10 身明王像

图版 286　第 23 号龛外立面

图版287　第24—30号（由东向西）

图版 288　第 24—30 号（由西向东）

图版 289　第 24—26 号

图版 290 大佛湾南崖西侧右段下层第 31 号龛及其上方第 30 号龛

图版 291　第 32 号龛及其前侧石梯

图版 292　第 32 号龛所在崖壁底部的石板大道（由东北向西南）

图版 293　第 32 号龛所在崖壁底部的石板大道（由西南向东北）

图版 294　佛缘桥南桥头至南崖中段石板道

图版 295　佛缘桥南桥头至南崖西段石梯

图版296 第24号龛外立面

图版 297　第 25 号龛外立面

图版298 第26号窟外立面

图版 299　第 26 号窟窟室

图版 300　第 26 号窟窟外西壁

图版 301　第 26 号窟窟外北壁

图版 302　第 27 号龛外立面

图版 303　第 27 号龛龛顶

图版 304　第 29 号窟外立面

Ⅰ 摄影图版　329

图版 305　第 29 号窟窟室

图版306　第29号窟窟口及甬道（自窟内向窟外）

图版 307　第 29 号窟甬道左侧壁

图版308　第29号窟甬道右侧壁

图版 309　第 29 号窟窟底

图版 310　第 29 号窟正壁

图版 311　第 29 号窟左侧壁

图版 312　第 29 号窟右侧壁

图版 313　第 29 号窟前壁

图版314　第29号窟窟顶

图版 315　第 29 号窟窟外伏狮

图版 316　第 29 号窟正壁中佛像

图版 317　第 29 号窟正壁中佛像座台

图版 318　第 29 号窟正壁中佛像头顶上方佛像

图版 319　第 29 号窟正壁左佛像

图版 320　第 29 号窟正壁左佛像座台

图版 321　第 29 号窟正壁左佛像座台左起第 1 身狮子

图版 322　第 29 号窟正壁左佛像座台左起第 2 身狮子

图版 323　第 29 号窟正壁左佛像座台左起第 3 身狮子

图版 324　第 29 号窟正壁左佛像座台左起第 4 身狮子

图版 325　第 29 号窟正壁左佛像头顶上方坐像

图版 326　第 29 号窟正壁石佛像

图版 327　第 29 号窟正壁石佛像座台

图版 328　第 29 号窟正壁右佛像座台左起第 1 身狮子

图版 329　第 29 号窟正壁右佛像座台左起第 2 身狮子

图版 330　第 29 号窟正壁右佛像座台左起第 3 身狮子

图版 331　第 29 号窟正壁右佛像座台左起第 4 身狮子

图版 332　第 29 号窟正壁右佛像头顶上方坐像

图版 333 第 29 号窟正壁左端立像

图版334　第29号窟正壁左端立像头顶上方立像

图版335 第29号窟正壁右端立像

图版 336　第 29 号窟正壁右端立像头顶上方立像

图版 337　第 29 号窟左壁内起第 1 身菩萨像

图版 338　第 29 号窟左壁内起第 2 身菩萨像

图版339　第29号窟左壁内起第3身菩萨像

图版 340　第 29 号窟左壁内起第 4 身菩萨像

图版 341　第 29 号窟左壁内起第 3、4 身菩萨像间的造像

图版342　第29号窟左壁内起第5身菩萨像

图版343 第29号窟左壁内起第4、5身菩萨像间乌龟

图版 344　第 29 号窟左壁内起第 6 身菩萨像

图版 345　第 29 号窟左壁内起第 1 组场景造像

图版346　第29号窟左壁内起第2组场景造像

图版 347　第 29 号窟左壁内起第 3 组场景造像

图版348　第29号窟左壁内起第4组场景造像

图版 349　第 29 号窟左壁内起第 5 组场景造像

图版 350　第 29 号窟左壁内起第 6 组场景造像

图版 351　第 29 号窟右壁内起第 1 身菩萨像

图版 352　第 29 号窟右壁内起第 2 身菩萨像

图版 353　第 29 号窟右壁内起第 3 身菩萨像

图版354 第29号窟右壁内起第2、3身菩萨像之间立像

图版 355　第 29 号窟右壁内起第 4 身菩萨像

图版 356　第 29 号窟右壁内起第 5 身菩萨像

图版357　第29号窟右壁内起第4、5身菩萨像间造像

图版 358　第 29 号窟右壁内起第 6 身菩萨像

图版 359　第 29 号窟右壁内起第 1 组场景造像

图版360　第29号窟右壁内起第2组场景造像

图版 361　第 29 号窟右壁内起第 3 组场景造像

图版 362　第 29 号窟右壁内起第 4 组场景造像

图版363 第29号窟右壁内起第5组场景造像

图版 364　第 29 号窟右壁内起第 6 组场景造像

图版 365　第 29 号窟窟底前侧案台上左侧石盘

图版366　第29号窟窟底前侧案台上居中石盘

图版367　第29号窟窟底前侧案台上右侧石盘

图版 368　第 29 号窟窟底前侧案台上居中石盘浅龛造像

图版 369　第 29 号窟窟底中部跪式菩萨像（正面）

图版 370　第 29 号窟窟底中部跪式菩萨像（左侧面）

图版 371　第 29 号窟窟底中部跪式菩萨像（右侧面）

图版 372　第 29 号窟窟底中部跪式菩萨像（背面）

图版 373　第 30 号龛右侧立面（从西向东）

图版374　第30号龛右侧立面（从东向西）

图版 375　第 30 号龛左侧立面（从西向东）

图版376 第30号龛第1组造像

图版 377　第 30 号龛第 2 组造像

图版 378　第 30 号龛第 3 组造像

图版 379　第 30 号龛第 4 组造像

图版 380 第 30 号龛第 5、6 组造像

图版 381　第 30 号龛第 7 组造像

图版 382　第 30 号龛第 8 组造像

图版383 第30号龛第9组造像

图版384　第30号龛第10组造像

图版 385　第 30 号龛第 11 组造像

图版 386　第 30 号龛第 12 组造像

图版 387 第 31 号龛外立面

图版 388　第 31 号龛龛内二立像

图版389　第31号龛龛外上方浅龛三佛像

图版390　第32号龛外立面

图版 391　第 32 号龛龛内造像

图版 392　第 32 号龛龛外造像

II 铭文图版

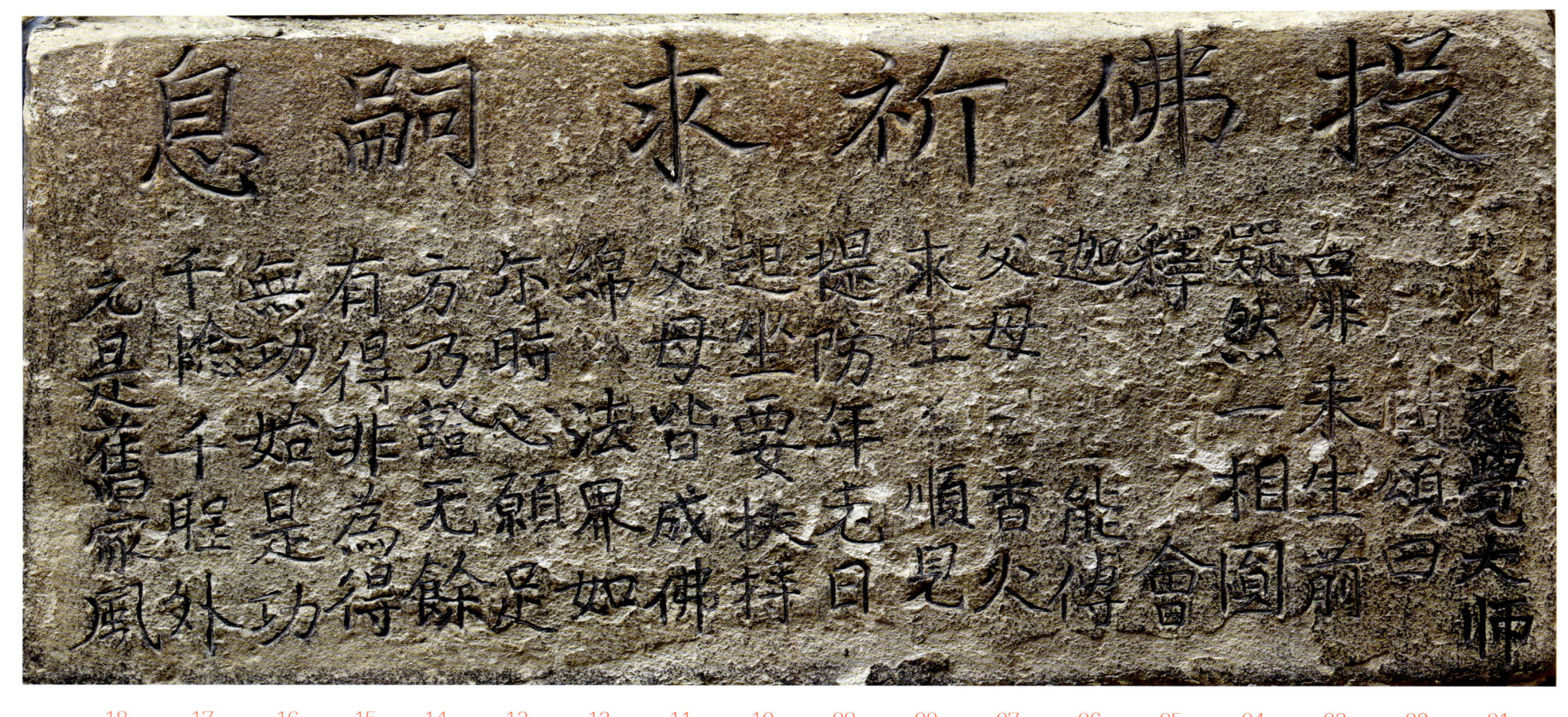

图版 1　第 15 号龛中层序品造像 "投佛祈求嗣息" 铭文

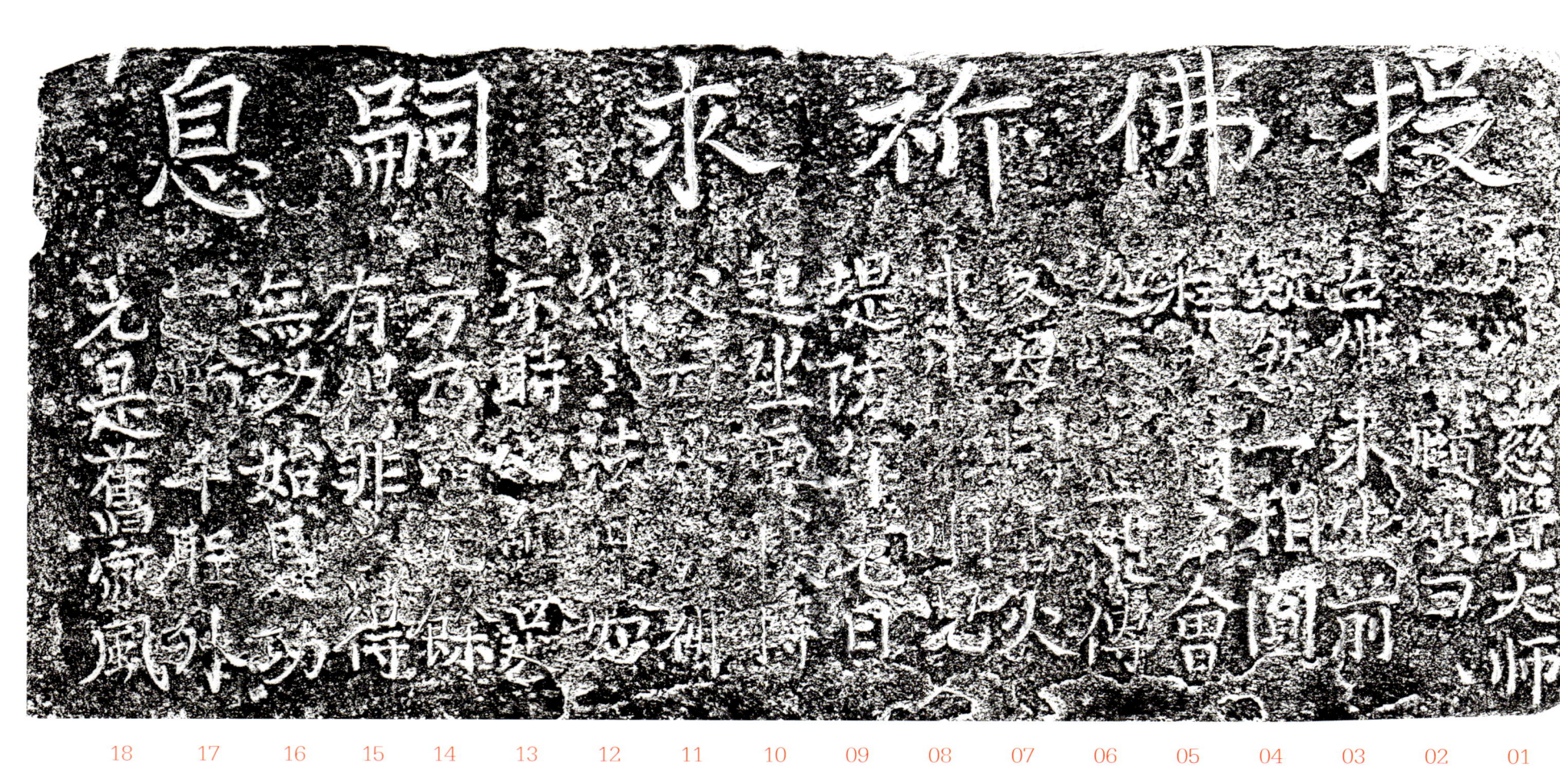

图版 1　第 15 号龛中层序品造像 "投佛祈求嗣息" 铭文

图版 2　第 15 号龛中层第 1 组"怀担守护恩"、第 3 组"生子忘忧恩"造像铭文

图版 2　第 15 号龛中层第 1 组"怀担守护恩"、第 3 组"生子忘忧恩"造像铭文

图版 3　第 15 号龛中层第 2 组"临产受苦恩"造像铭文

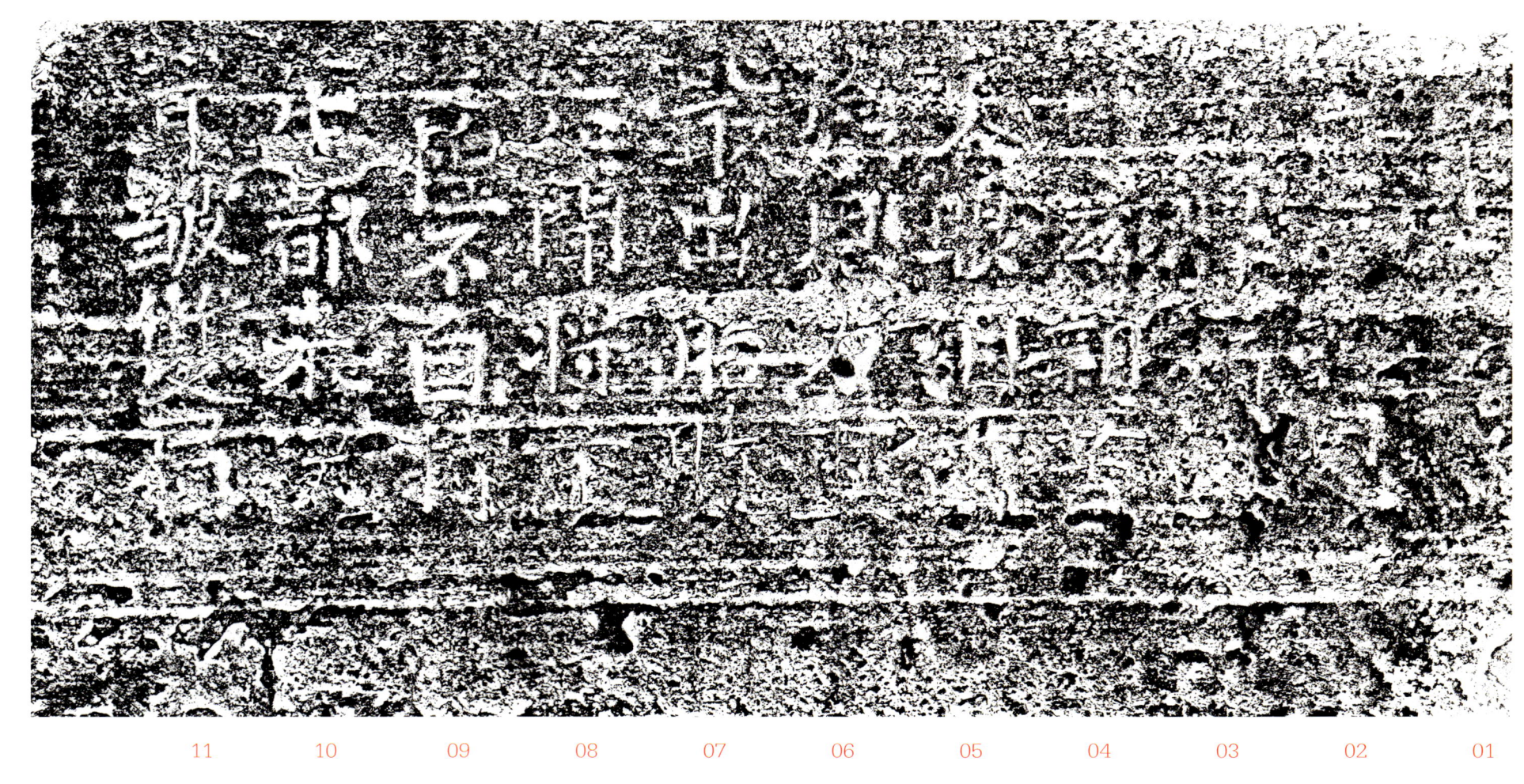

图版 3　第 15 号龛中层第 2 组"临产受苦恩"造像铭文

图版 4　第 15 号龛中层第 4 组 "咽苦吐甘恩"、第 6 组 "乳哺养育恩" 造像铭文

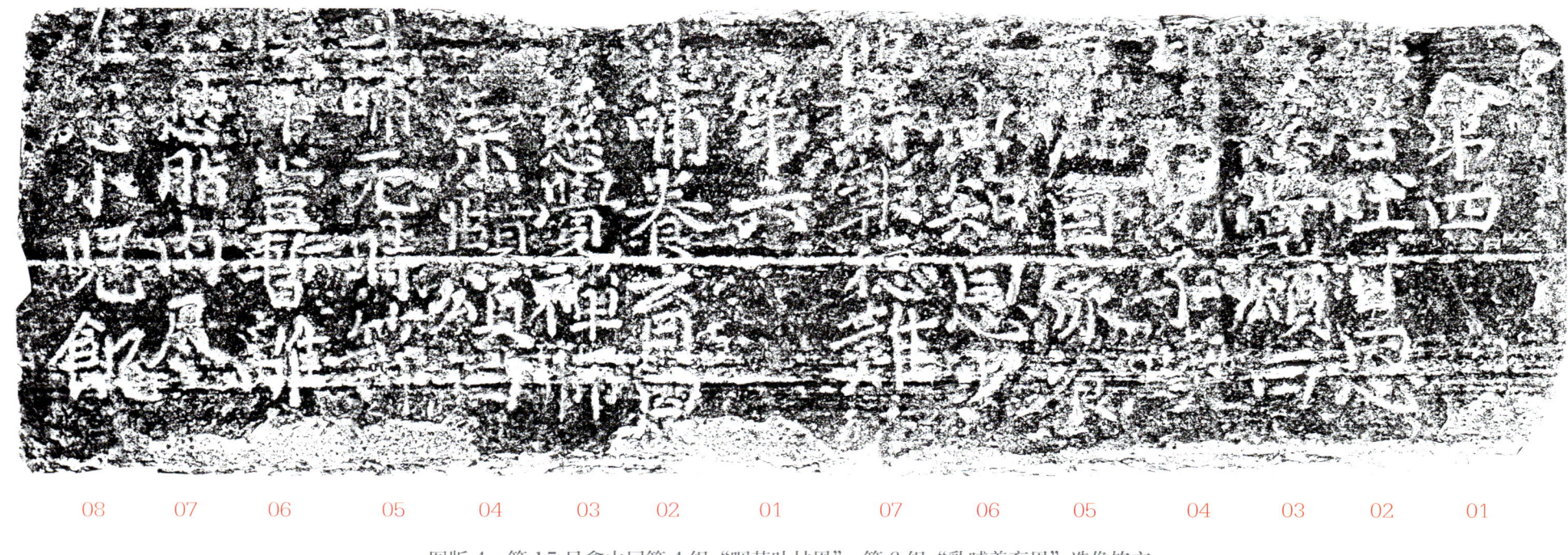

图版 4　第 15 号龛中层第 4 组 "咽苦吐甘恩"、第 6 组 "乳哺养育恩" 造像铭文

07　06　05　04　03　02　01　11　10　09　08　07　06　05　04　03　02　01

图版 5　第 15 号龛中层第 5 组"推干就湿恩"、第 7 组"洗濯不净恩"造像铭文

07　06　05　04　03　02　01　11　10　09　08　07　06　05　04　03　02　01

图版 5　第 15 号龛中层第 5 组"推干就湿恩"、第 7 组"洗濯不净恩"造像铭文

430　大足石刻全集　第七卷（下册）

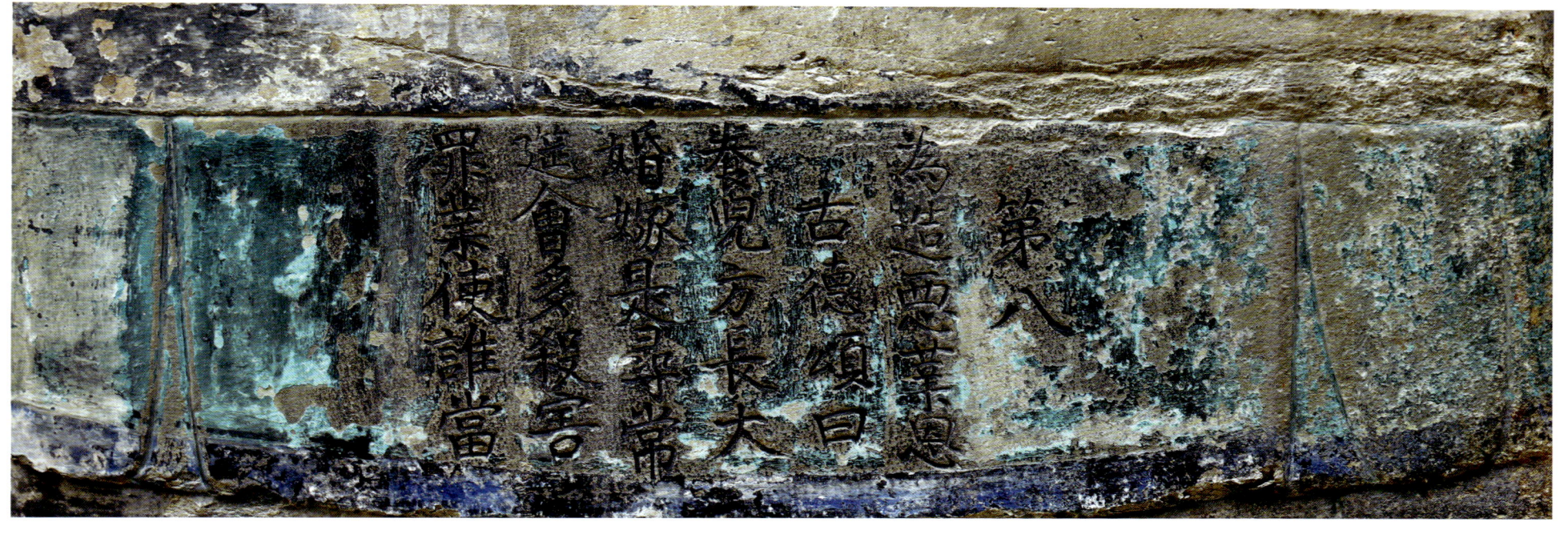

07　06　05　04　03　02　01

图版6　第15号龛中层第8组"为造恶业恩"造像铭文

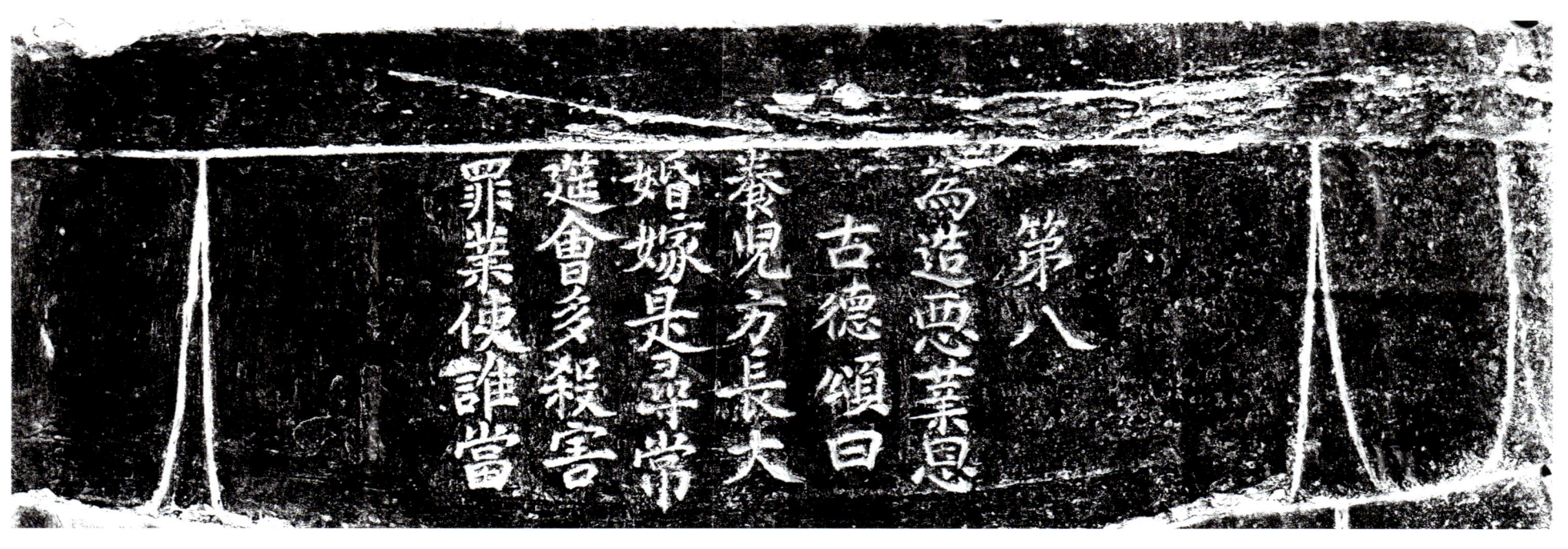

07　06　05　04　03　02　01

图版6　第15号龛中层第8组"为造恶业恩"造像铭文

图版 7　第 15 号龛中层第 9 组 "远行忆念恩" 造像铭文

图版 7　第 15 号龛中层第 9 组 "远行忆念恩" 造像铭文

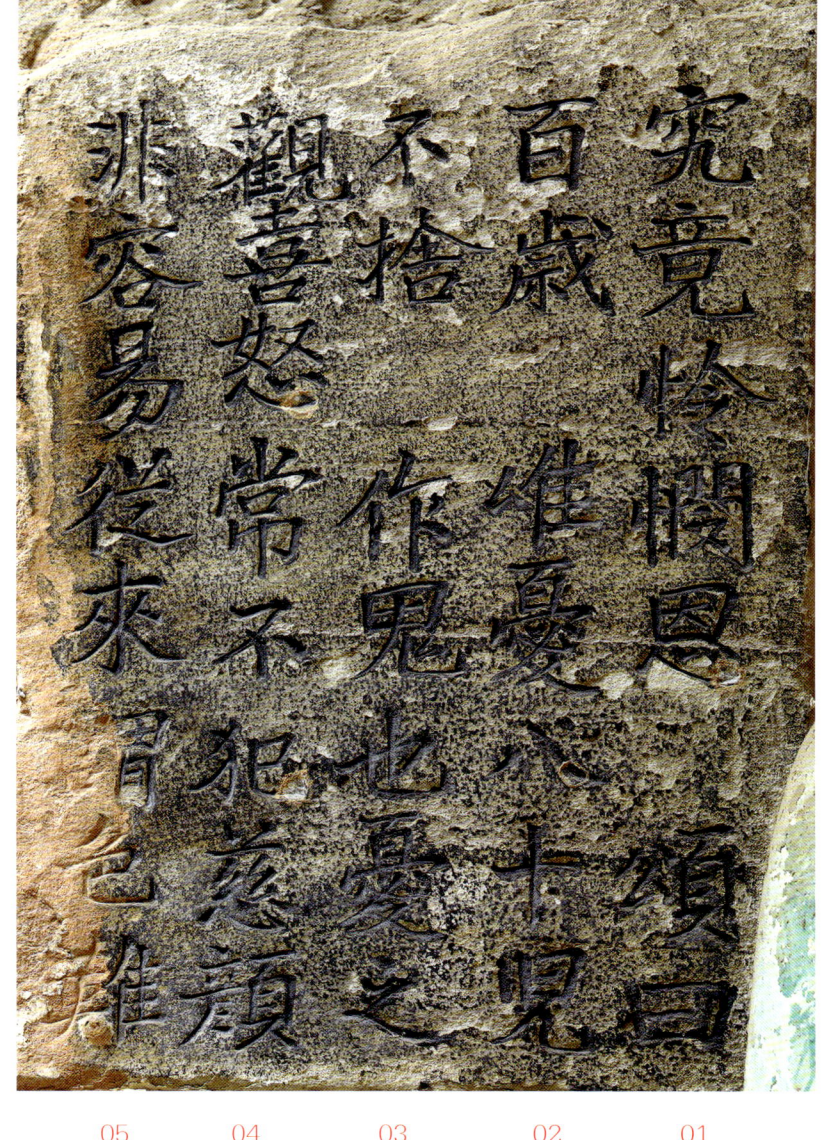

图版 8　第 15 号龛中层第 10 组 "究竟怜悯恩" 造像铭文

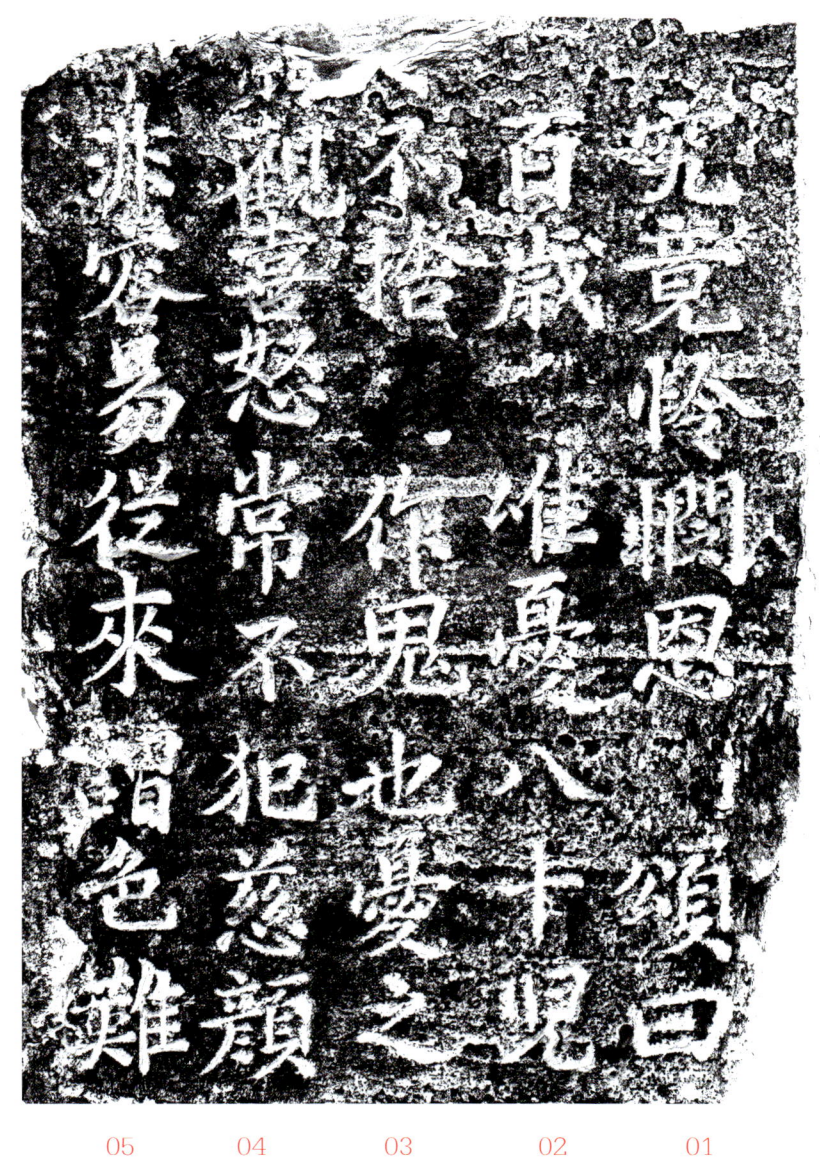

图版 8　第 15 号龛中层第 10 组 "究竟怜悯恩" 造像铭文

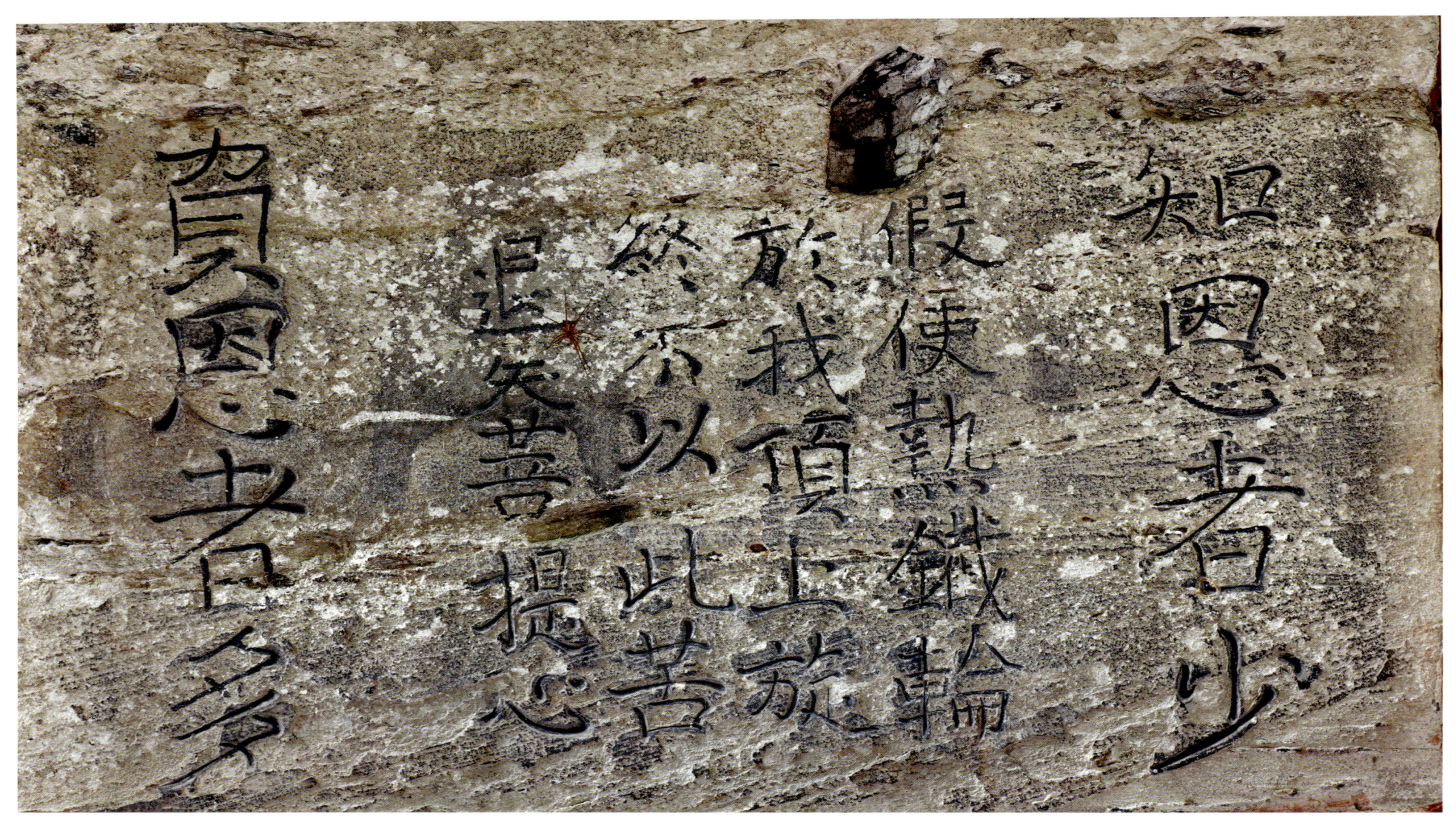

图版 9　第 15 号龛中层序品造像下方偈语

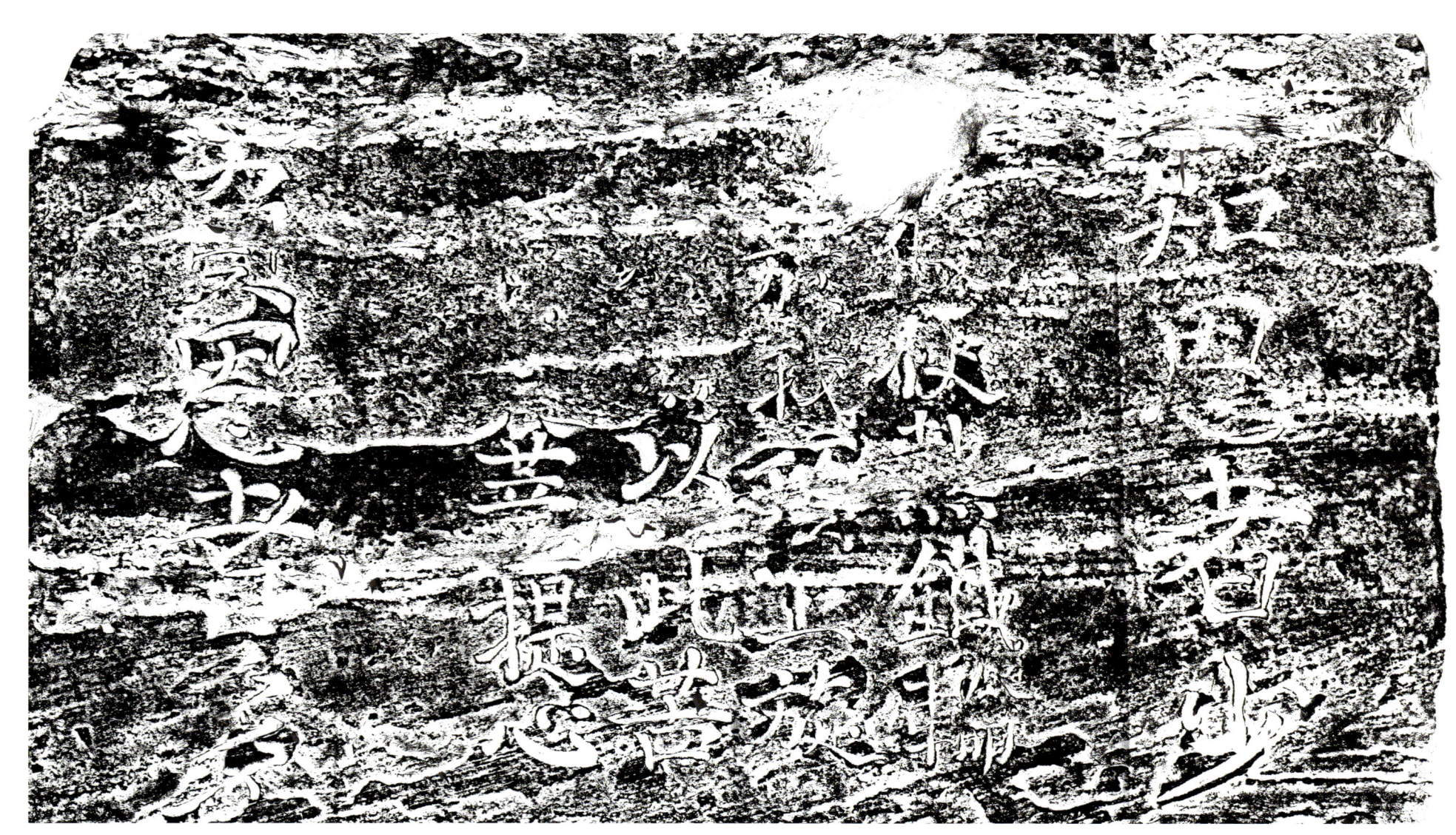

图版 9　第 15 号龛中层序品造像下方偈语

图版 10　第 15 号龛下层第 1 则"佛说报父母恩德经"铭文

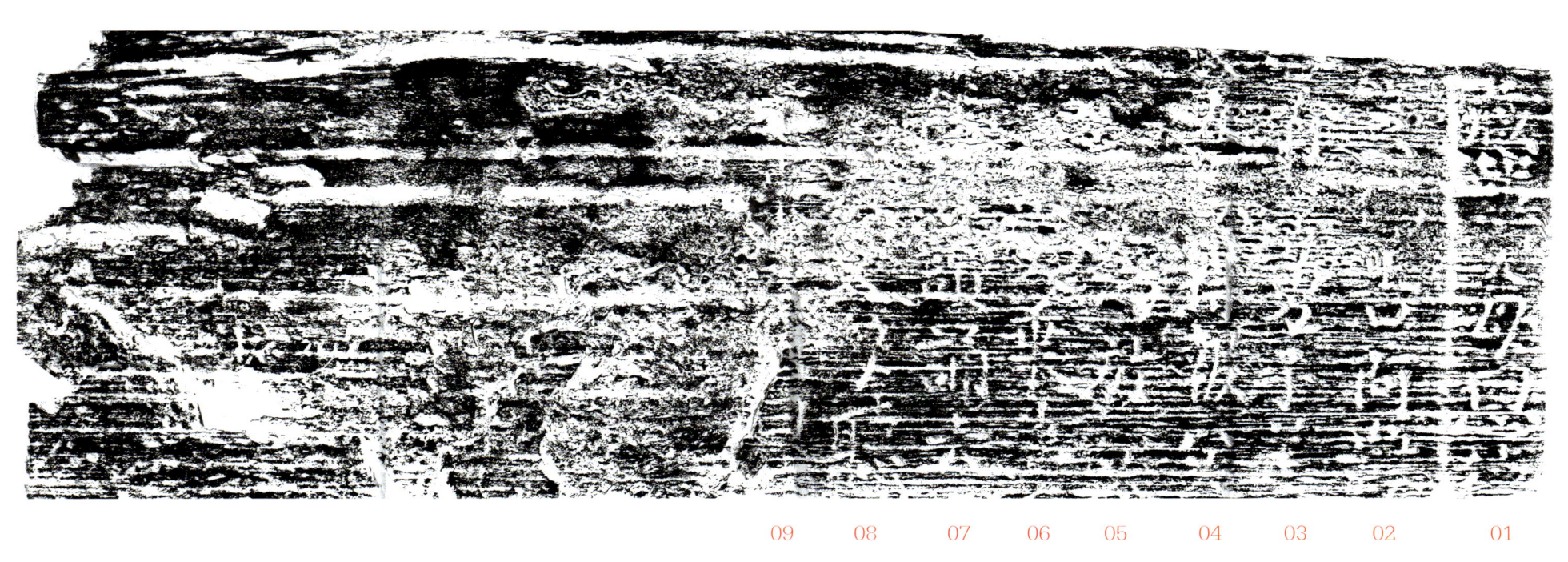

图版 10　第 15 号龛下层第 1 则"佛说报父母恩德经"铭文

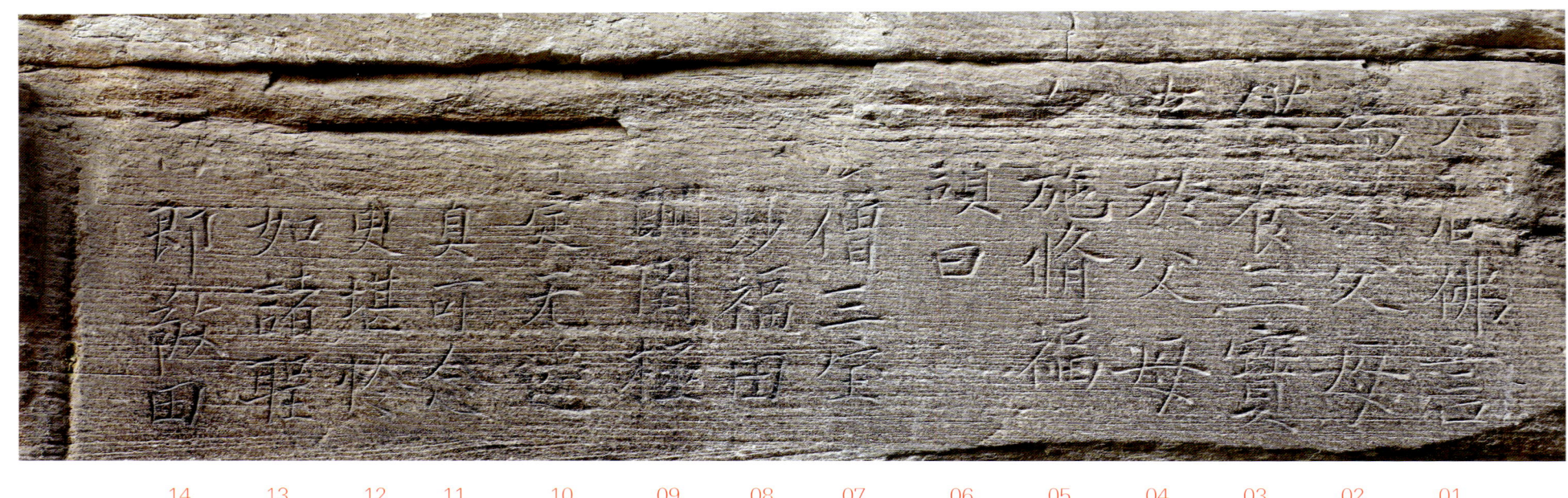

图版 11　第 15 号龛下层第 2 则"佛说为于父母供养三宝经"铭文

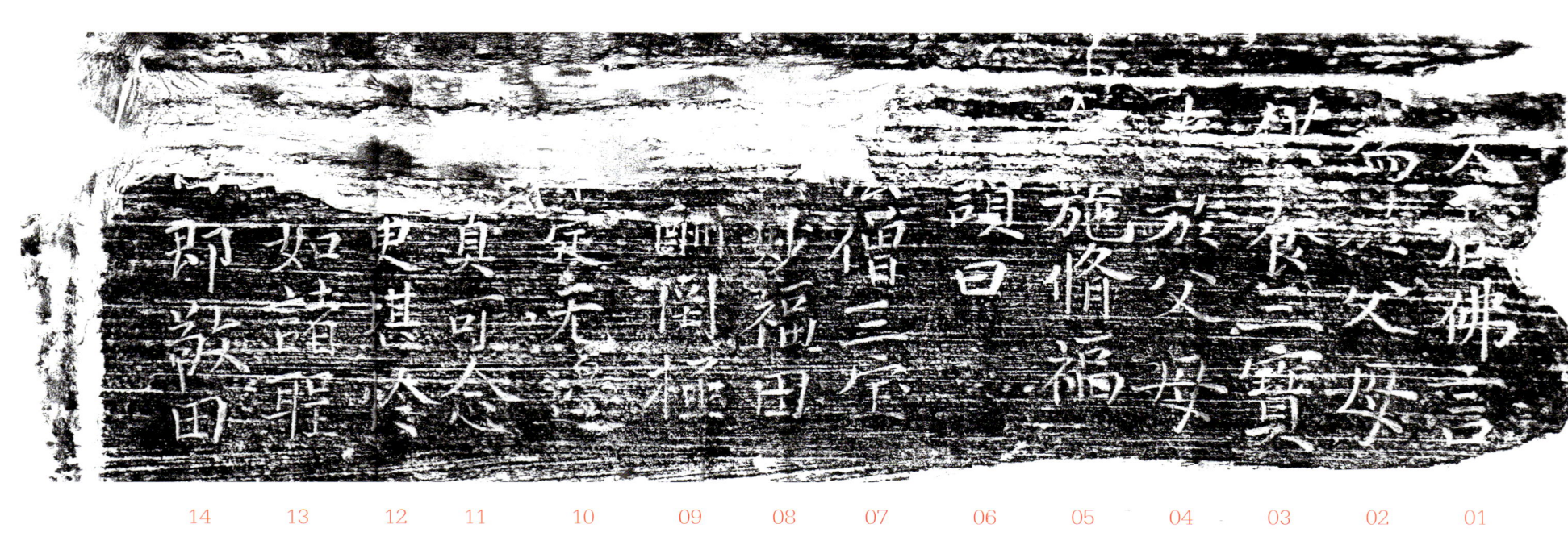

图版 11　第 15 号龛下层第 2 则"佛说为于父母供养三宝经"铭文

图版 12　第 15 号龛下层第 3 则 "佛说为于父母□悔罪愆经" 铭文

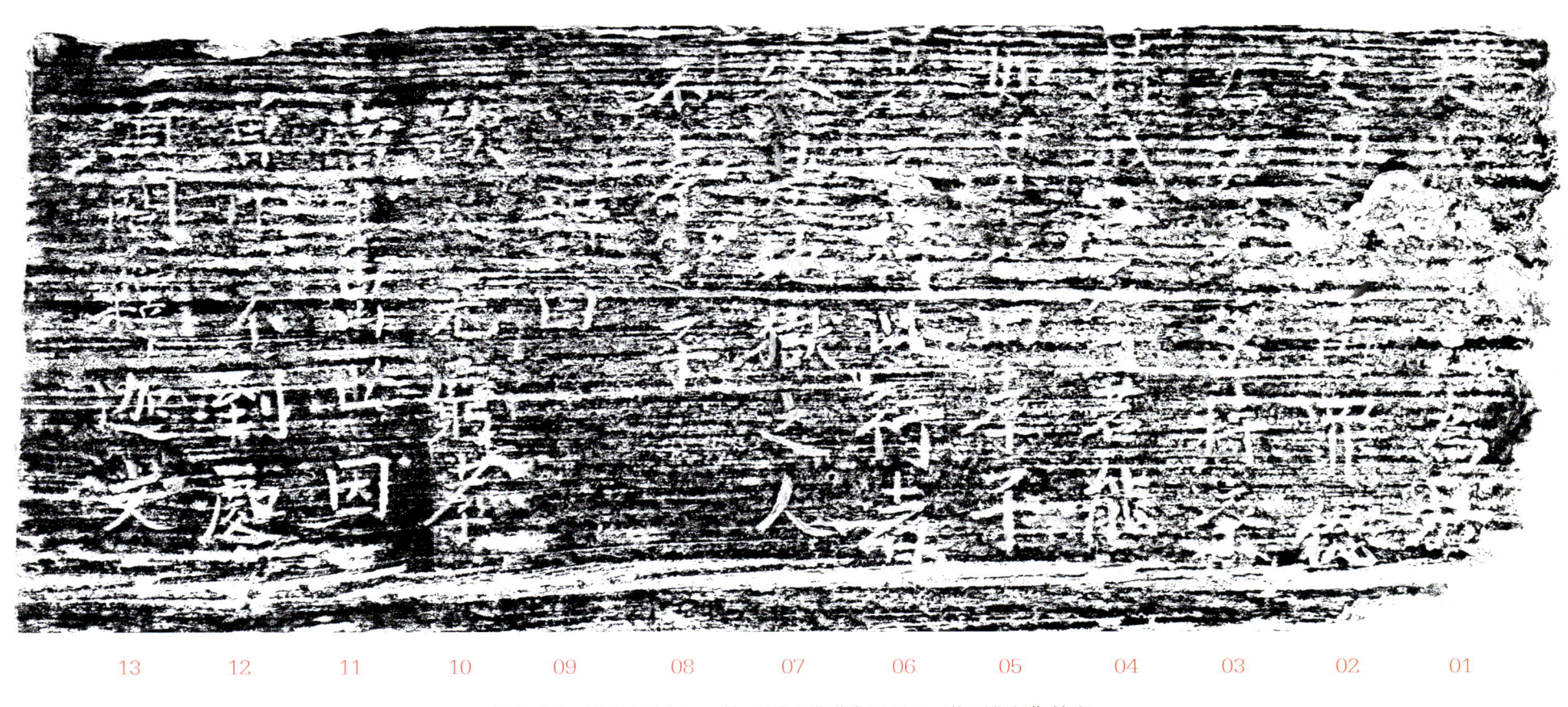

图版 12　第 15 号龛下层第 3 则 "佛说为于父母□悔罪愆经" 铭文

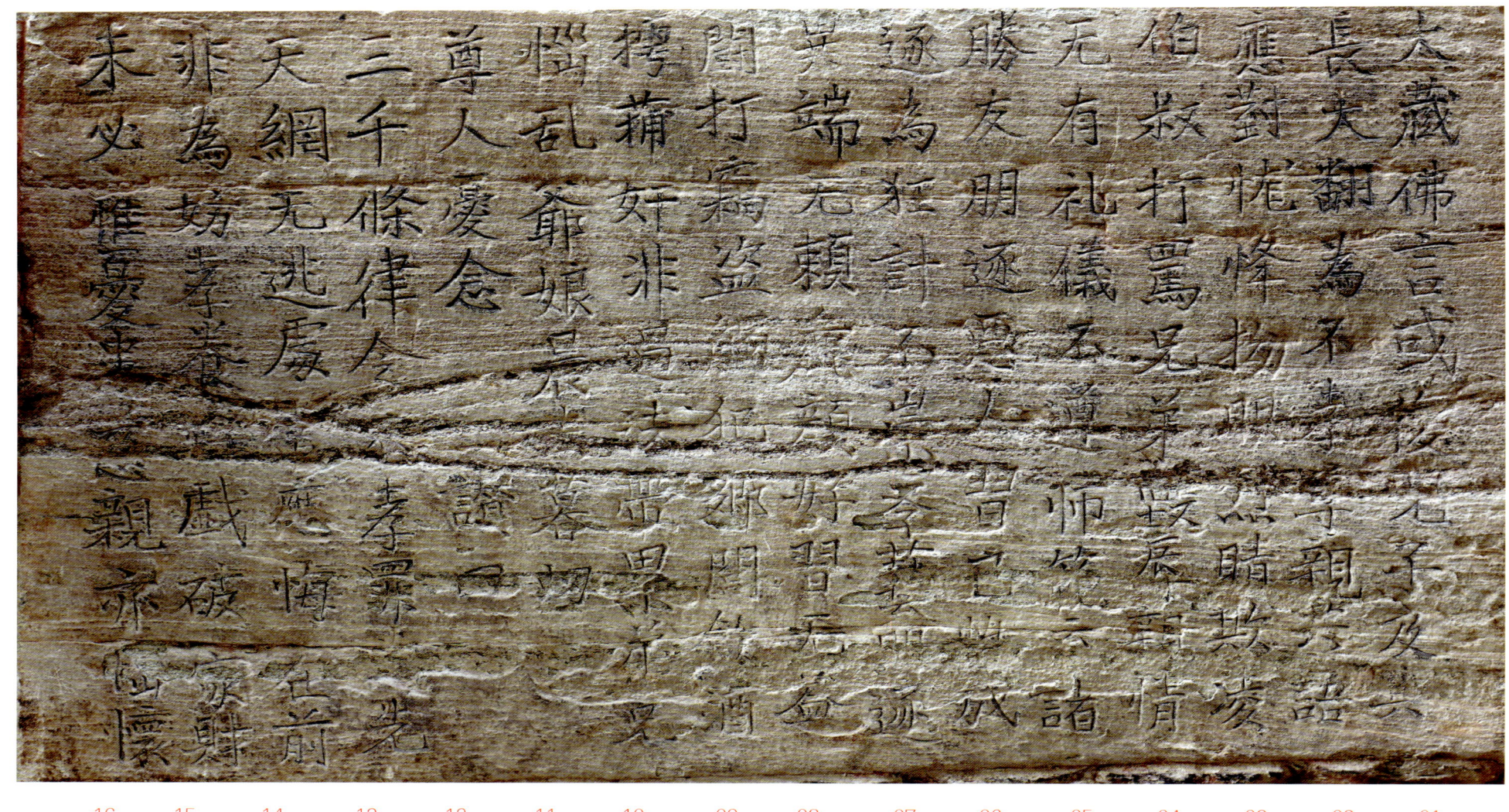

图版 13　第 15 号龛下层第 4 则"佛说不孝罪为先经"铭文

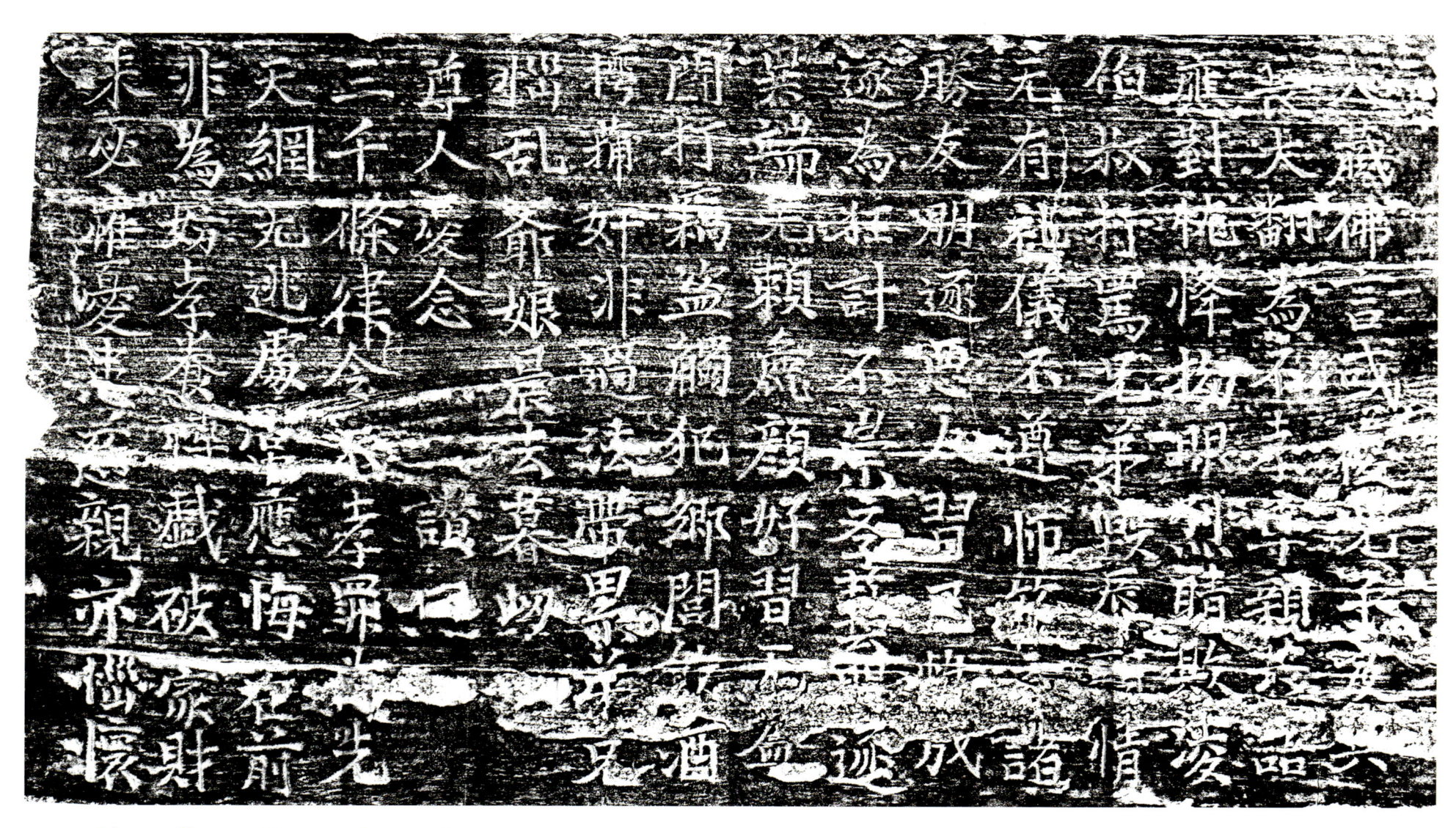

图版 13　第 15 号龛下层第 4 则"佛说不孝罪为先经"铭文

图版 14　第 15 号龛下层第 5 则"刑法"铭文

图版 14　第 15 号龛下层第 5 则"刑法"铭文

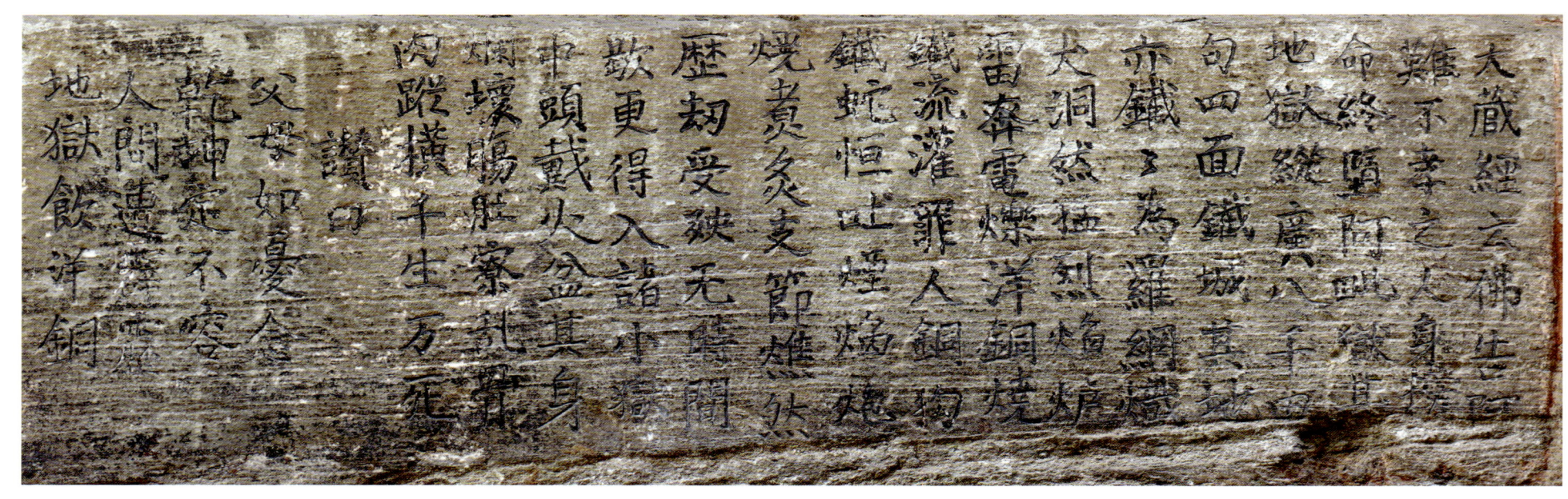

图版 15　第 15 号龛下层第 6 则"佛说不孝之人堕阿毗地狱经"铭文

图版 15　第 15 号龛下层第 6 则"佛说不孝之人堕阿毗地狱经"铭文

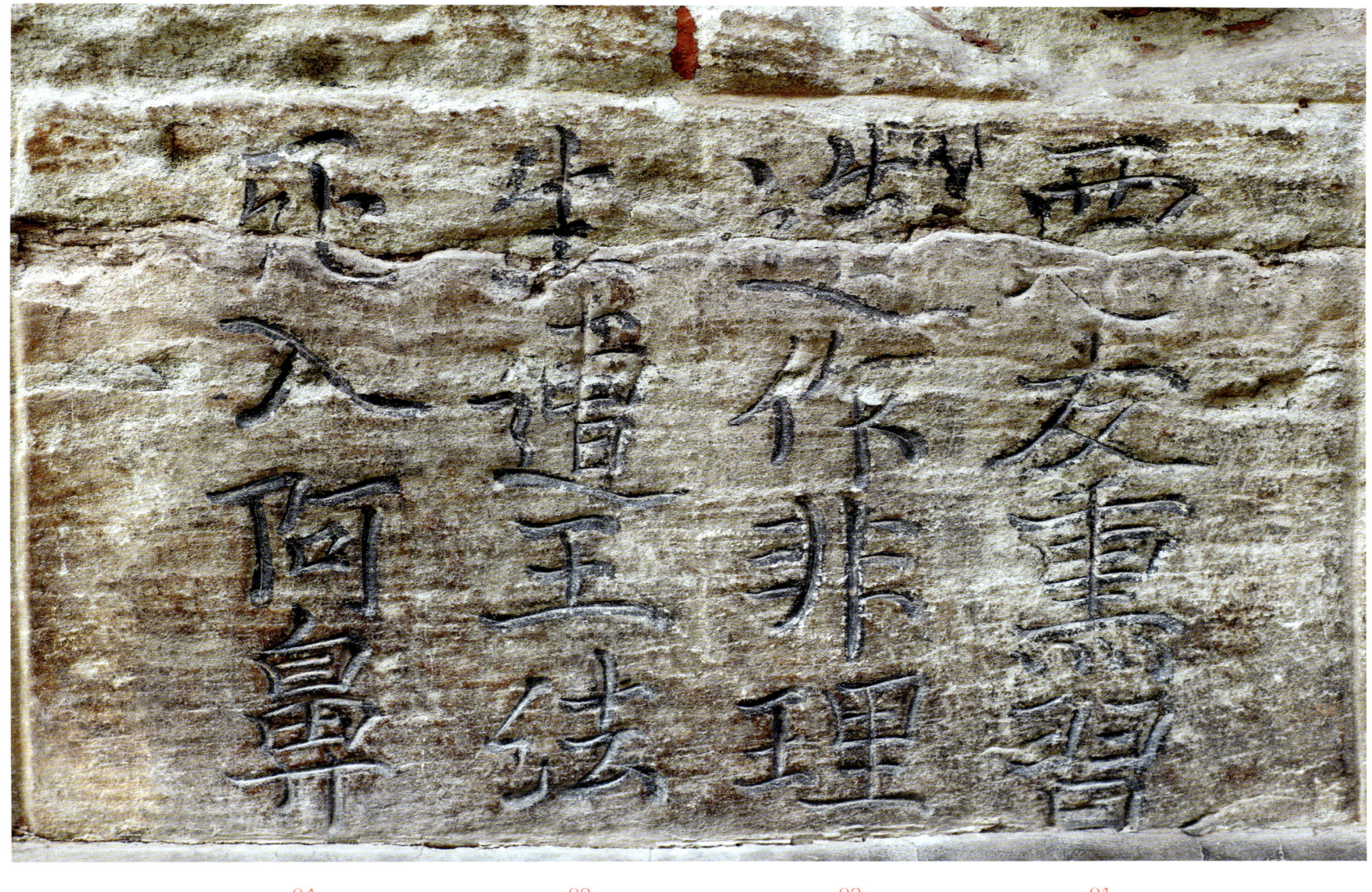

图版16　第15号龛下层第7则偈语

图版16　第15号龛下层第7则偈语

图版17　第16号龛上部左起第6像手持簿册铭文

图版17　第16号龛上部左起第6像手持簿册铭文

图版 18　第 16 号龛下部第 1 则"古圣雷音霹雳诗"铭文

图版 18　第 16 号龛下部第 1 则"古圣雷音霹雳诗"铭文

图版 19　第 16 号龛下部第 2 则偈语

图版 19　第 16 号龛下部第 2 则偈语

04　　　　　03　　　　　02　　　　　01

图版20　第16号龛下部第3则偈语

04　　　　　03　　　　　02　　　　　01

图版20　第16号龛下部第3则偈语

444　　大足石刻全集　第七卷（下册）

图版 21　第 17 号龛主尊佛像上方楼阁"忉利天宫"题刻

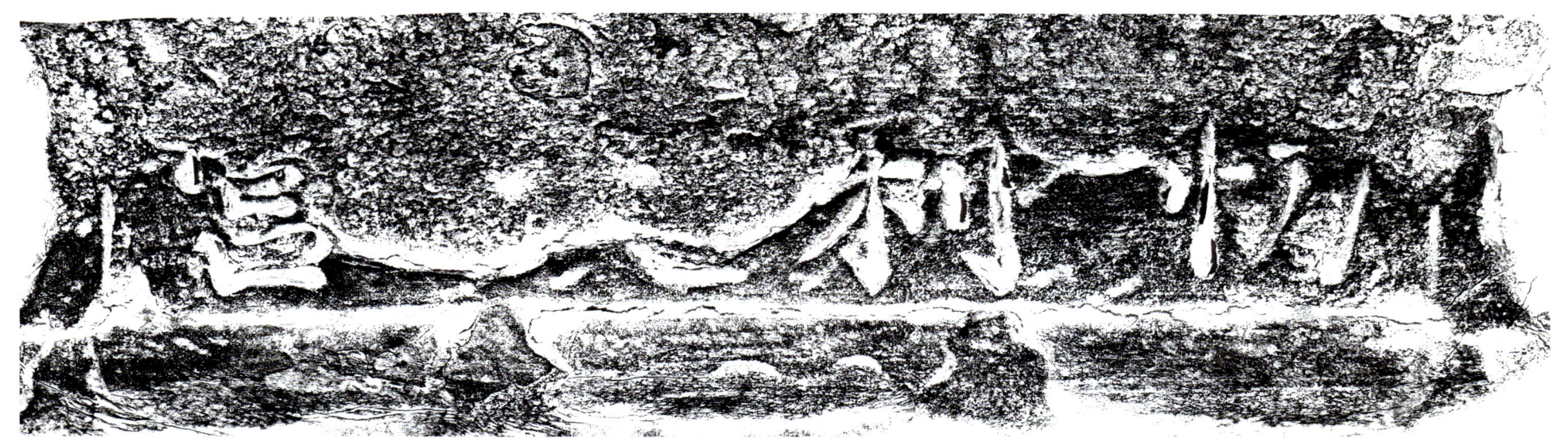

图版 21　第 17 号龛主尊佛像上方楼阁"忉利天宫"题刻

图版 22　第 17 号龛序品"六师外道谤佛不孝"题刻

图版 22　第 17 号龛序品"六师外道谤佛不孝"题刻

II 铭文图版　445

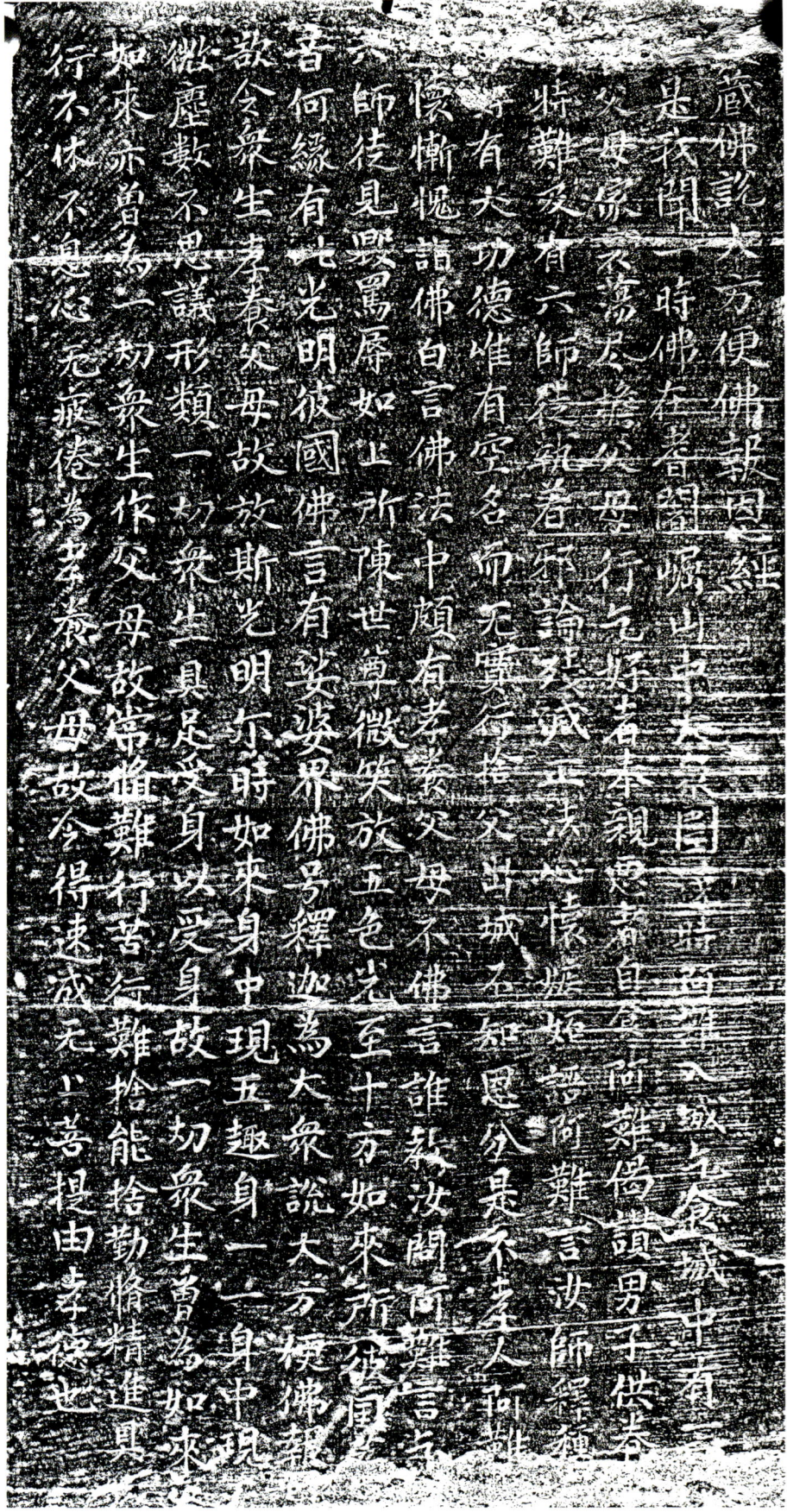

图版23　第17号龛序品"大藏佛说大方便佛报恩经"铭文

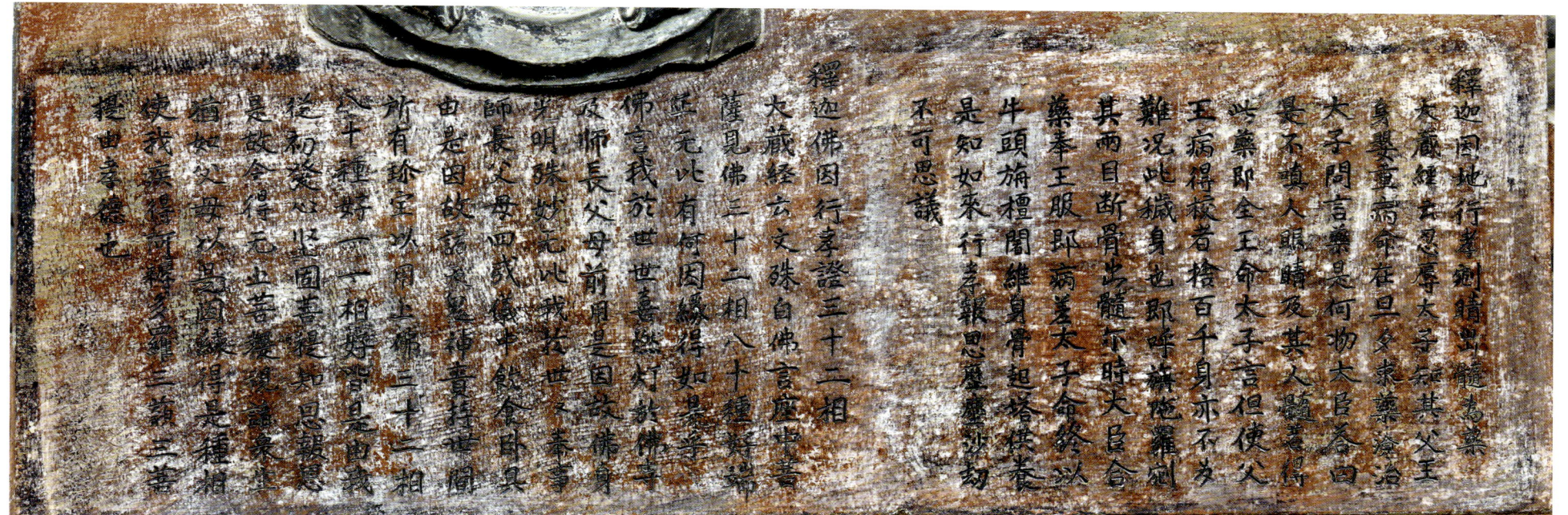

图版24　第17号龛左侧壁第1组"释迦佛因行孝证三十二相"、第2组"释迦因地行孝剜睛出髓为药"造像铭文

图版24　第17号龛左侧壁第1组"释迦佛因行孝证三十二相"、第2组"释迦因地行孝剜睛出髓为药"造像铭文

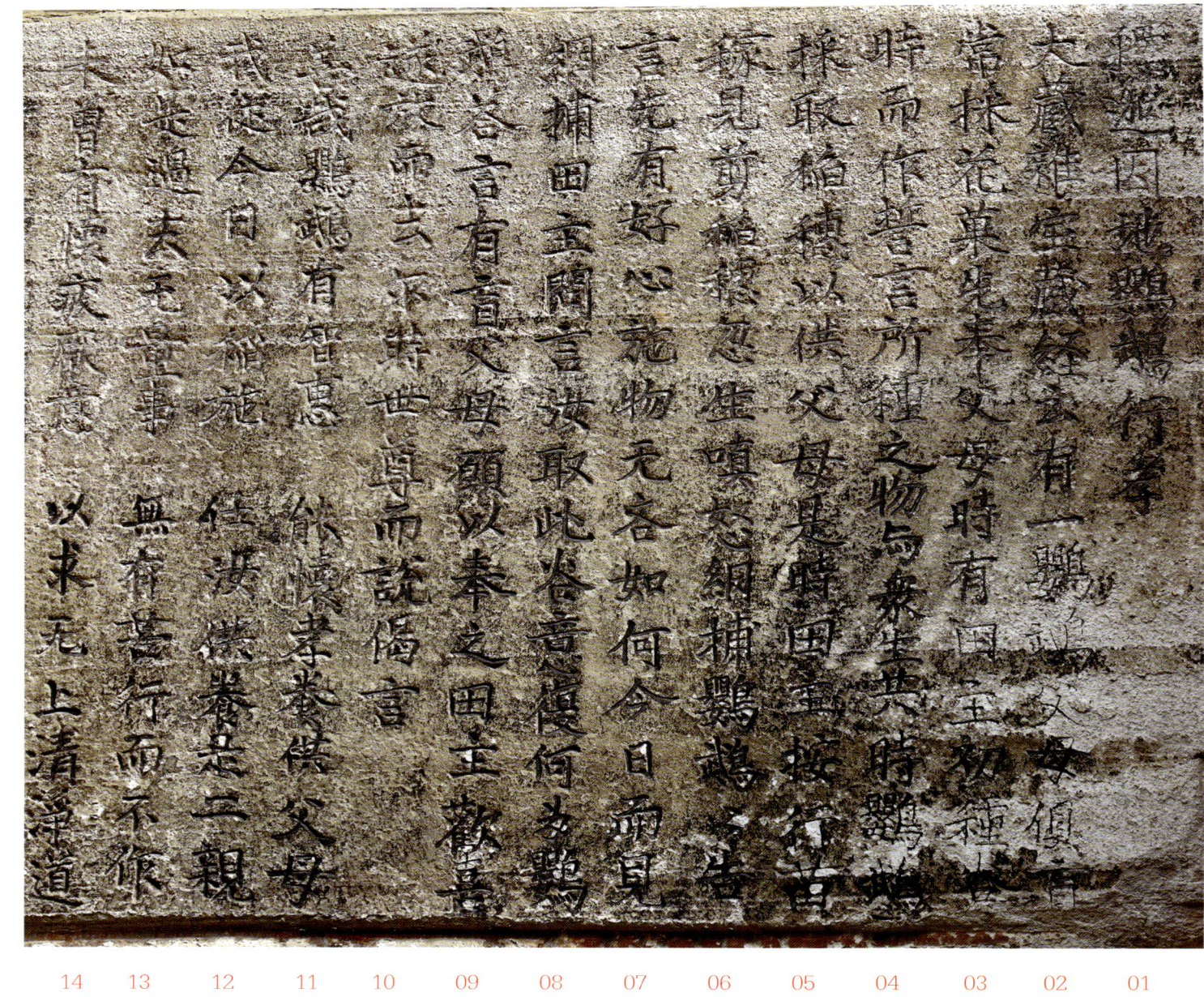

图版25　第17号龛左侧壁第3组"释迦因地鹦鹉行孝"造像铭文

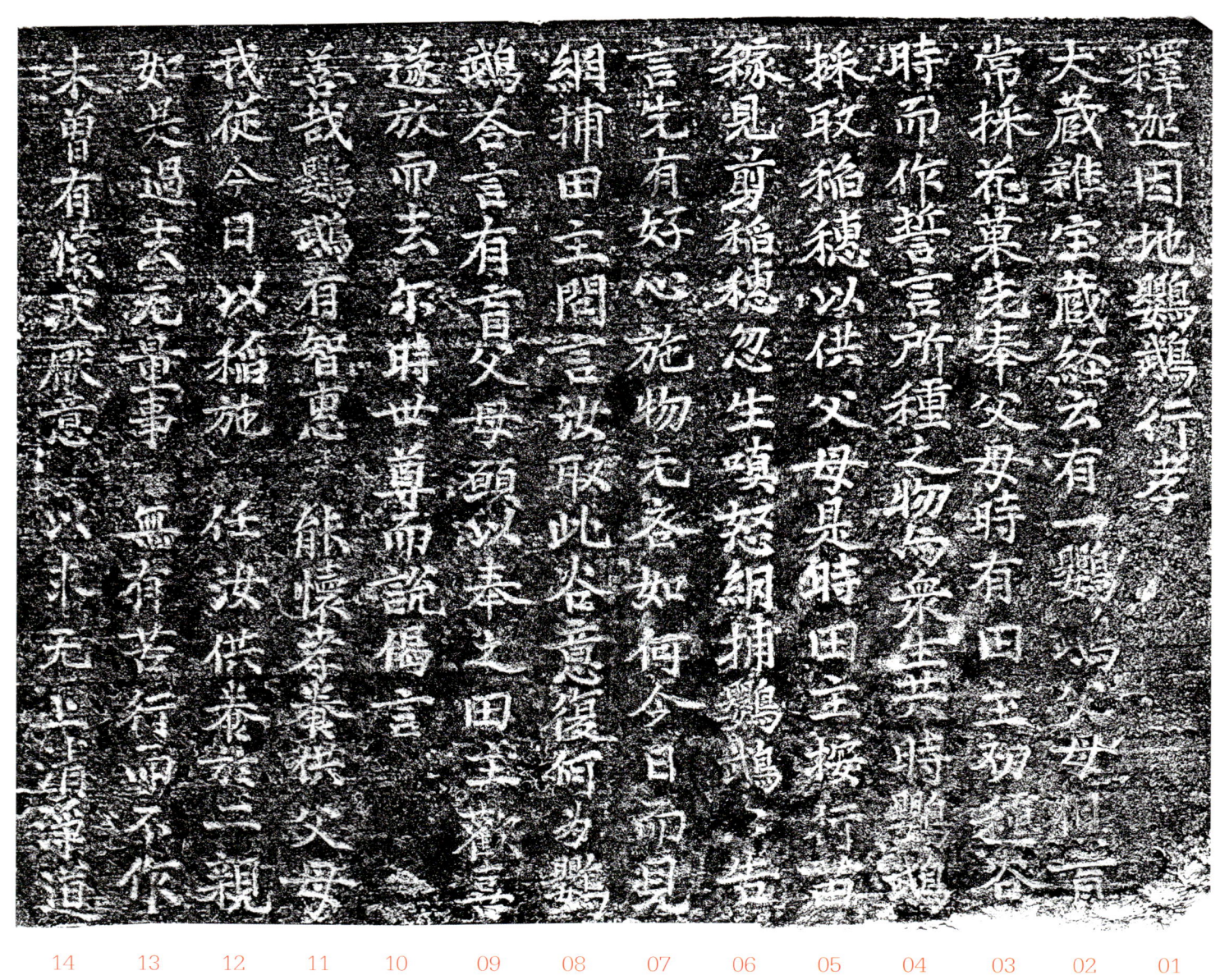

图版25　第17号龛左侧壁第3组"释迦因地鹦鹉行孝"造像铭文

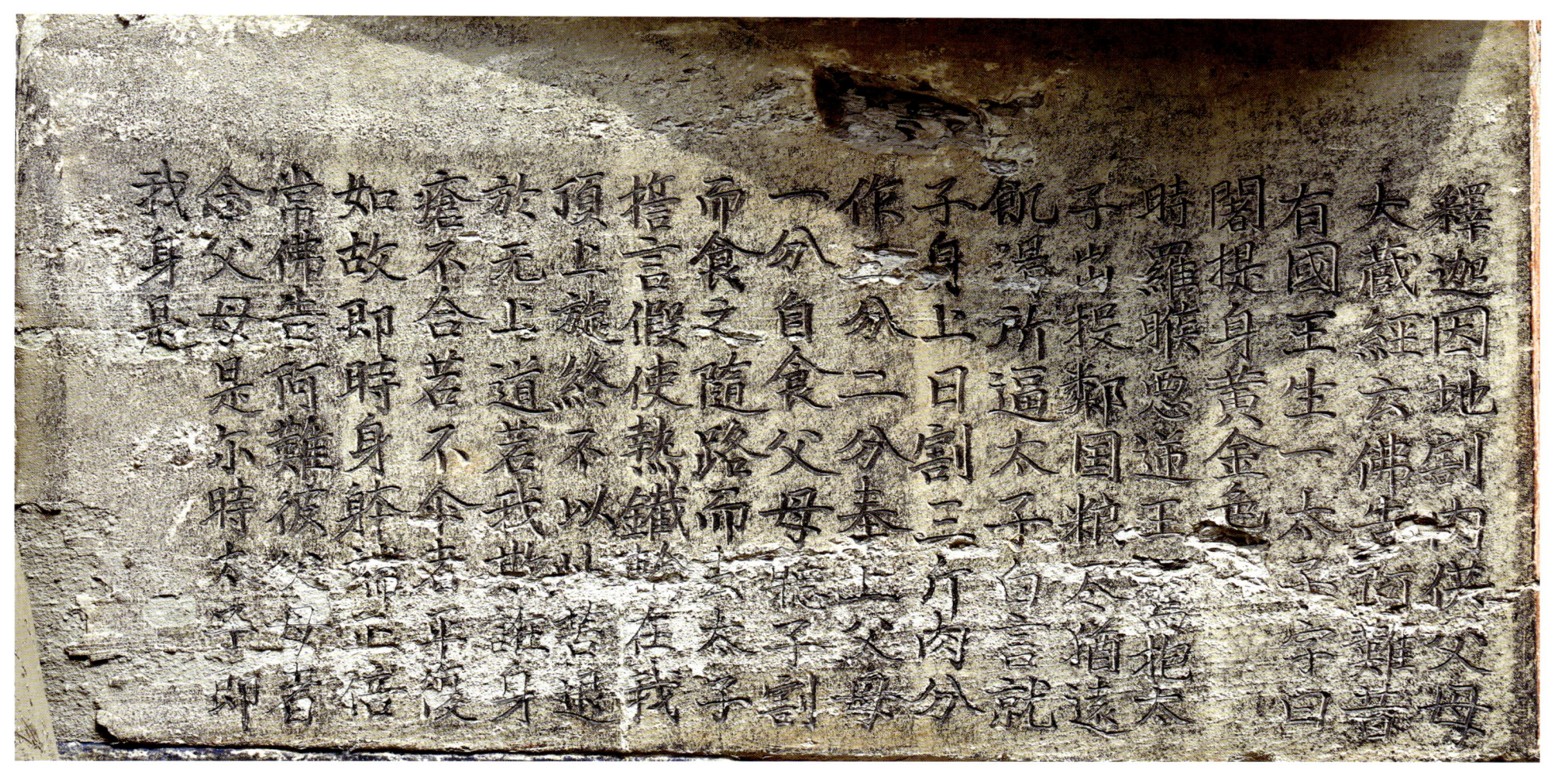

图版26 第17号龛左侧壁第4组造像"释迦因地割肉供父母"经文

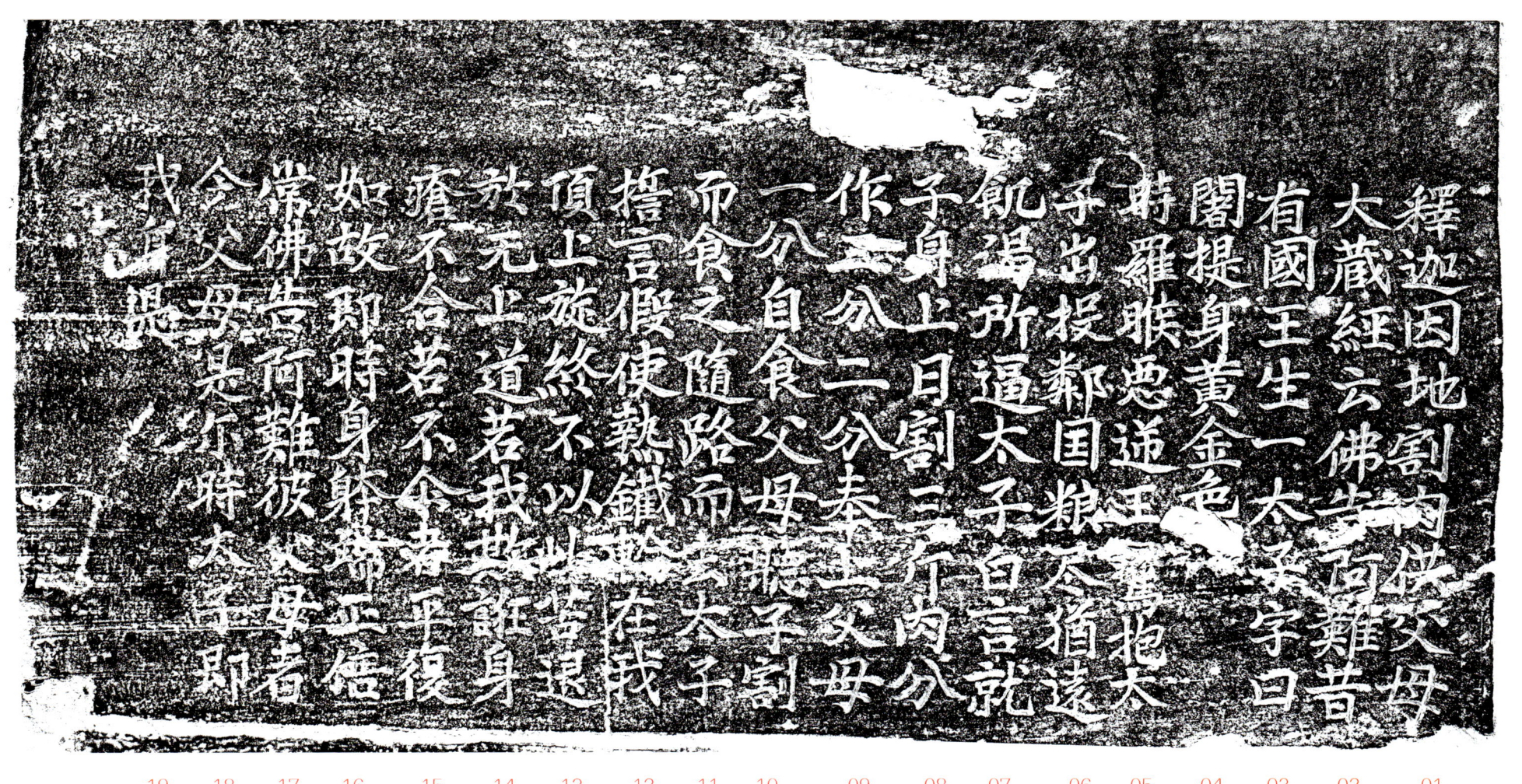

图版26 第17号龛左侧壁第4组造像"释迦因地割肉供父母"经文

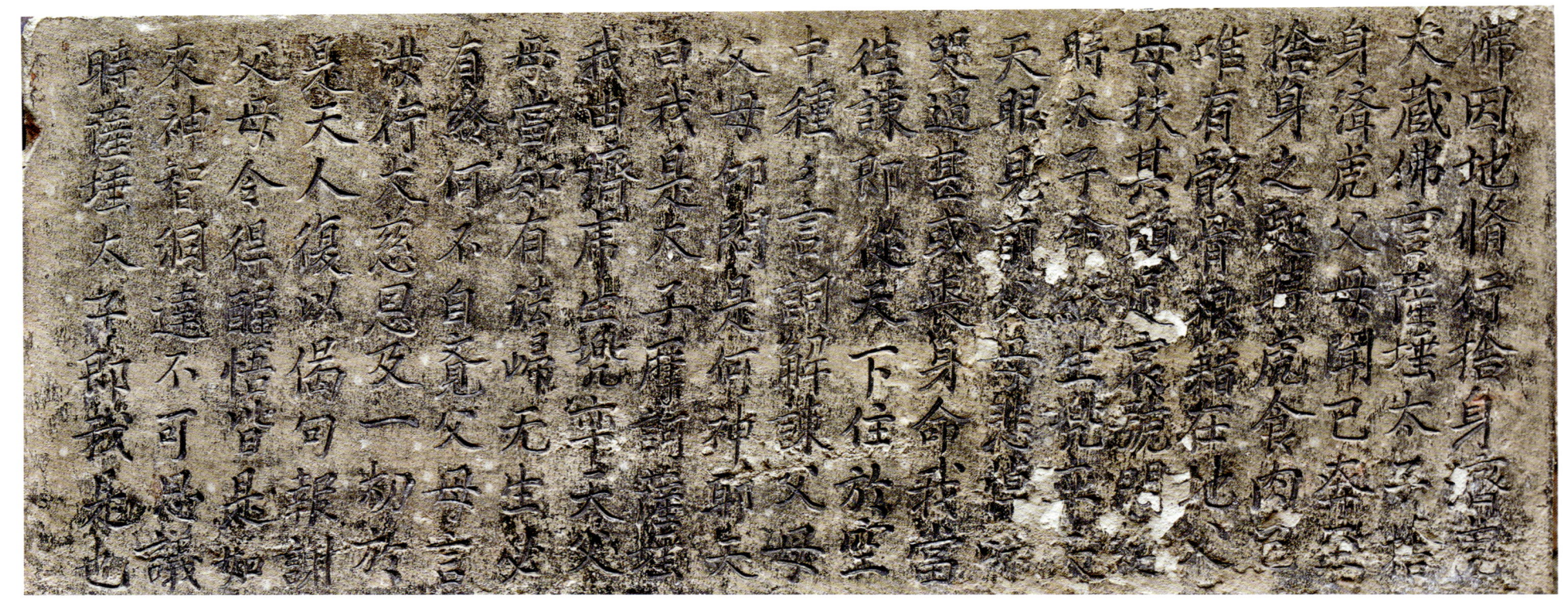

图版27　第17号龛左侧壁第5组"佛因地修行舍身济虎"造像铭文

佛因地修行捨身濟虎／大藏佛言薩埵太子捨／身濟虎父母聞已奔赴／捨身之處時虎食肉已／唯有骸骨狼籍在地父／母扶其頭足悲號問絕／時太子命終生兜平天／天眼見前父母悲悼啼／哭過甚或喪身命我當／徃諫即從天下住於空／中種種言詞解諫耶天／父母仰問是何神耶天／曰我是太子摩訶薩埵／我由濟席生兜平天父／母當知有法歸无生必／汝行大慈恩及一切於／有終何不自意父母言／是天人復以偈句報謝／父母令得醒悟皆是如／來神智洞達不可思議／時薩埵太子卽我是也

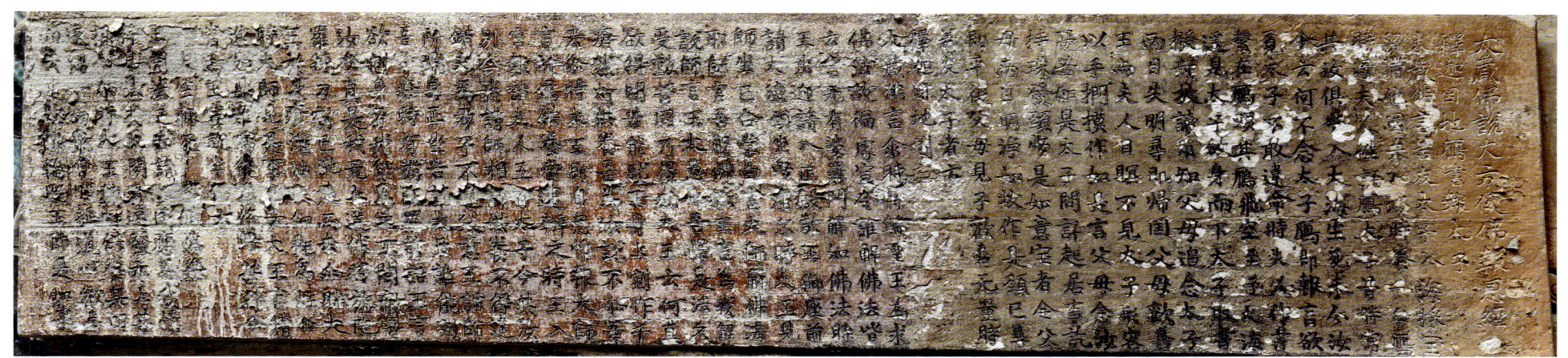

图版28　第17号龛右侧壁第1组"释迦因地雁书报太子"、第2组"释迦因地剜肉"造像铭文

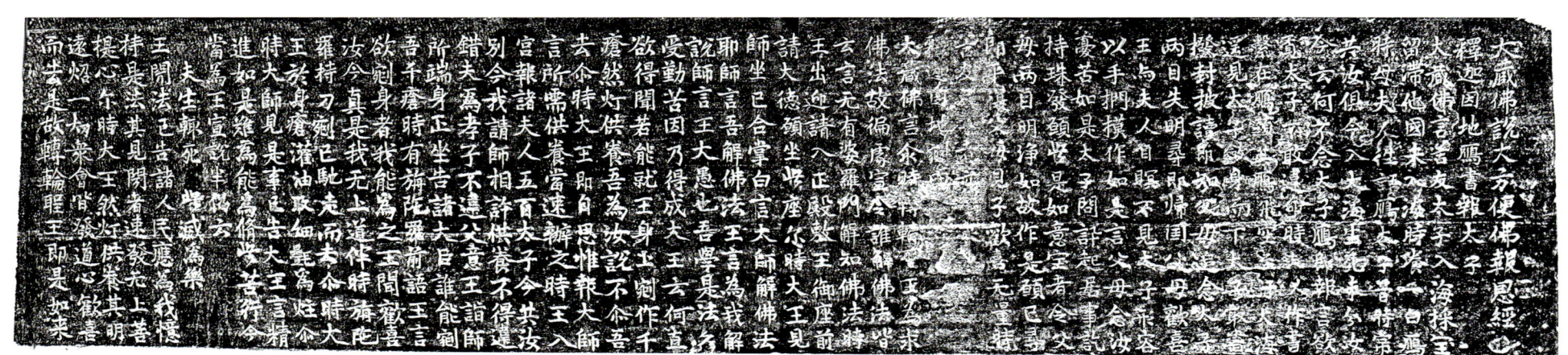

图版28　第17号龛右侧壁第1组"释迦因地雁书报太子"、第2组"释迦因地剜肉"造像铭文

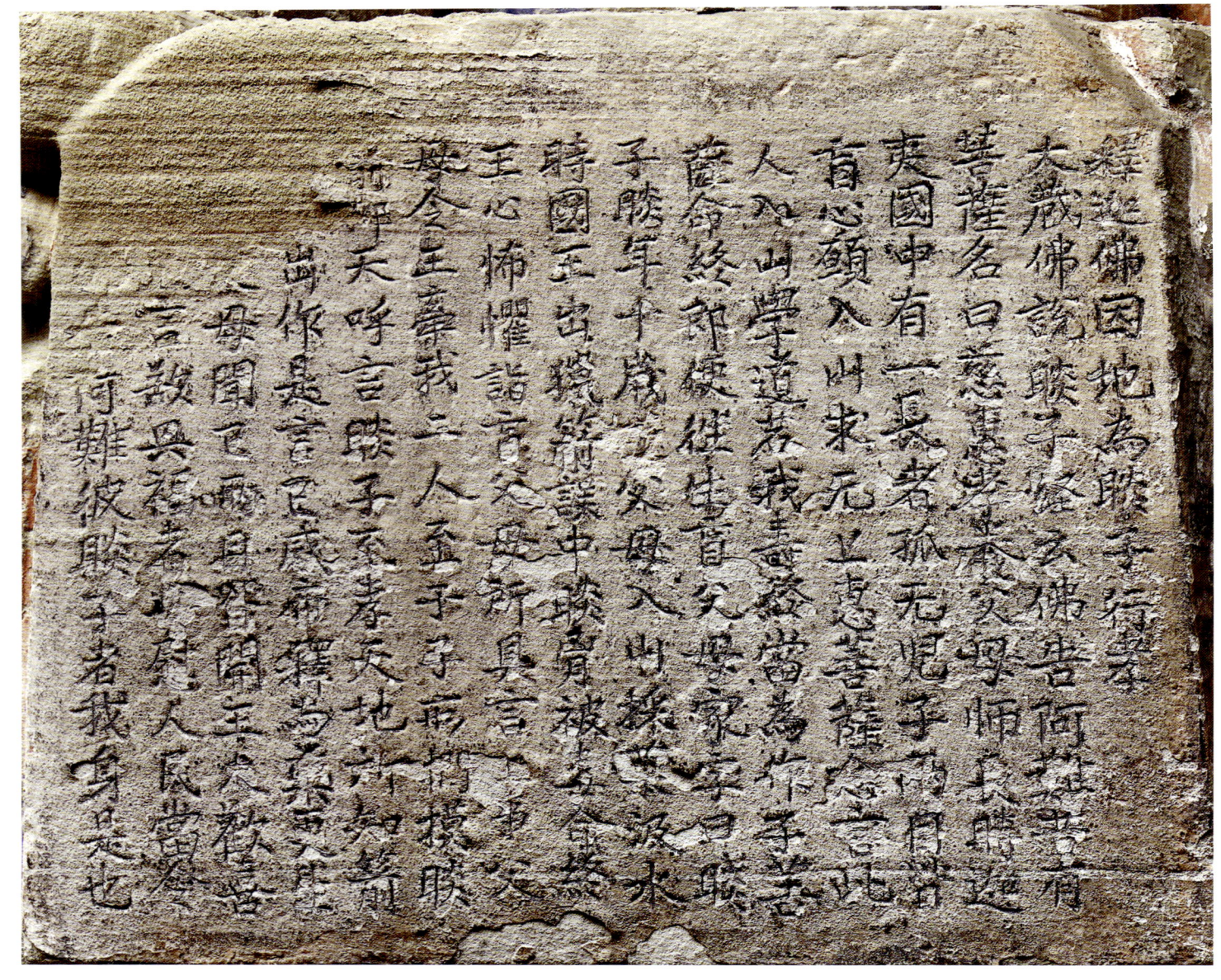

图版 29　第 17 号龛右侧壁第 3 组"释迦佛因地为睒子行孝"造像铭文

图版 29　第 17 号龛右侧壁第 3 组"释迦佛因地为睒子行孝"造像铭文

图版 30　第 17 号龛右侧壁第 4 组"释迦佛因地修行舍身求法"造像偈语

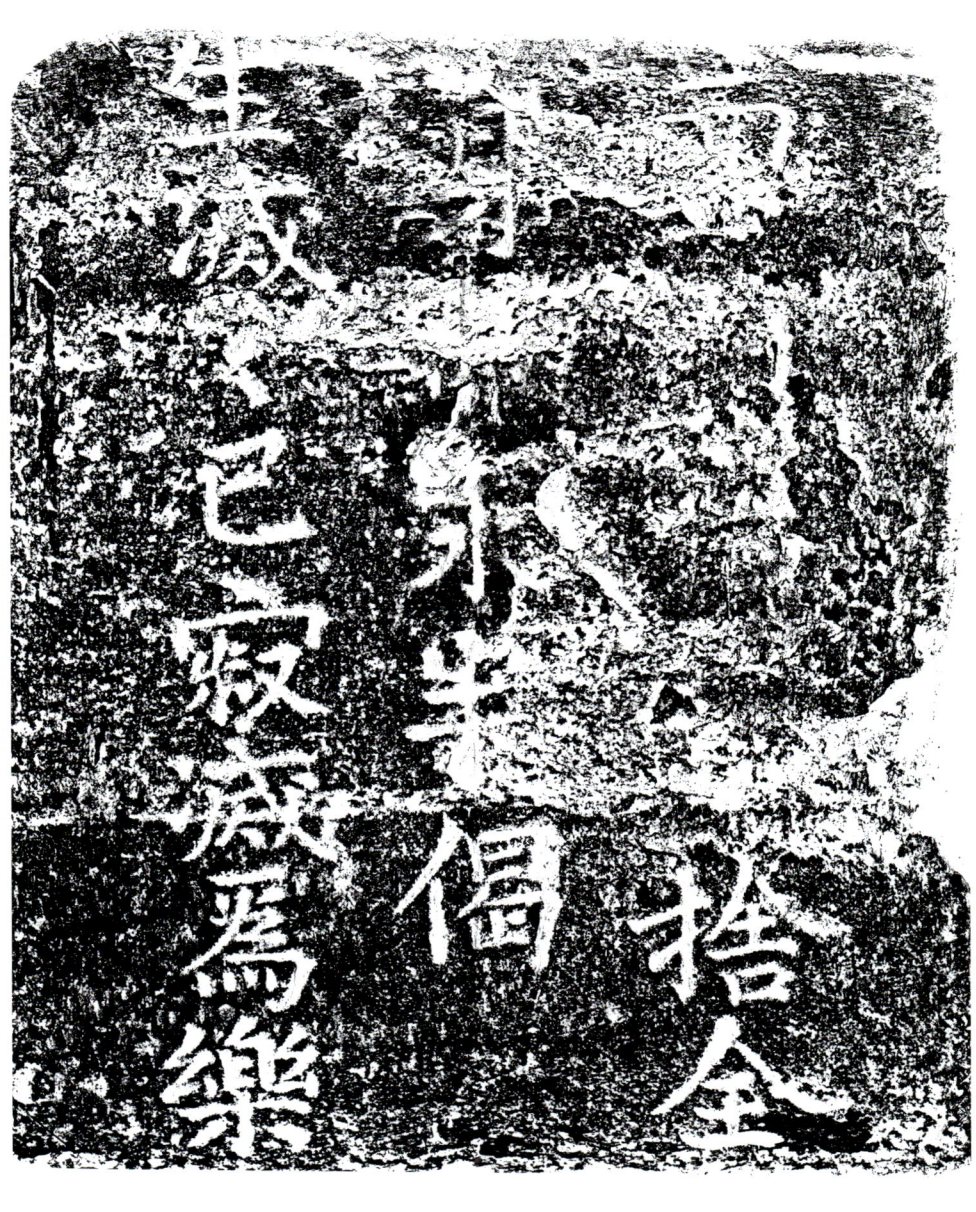

图版 30　第 17 号龛右侧壁第 4 组"释迦佛因地修行舍身求法"造像偈语

图版 31　第 17 号龛右侧壁第 4 组 "释迦佛因地修行舍身求法" 造像铭文

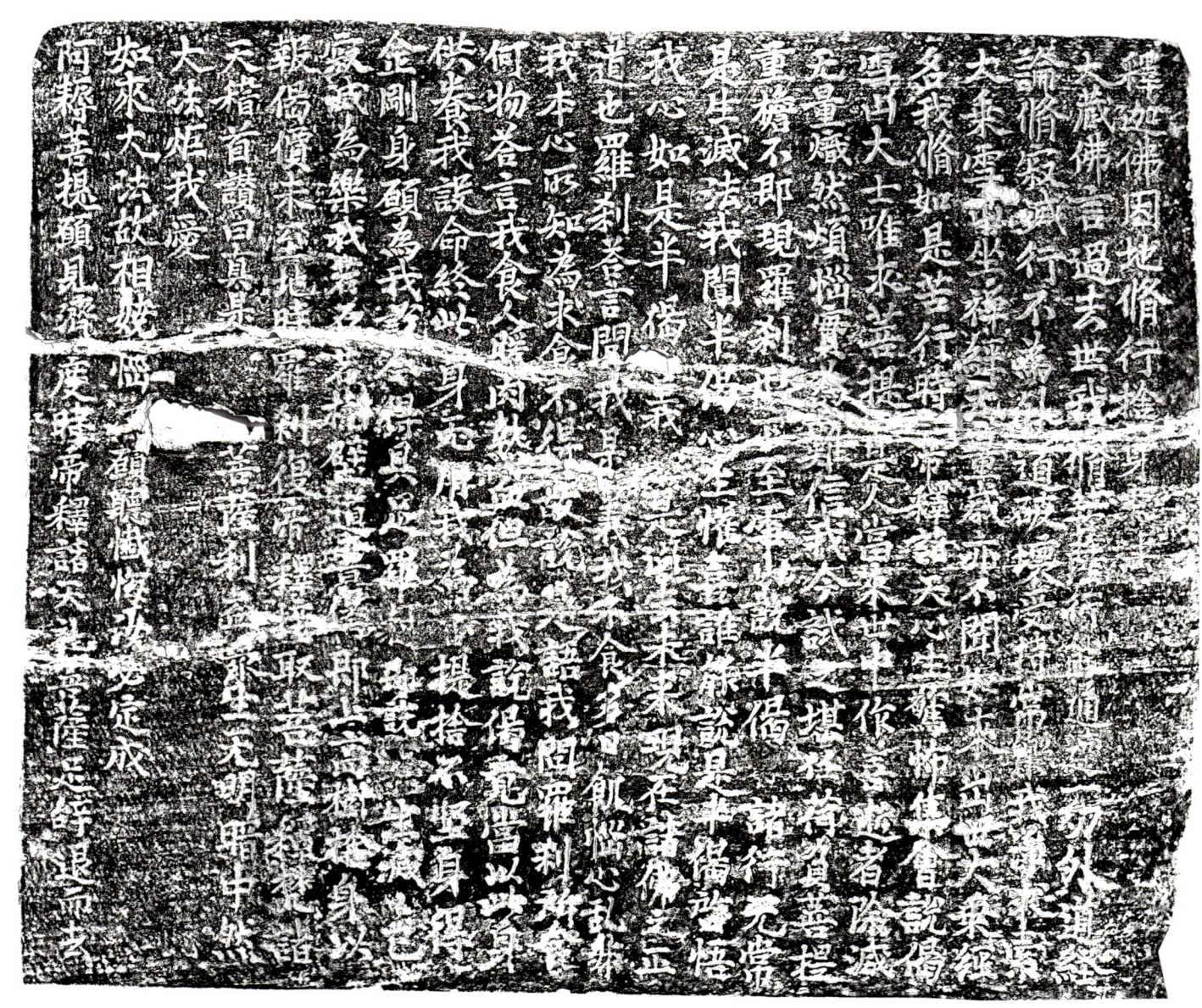

图版 31　第 17 号龛右侧壁第 4 组 "释迦佛因地修行舍身求法" 造像铭文

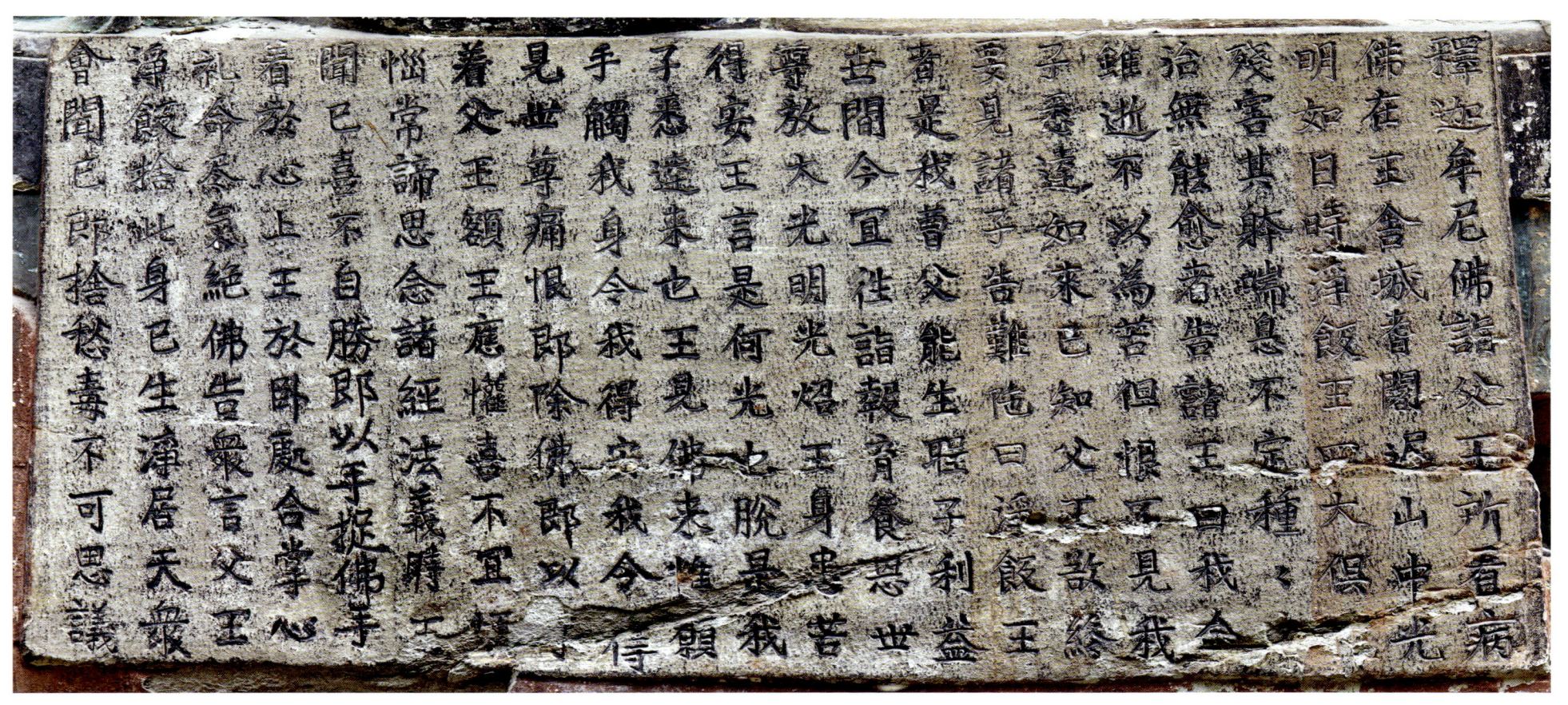

图版32　第17号龛右侧壁第5组"释迦牟尼佛诣父王所看病"造像铭文

02　　　　　　　　　　01

图版33　第17号龛右侧壁第6组"亲担父王棺"题刻

02　　　　　　　　　　01

图版33　第17号龛右侧壁第6组"亲担父王棺"题刻

图版 34　第 17 号龛右侧壁第 6 组"王棺舆"题刻

图版 34　第 17 号龛右侧壁第 6 组"王棺舆"题刻

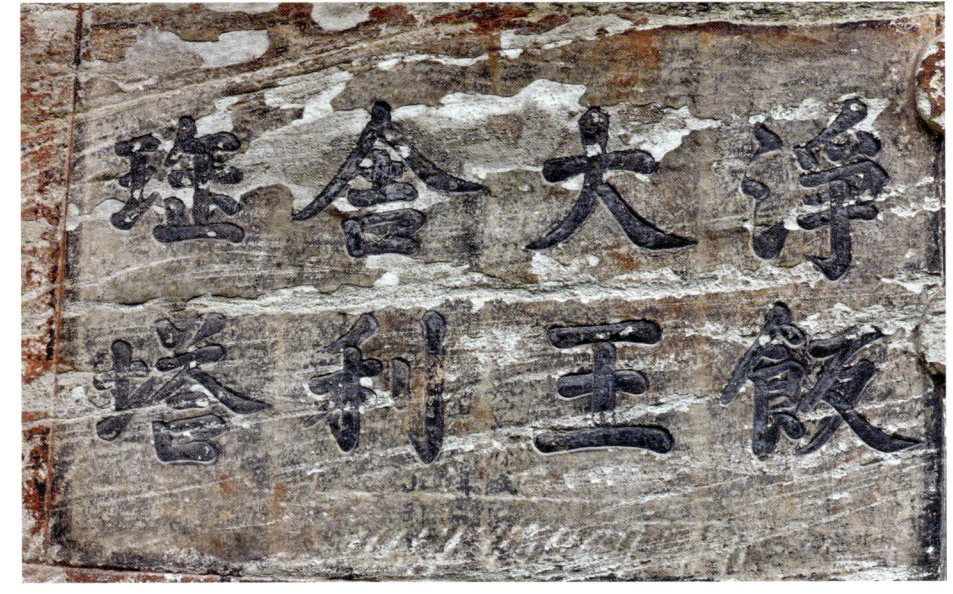

图版 35　第 17 号龛右侧壁第 6 组"舍利宝塔"题刻

图版 35　第 17 号龛右侧壁第 6 组"舍利宝塔"题刻

图版 36　第 17 号龛右侧壁第 6 组 "释迦牟尼佛为末世众生设化法故担父王棺" 造像铭文

图版 36　第 17 号龛右侧壁第 6 组 "释迦牟尼佛为末世众生设化法故担父王棺" 造像铭文

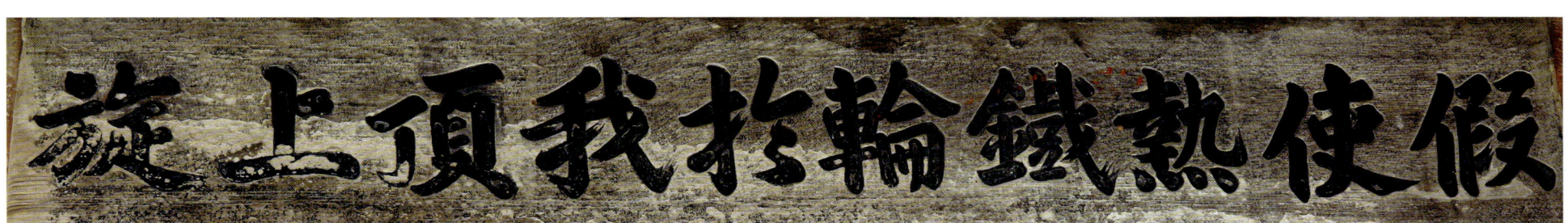

图版37　第17号龛左、右侧壁上方偈语

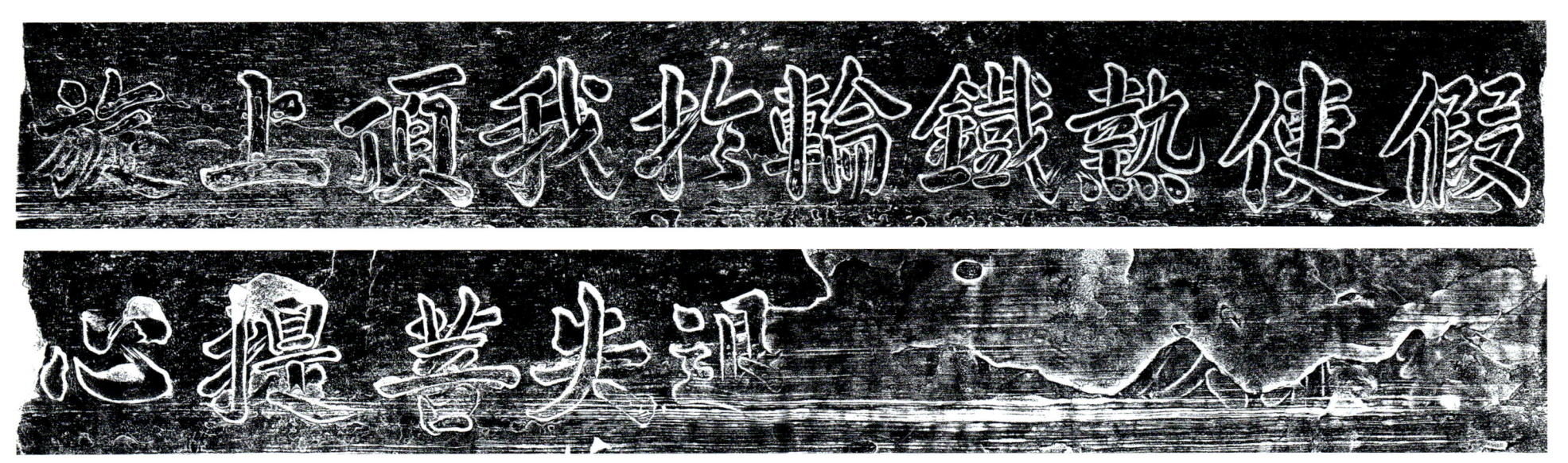

图版37　第17号龛左、右侧壁上方偈语

图版 38　第 17 号龛主尊佛像身前方台正面《三圣御制佛牙赞》碑

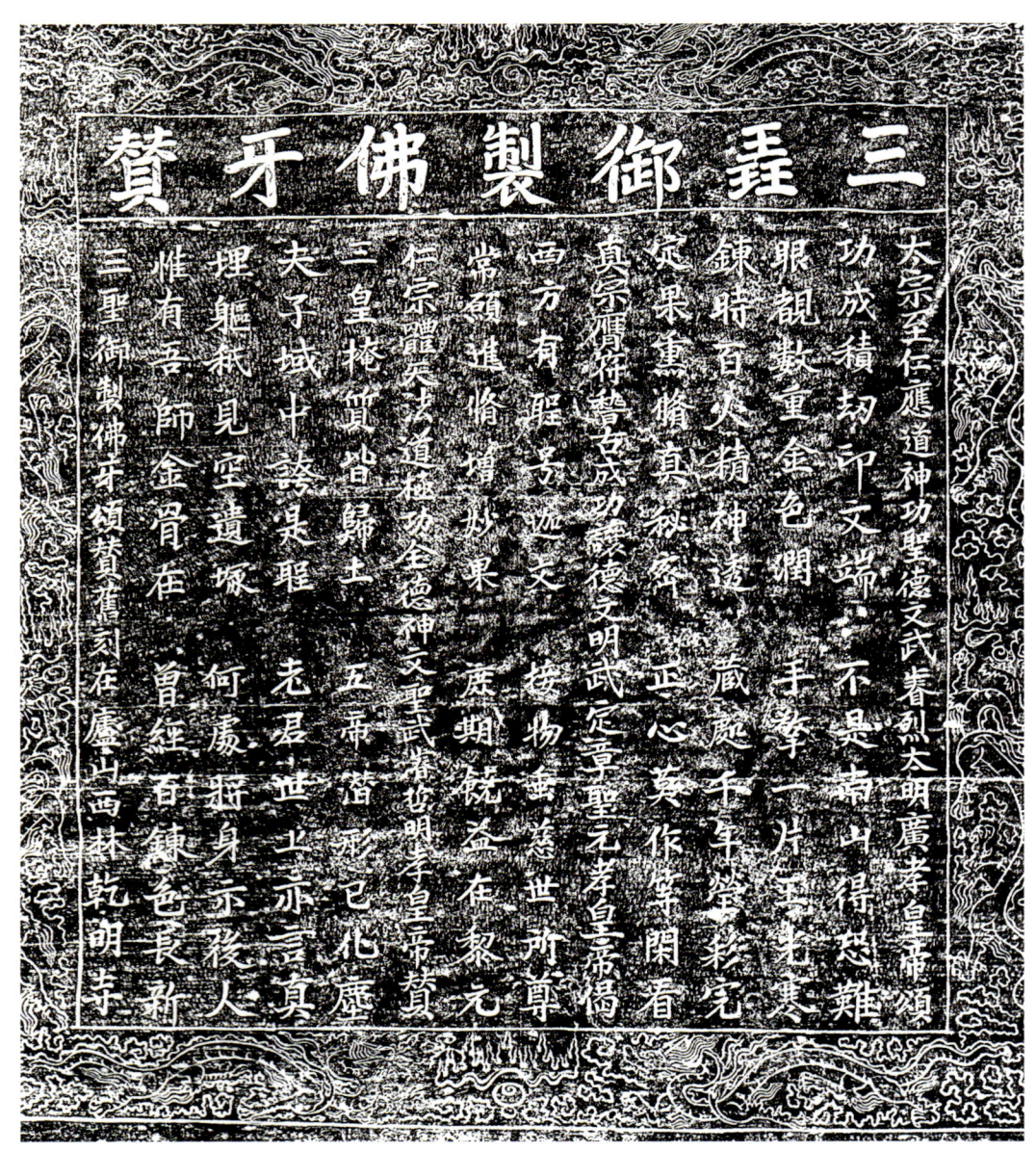

图版 38　第 17 号龛主尊佛像身前方台正面《三圣御制佛牙赞》碑

图版39　第17号龛主尊佛像身前方台正面左右颂词　　　　　图版39　第17号龛主尊佛像身前方台正面左右颂词

图版 40　第 17 号龛右侧壁第 6 组造像左下"指路碑"墨书碑文

图版 41　第 18 号龛中部上层左侧"大宝楼阁"题名

图版 41　第 18 号龛中部上层左侧"大宝楼阁"题名

图版 42　第 18 号龛中部上层右侧"珠楼"题名

图版 42　第 18 号龛中部上层右侧"珠楼"题名

图版 43　第 18 号龛中部下层"上品上生"题名

图版 43　第 18 号龛中部下层"上品上生"题名

Ⅱ 铭文图版　463

图版 44　第 18 号龛中部下层"上品上生"造像经文

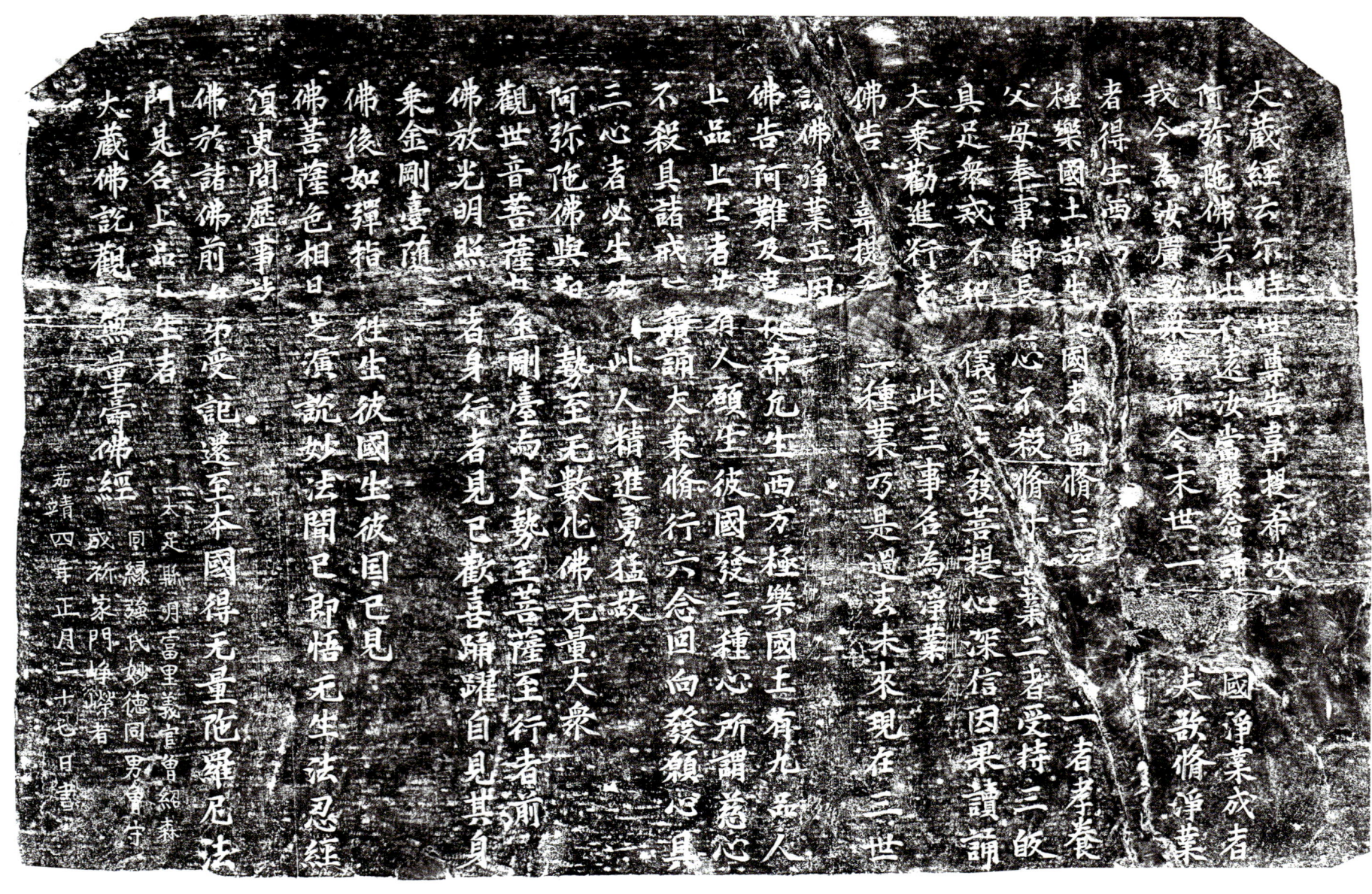

图版 44　第 18 号龛中部下层"上品上生"造像经文

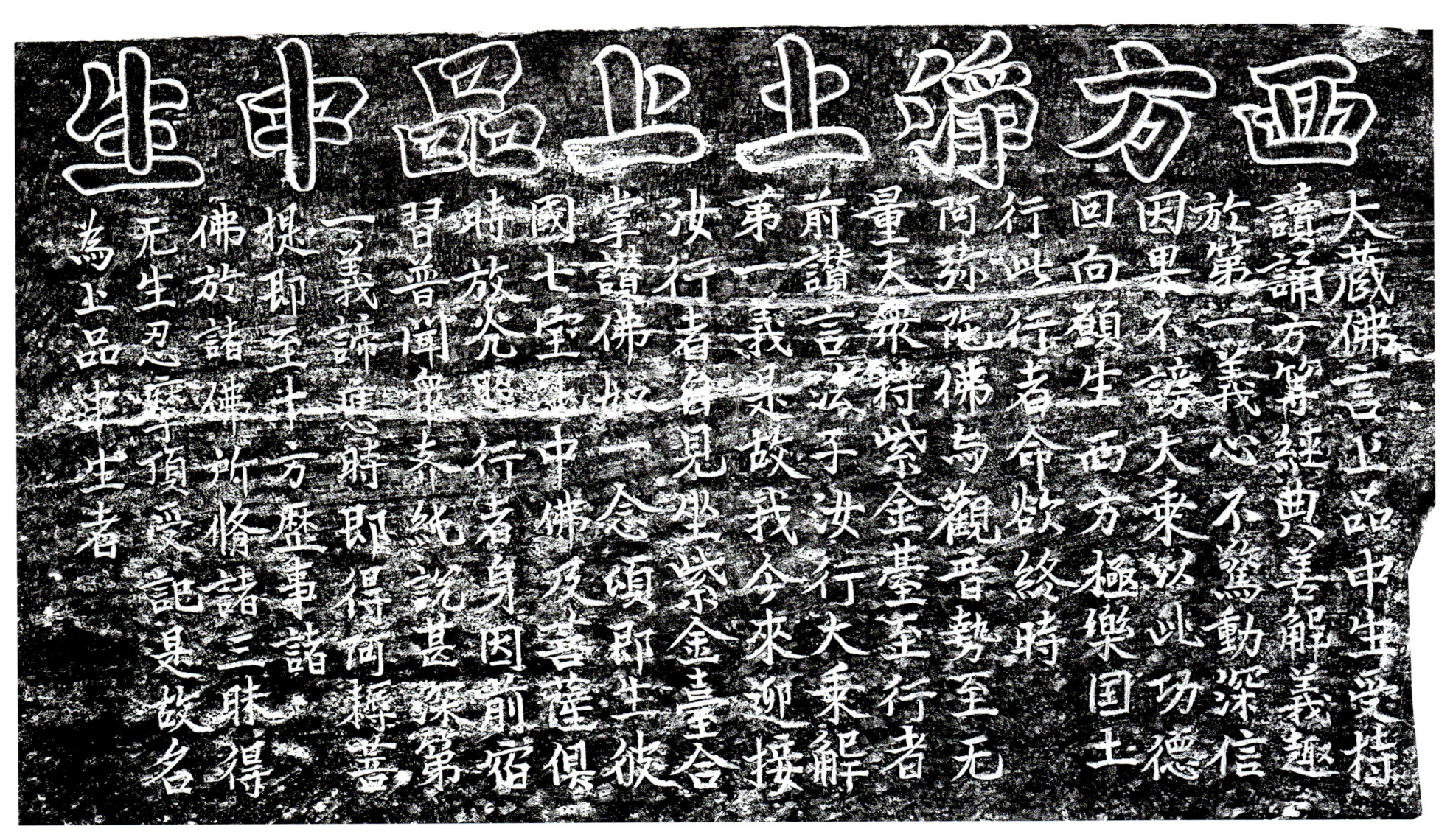

图版 45　第 18 号龛中部下层"上品中生"造像题名及经文

图版 46　第 18 号龛中部下层"上品下生"造像题名及经文

图版 46　第 18 号龛中部下层"上品下生"造像题名及经文

图版47　第18号龛中部下层"中品上生"题名及"中品三生"经文

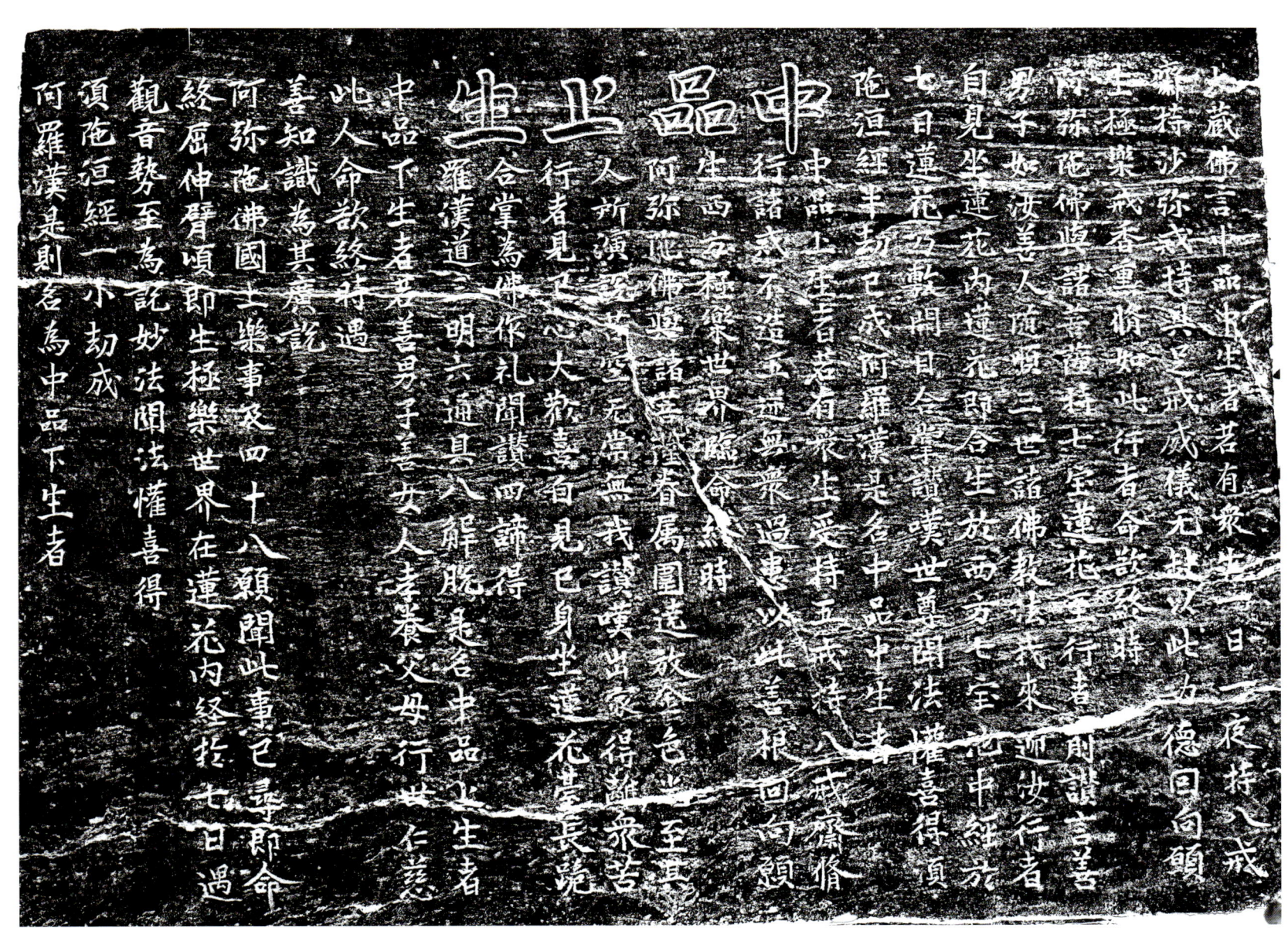

图版47　第18号龛中部下层"中品上生"题名及"中品三生"经文

图版 48　第 18 号龛中部下层"中品中生"题名

图版 48　第 18 号龛中部下层"中品中生"题名

图版 49　第 18 号龛中部下层"中品下生"题名

图版 49　第 18 号龛中部下层"中品下生"题名

图版 50　第 18 号龛中部下层 "下品三生" 题名及造像经文

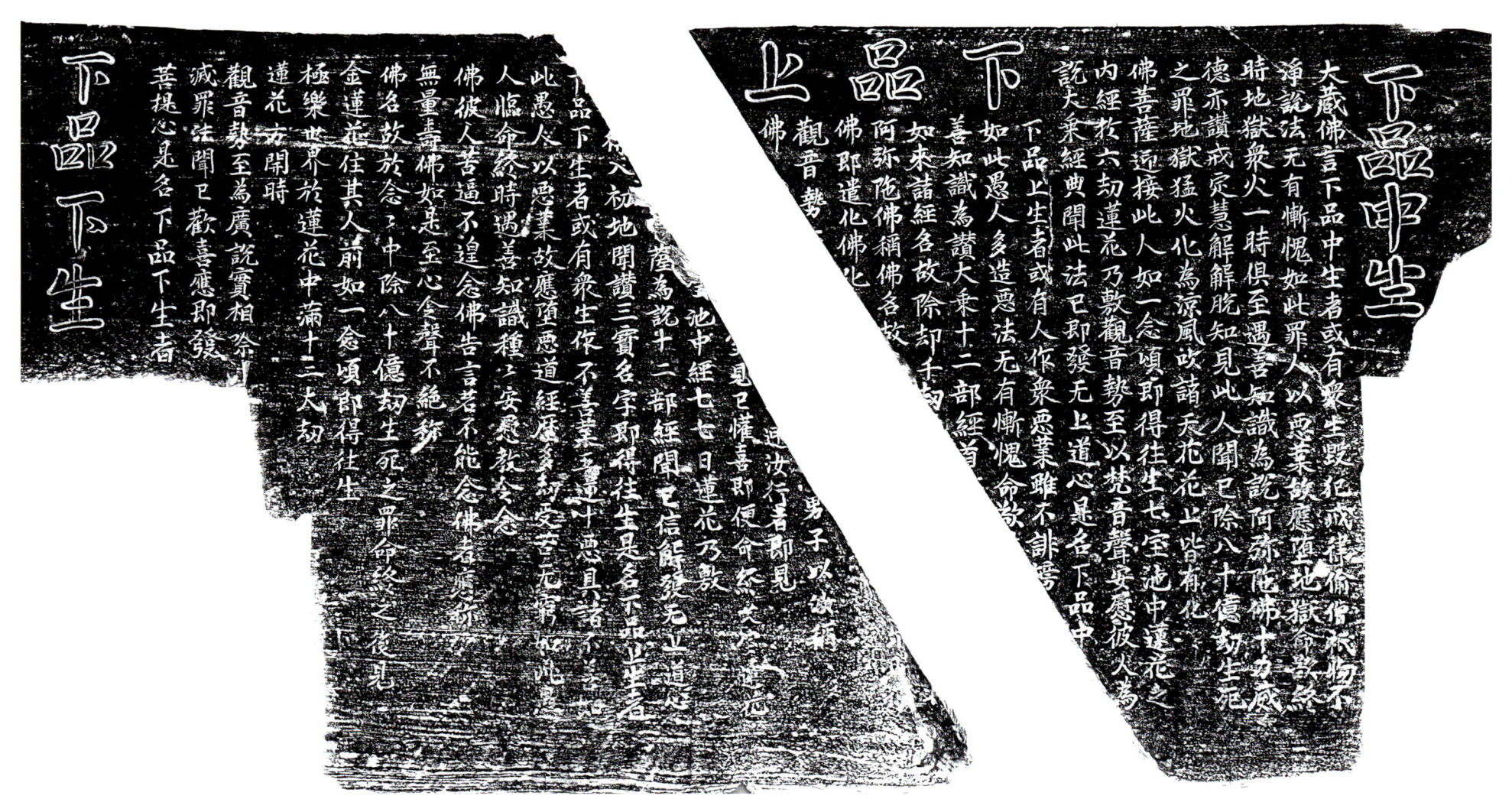

图版 50　第 18 号龛中部下层 "下品三生" 题名及造像经文

图版 51　第 18 号龛"下品中生"右菩萨幡面"随愿往生"题刻

图版 51　第 18 号龛"下品中生"右菩萨幡面"随愿往生"题刻

图版 52　第 18 号龛左侧第 1 组造像"日观"颂词

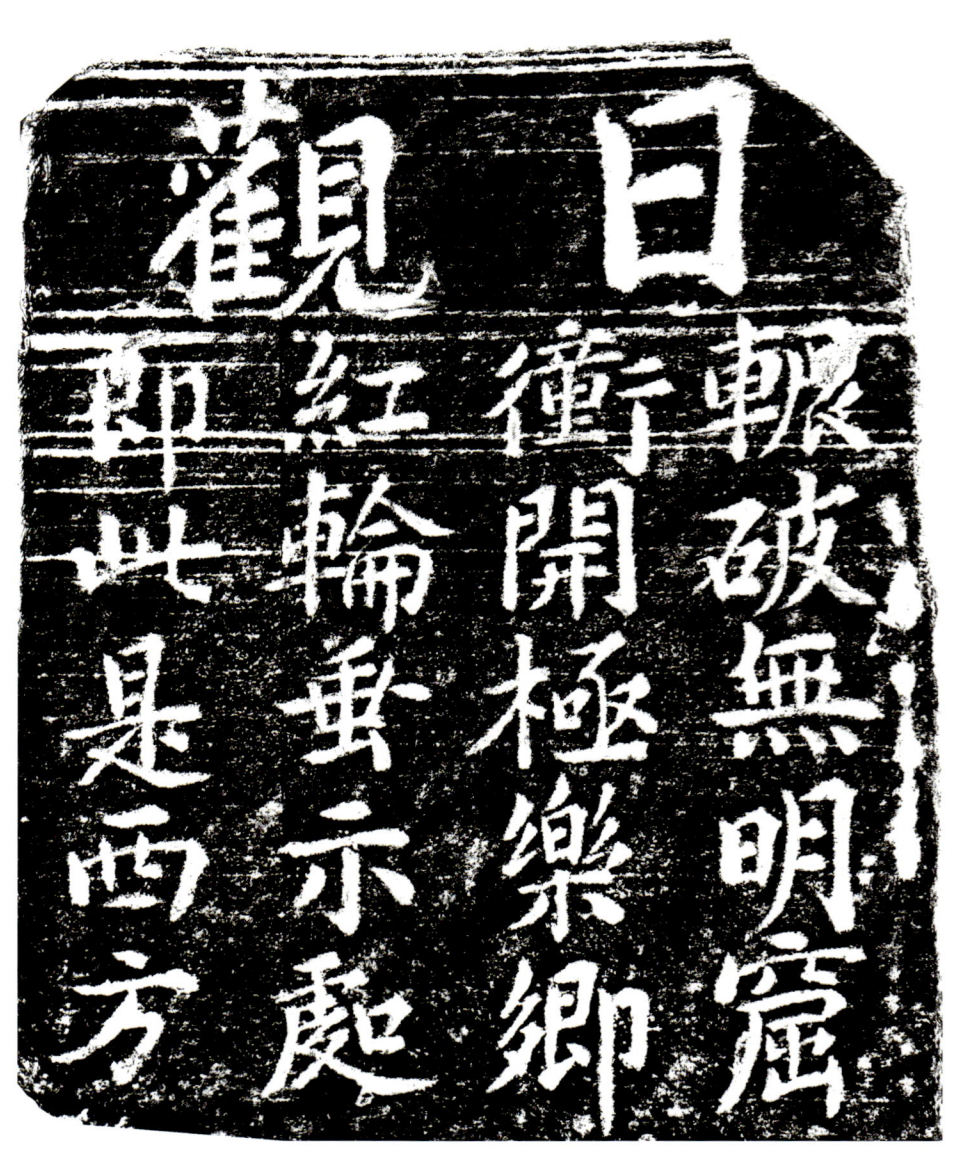

图版 52　第 18 号龛左侧第 1 组造像"日观"颂词

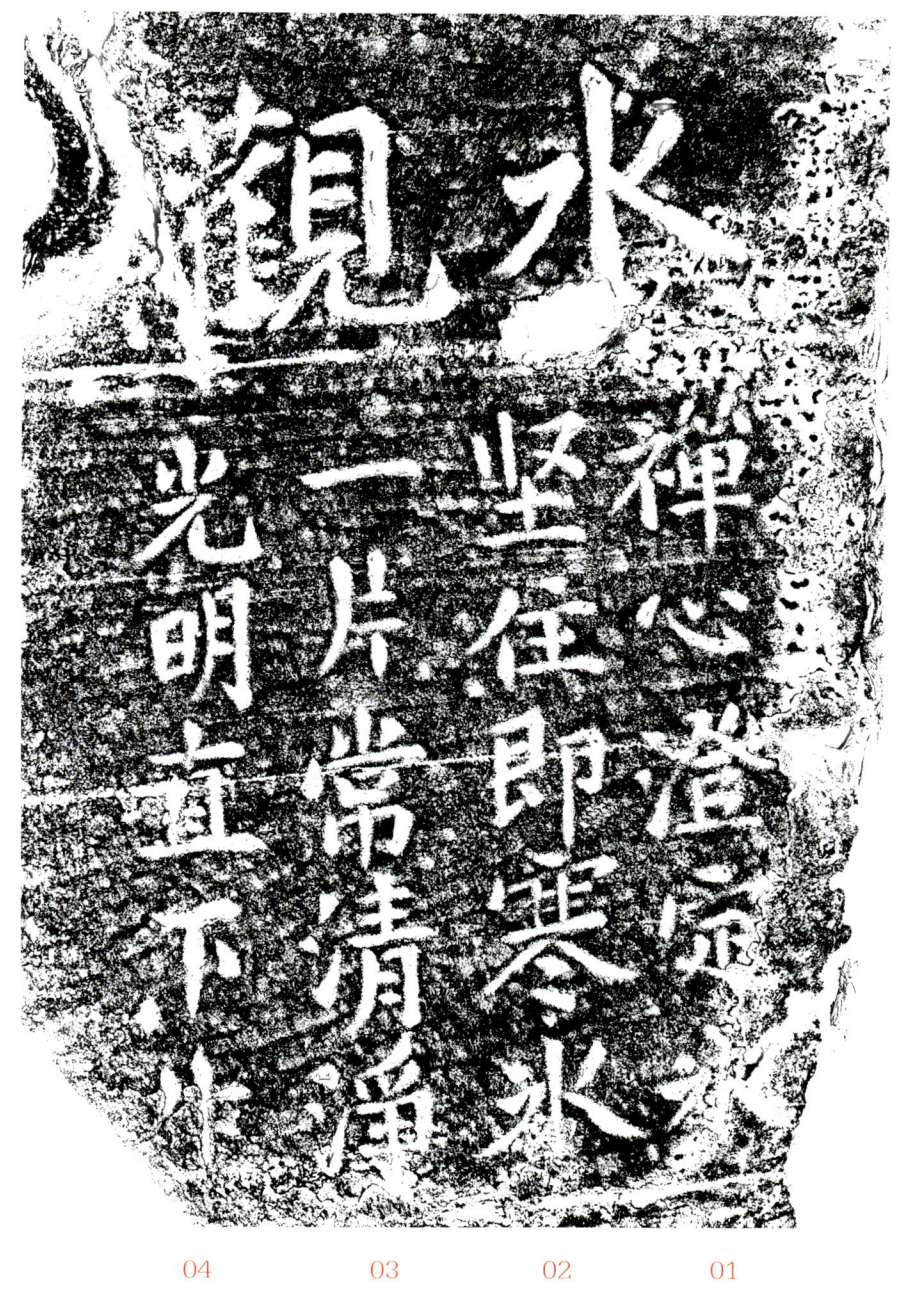

图版53　第18号龛左侧第2组造像"水观"颂词

图版54　第18号龛左侧第3组造像"地观"颂词

04　　　03　　　02　　　01

图版 55　第 18 号龛左侧第 4 组造像"树观"颂词

04　　　03　　　02　　　01

图版 55　第 18 号龛左侧第 4 组造像"树观"颂词

04　　　03　　　02　　　01

图版 56　第 18 号龛左侧第 5 组造像"池观"颂词

04　　　03　　　02　　　01

图版 56　第 18 号龛左侧第 5 组造像"池观"颂词

04　　03　　02　　01

图版 57　第 18 号龛左侧第 6 组造像"总观"颂词

04　　03　　02　　01

图版 57　第 18 号龛左侧第 6 组造像"总观"颂词

04　　03　　02　　01

图版 58　第 18 号龛左侧第 7 组造像"宝相观"颂词

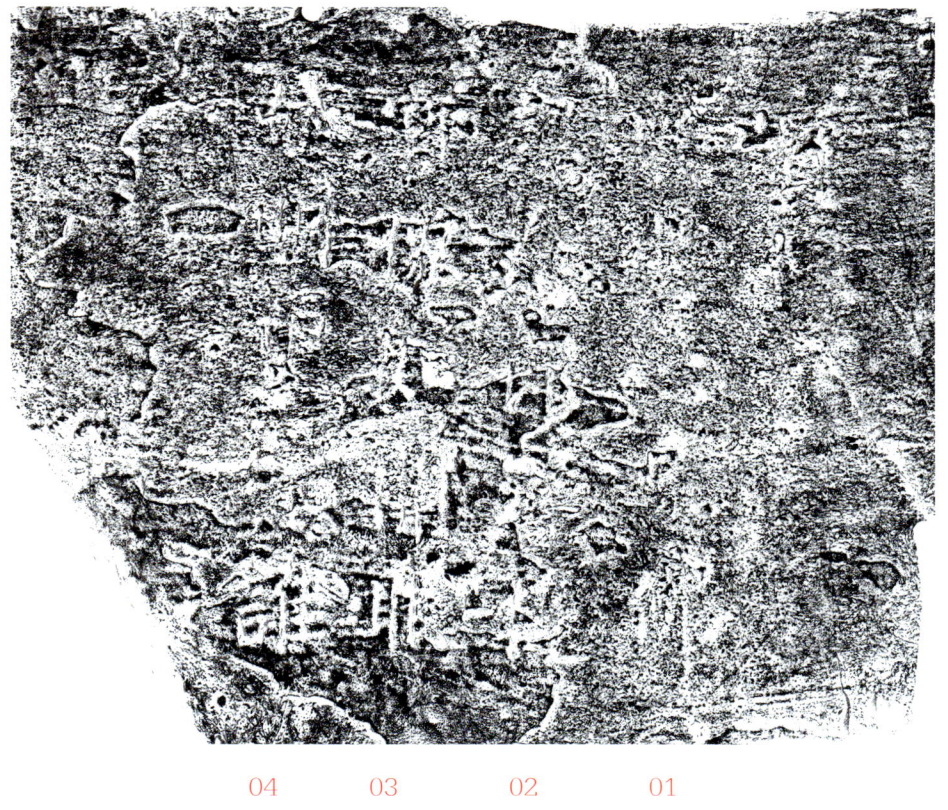

04　　03　　02　　01

图版 58　第 18 号龛左侧第 7 组造像"宝相观"颂词

Ⅱ 铭文图版　473

图版59　第18号龛右侧第1组造像"法身观"颂词

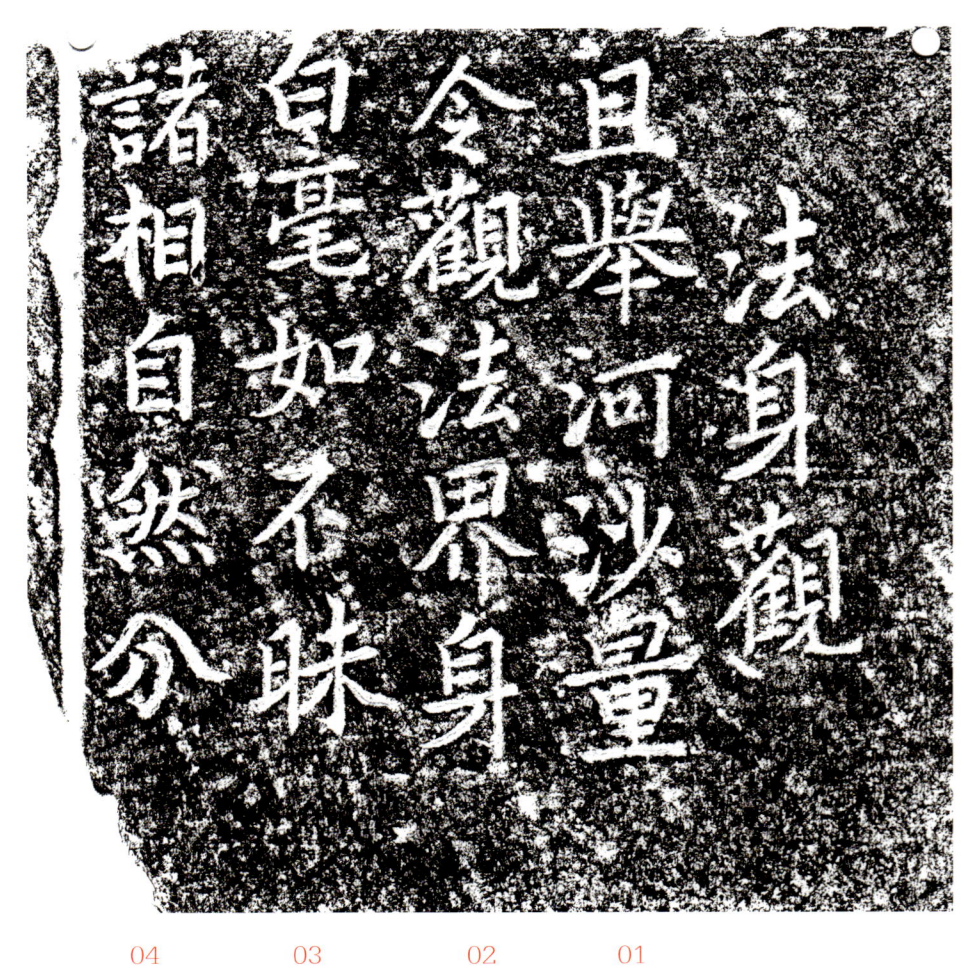

图版59　第18号龛右侧第1组造像"法身观"颂词

图版60　第18号龛右侧第2组造像"观世音观"颂词

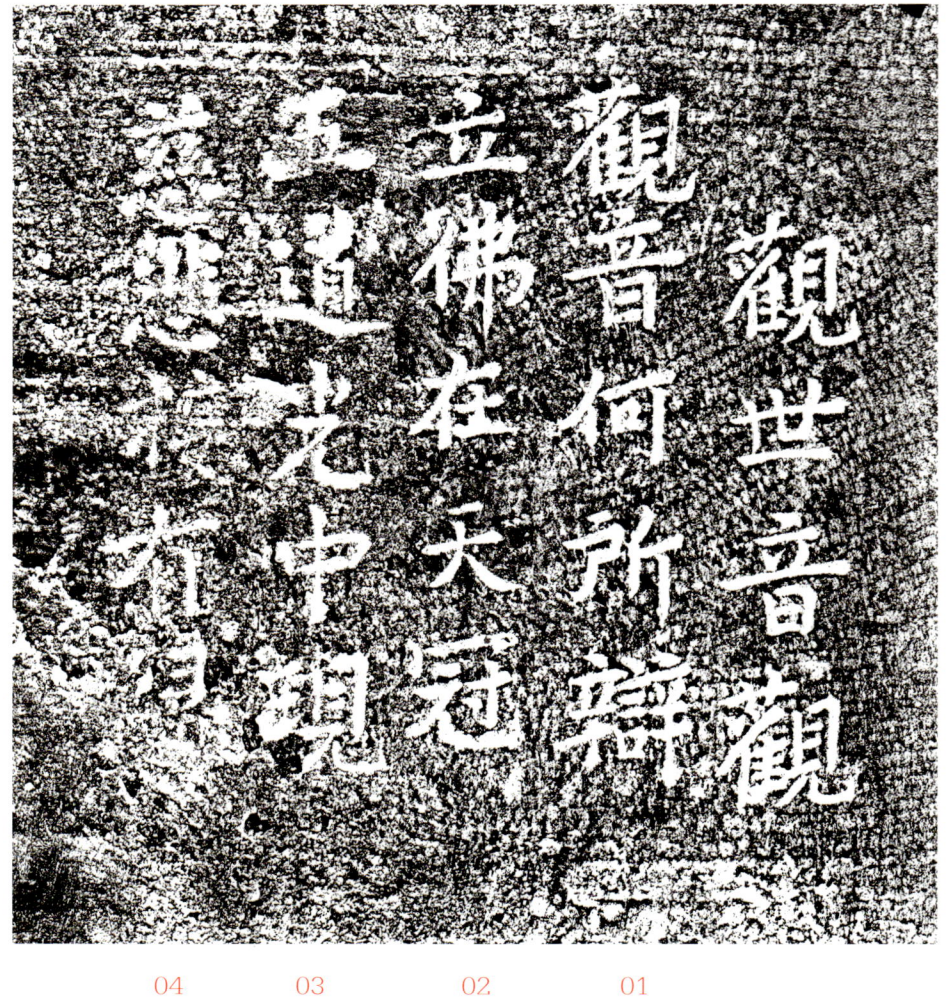

图版60　第18号龛右侧第2组造像"观世音观"颂词

图版 61　第 18 号龛右侧第 3 组造像 "大势智观" 颂词

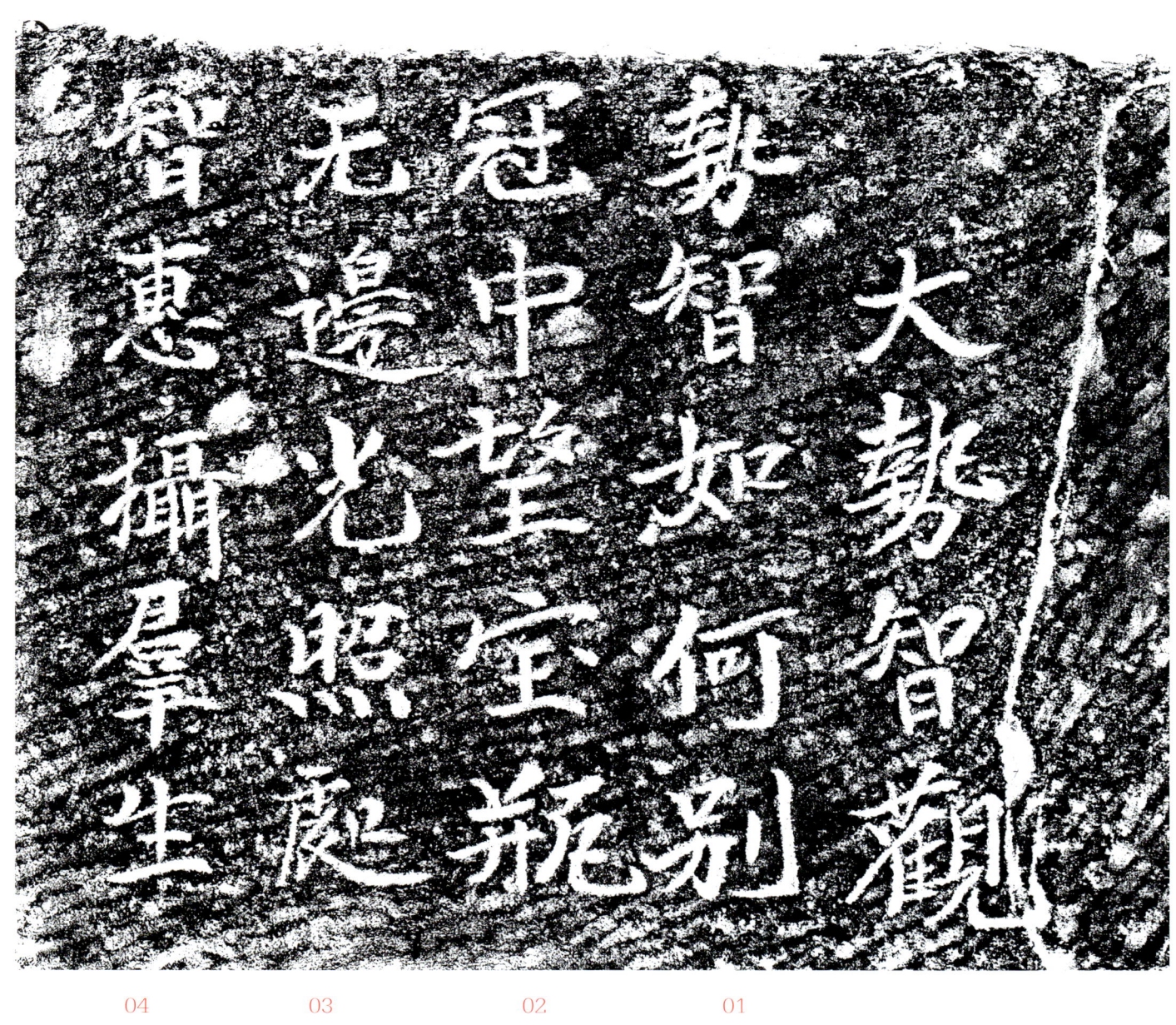

图版 61　第 18 号龛右侧第 3 组造像 "大势智观" 颂词

图版62　第18号龛右侧第4组造像"普观"颂词

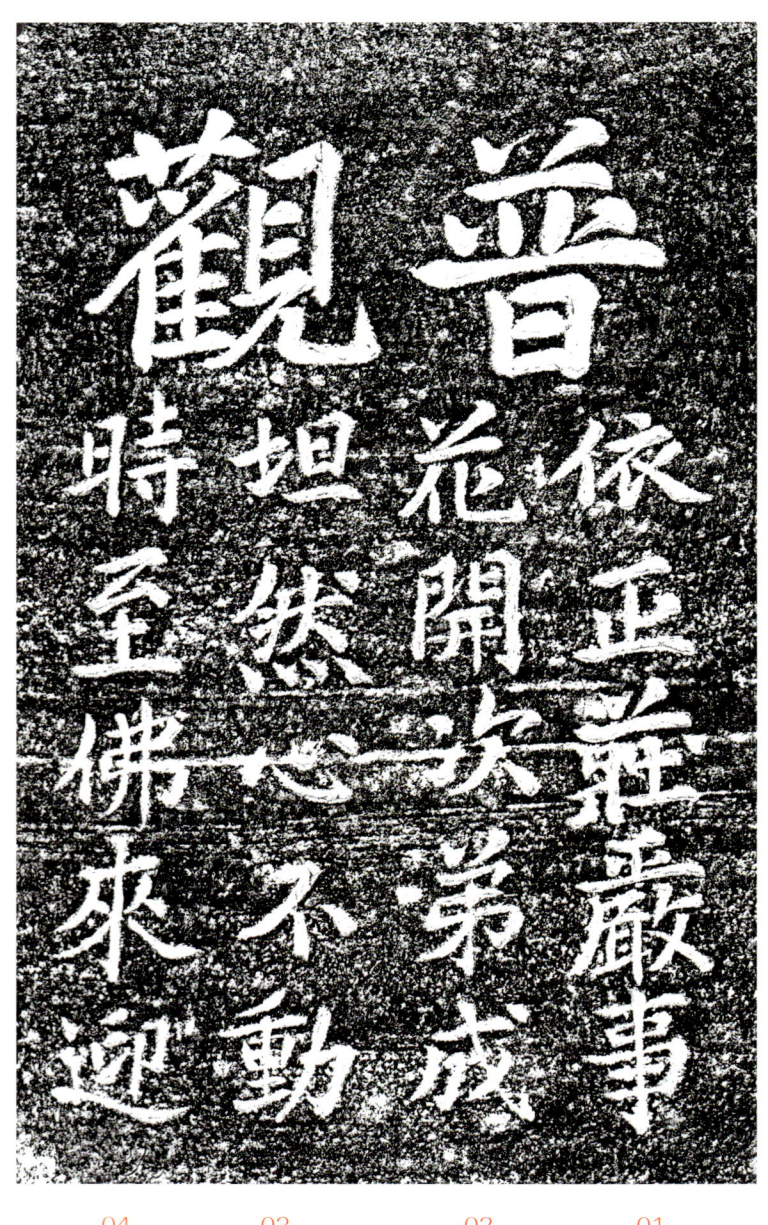

图版62　第18号龛右侧第4组造像"普观"颂词

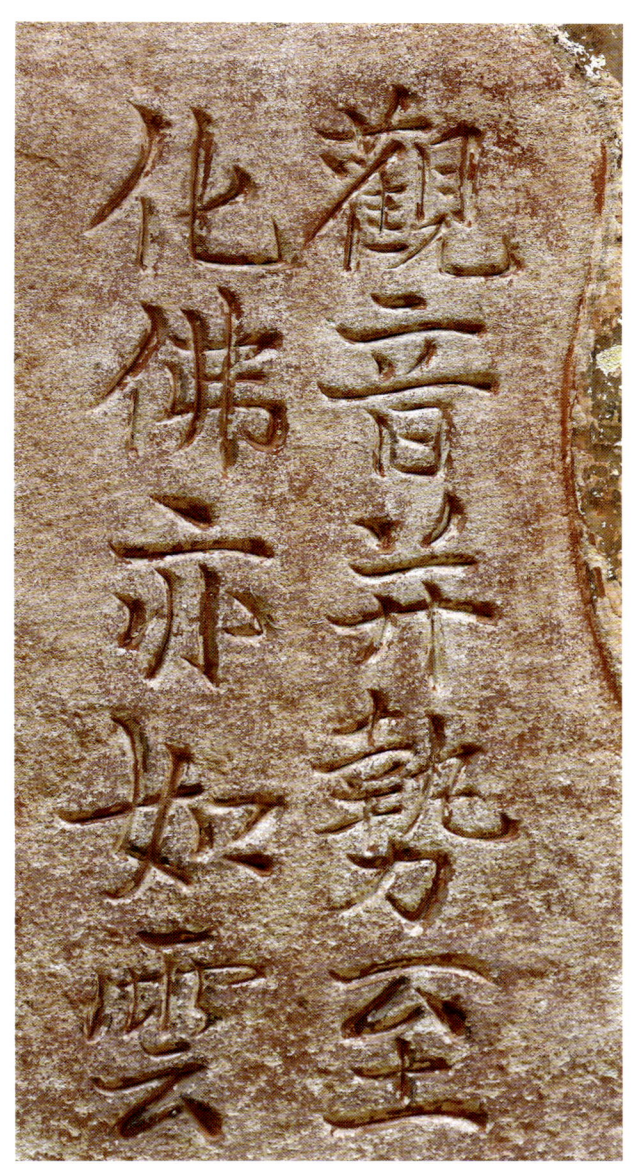

图版 63　第 18 号龛右侧第 5 组造像"丈六金身观"颂词

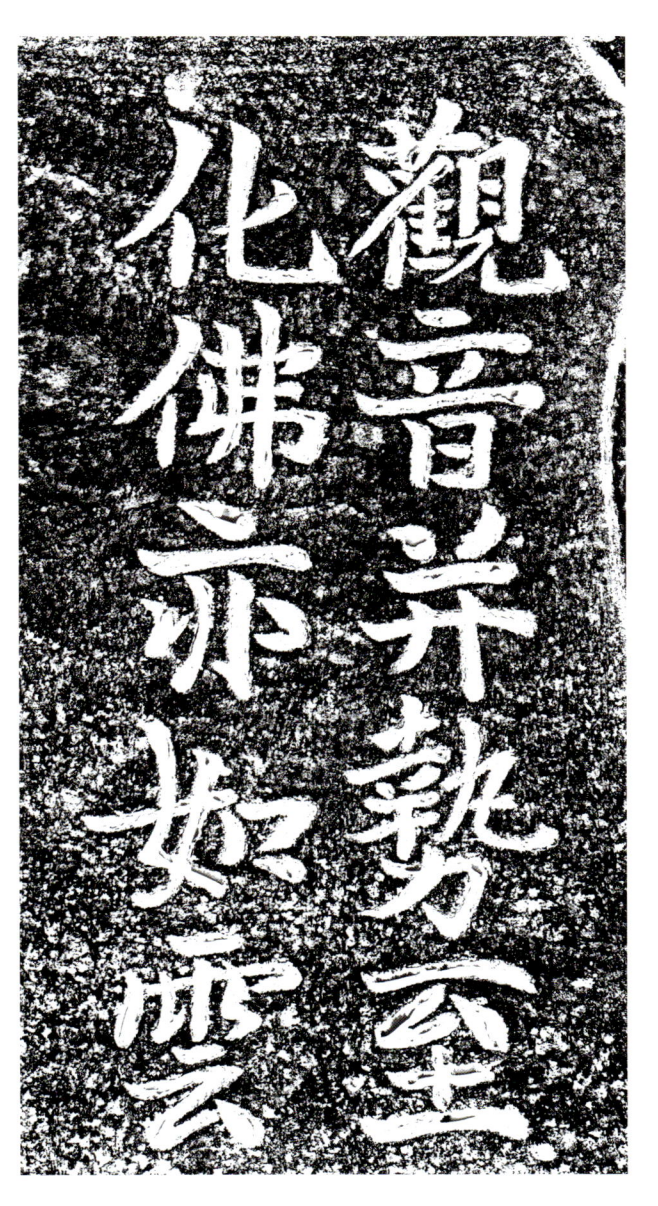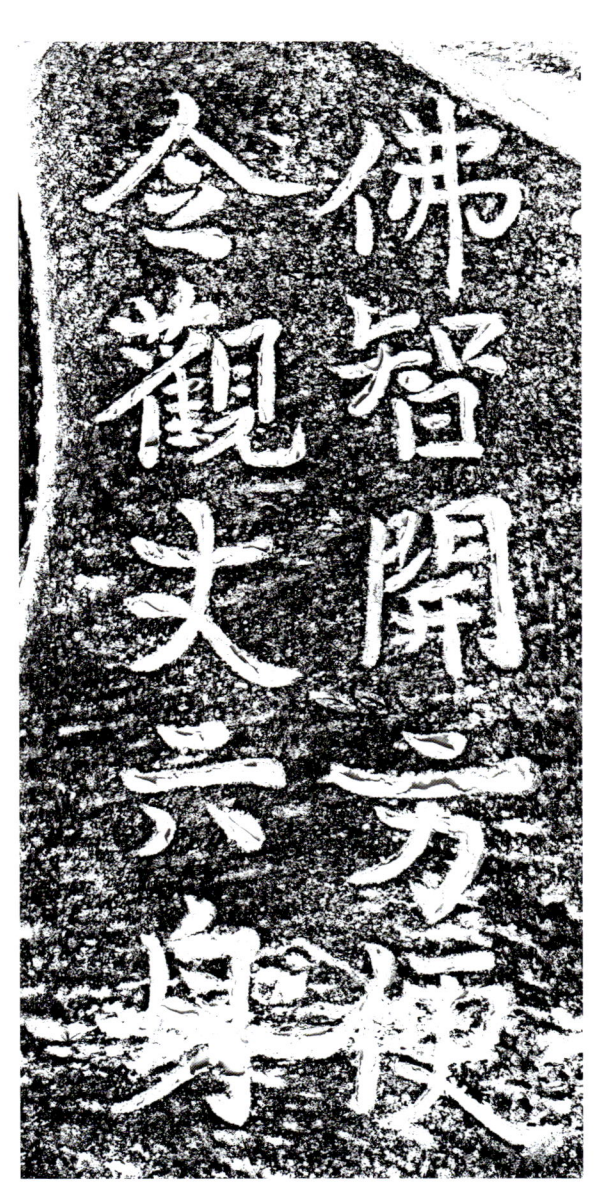

图版 63　第 18 号龛右侧第 5 组造像"丈六金身观"颂词

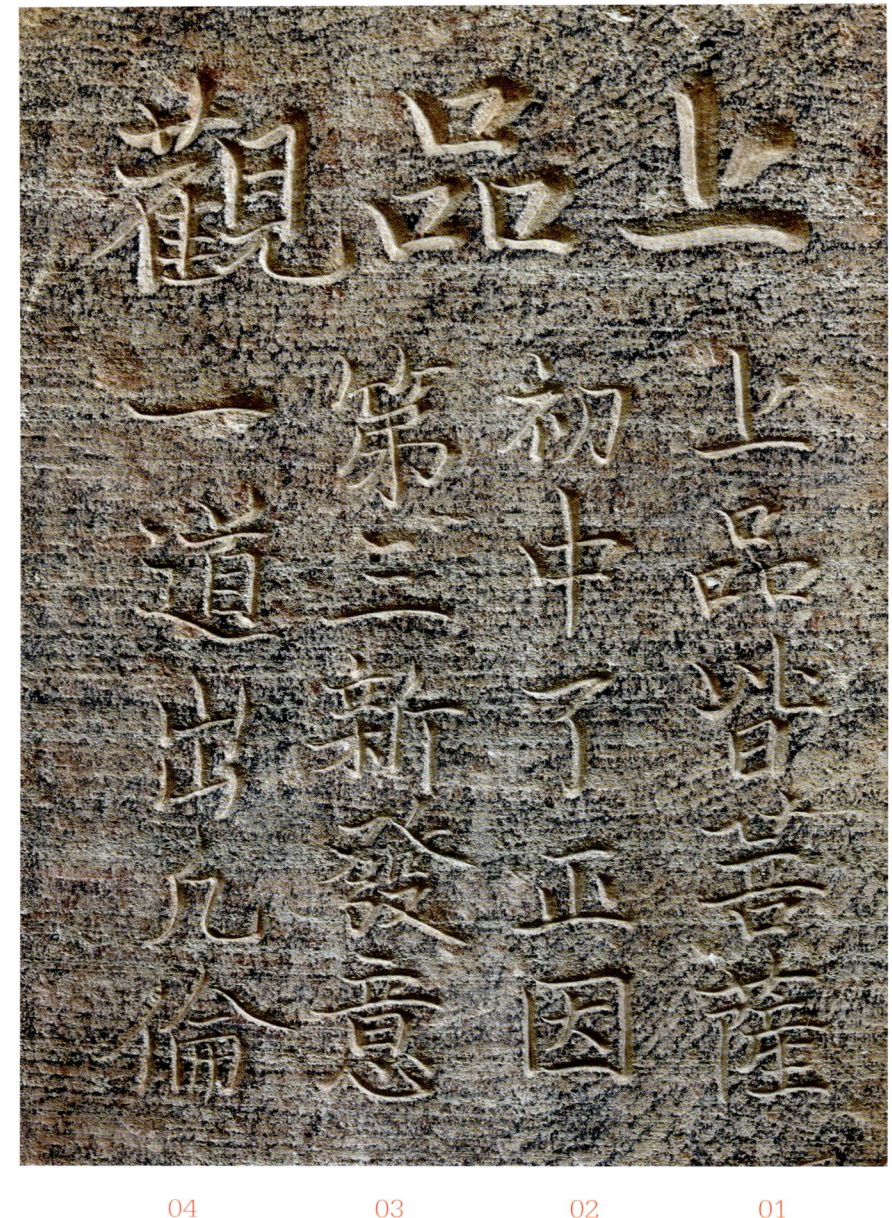

图版 64　第 18 号龛右侧第 6 组造像"上品观"颂词

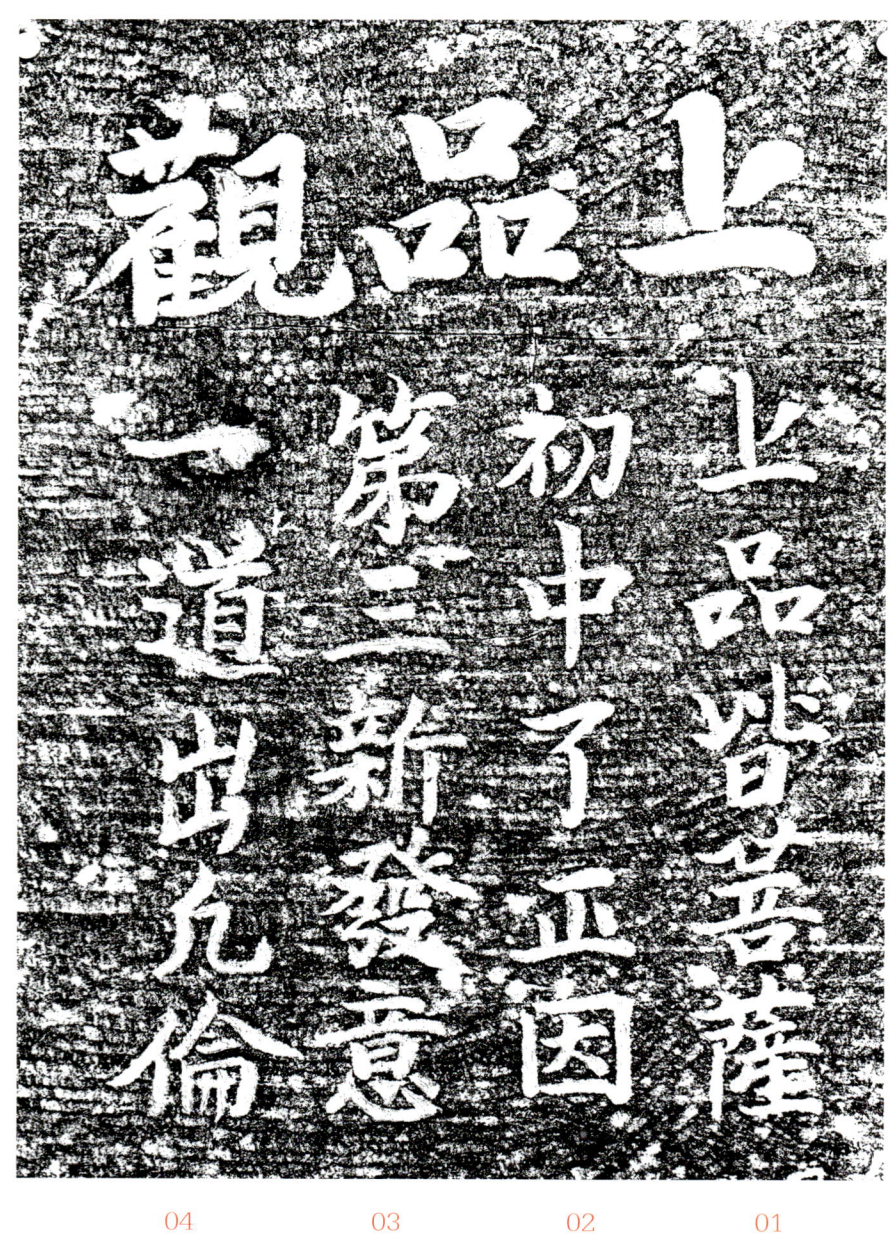

图版 64　第 18 号龛右侧第 6 组造像"上品观"颂词

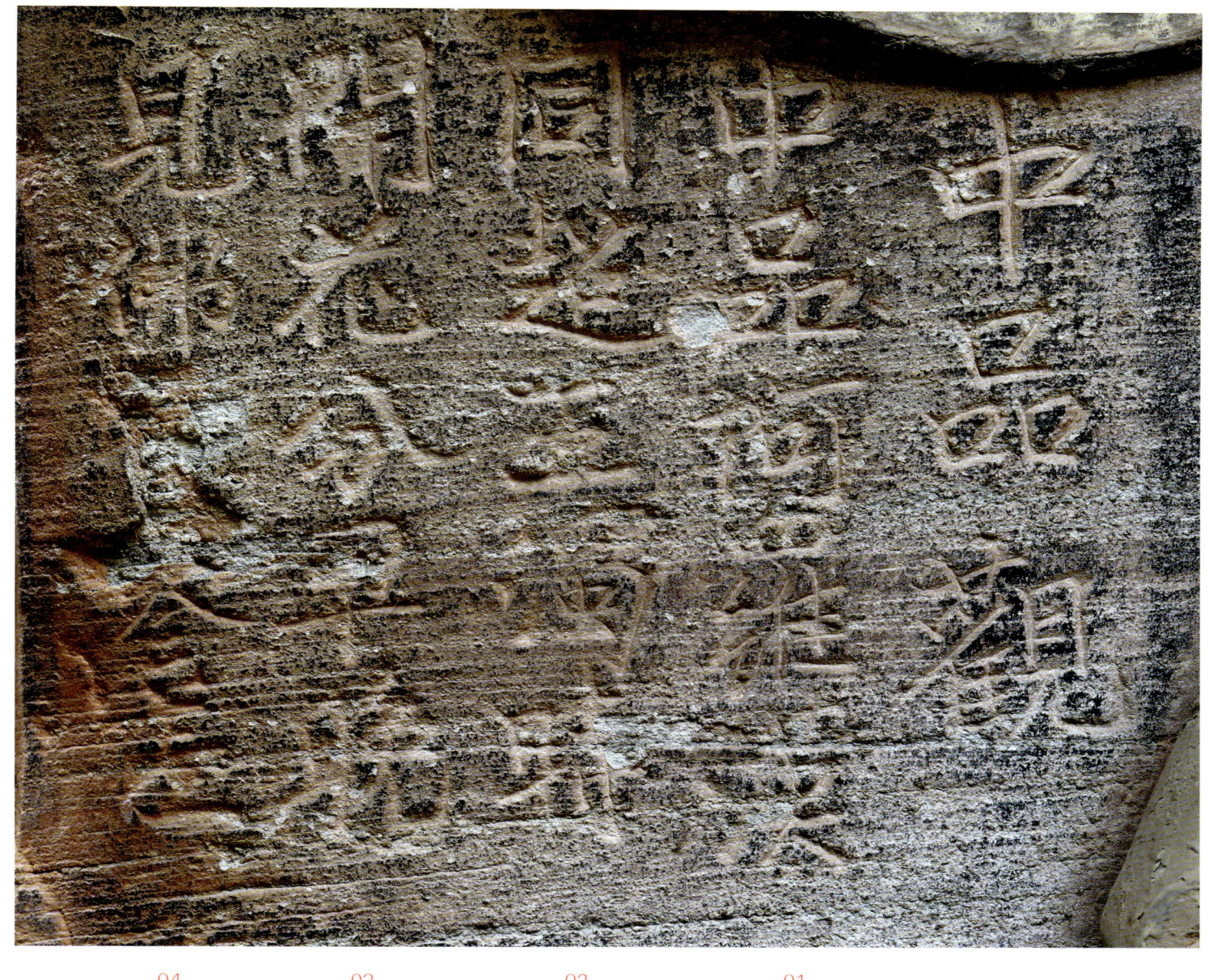

图版 65　第 18 号龛右侧第 7 组造像 "中品观" 颂词

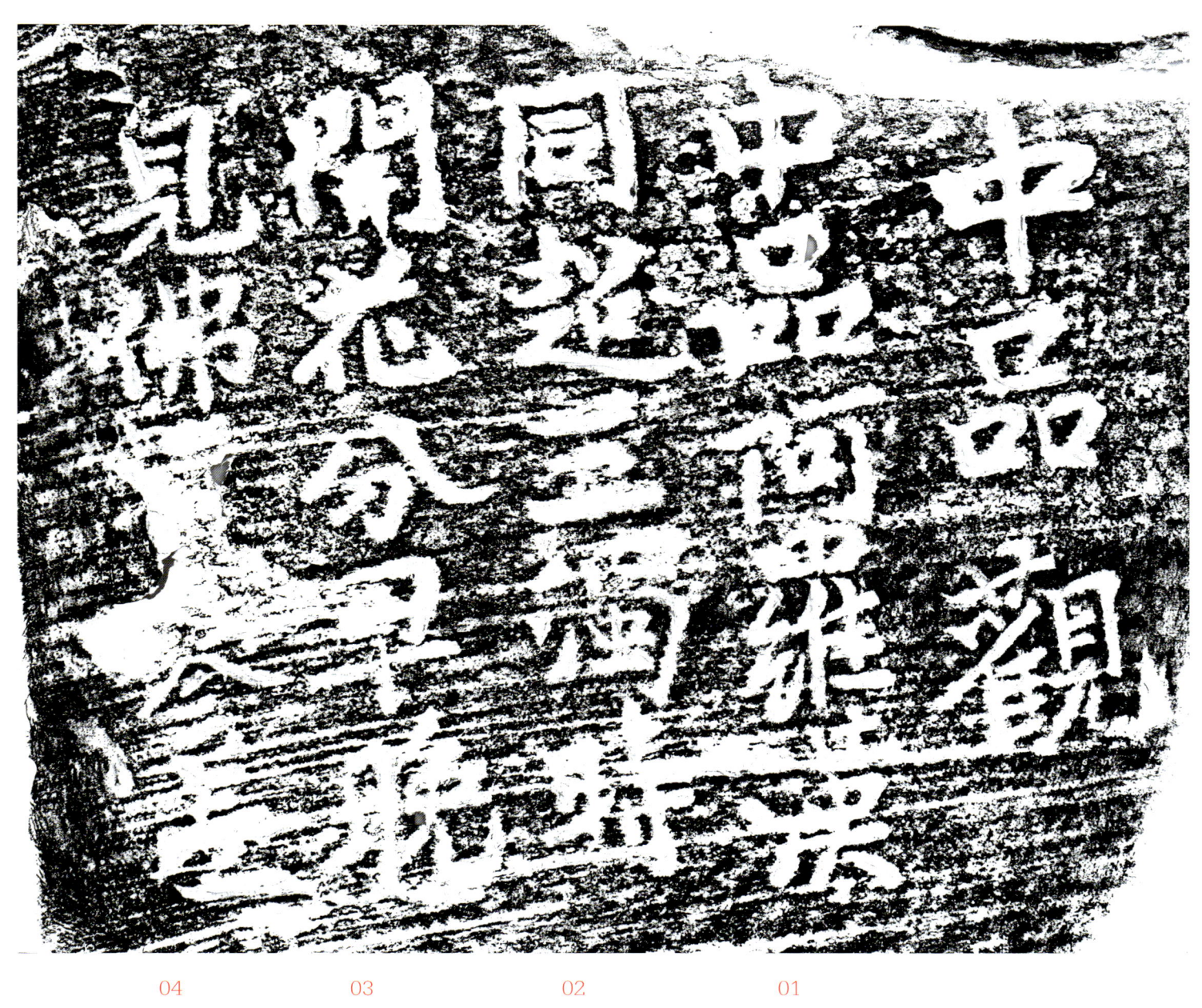

图版 65　第 18 号龛右侧第 7 组造像 "中品观" 颂词

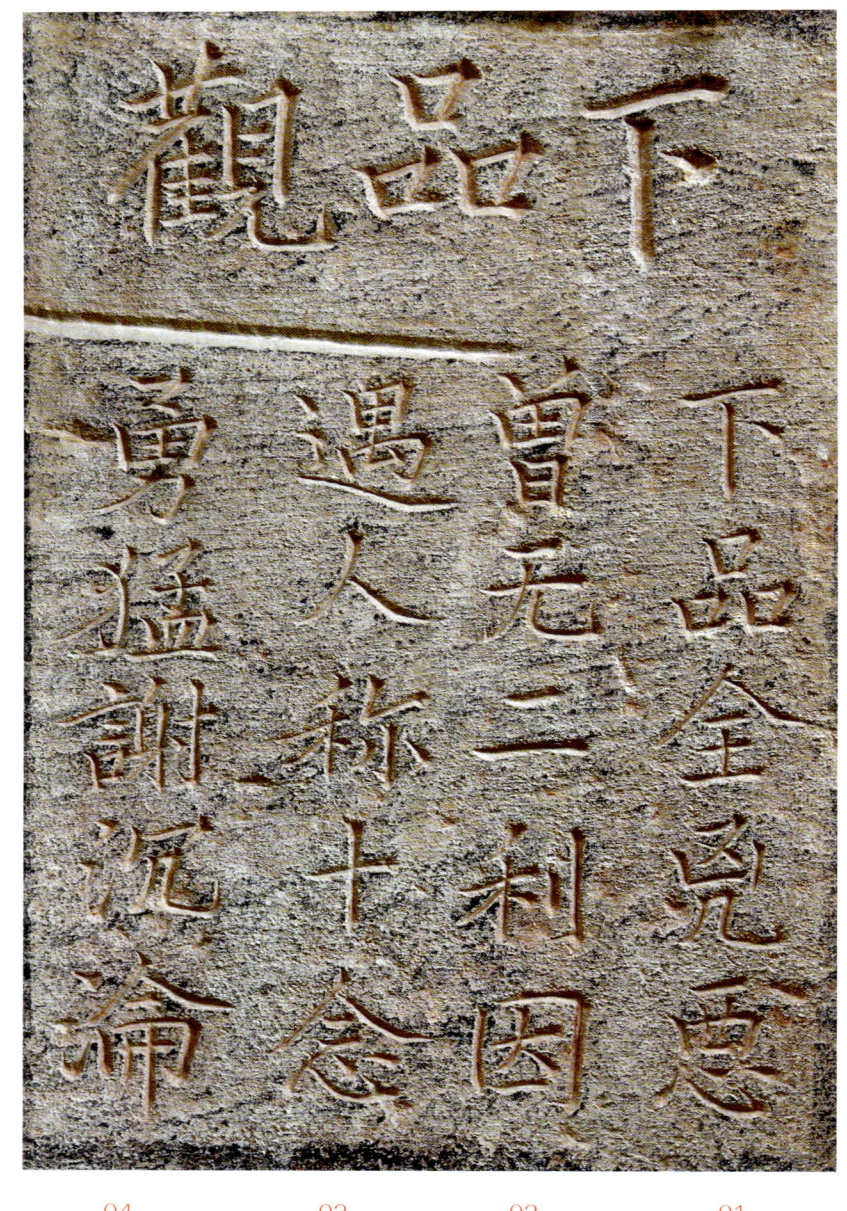

图版 66　第 18 号龛右侧第 8 组造像"下品观"颂词

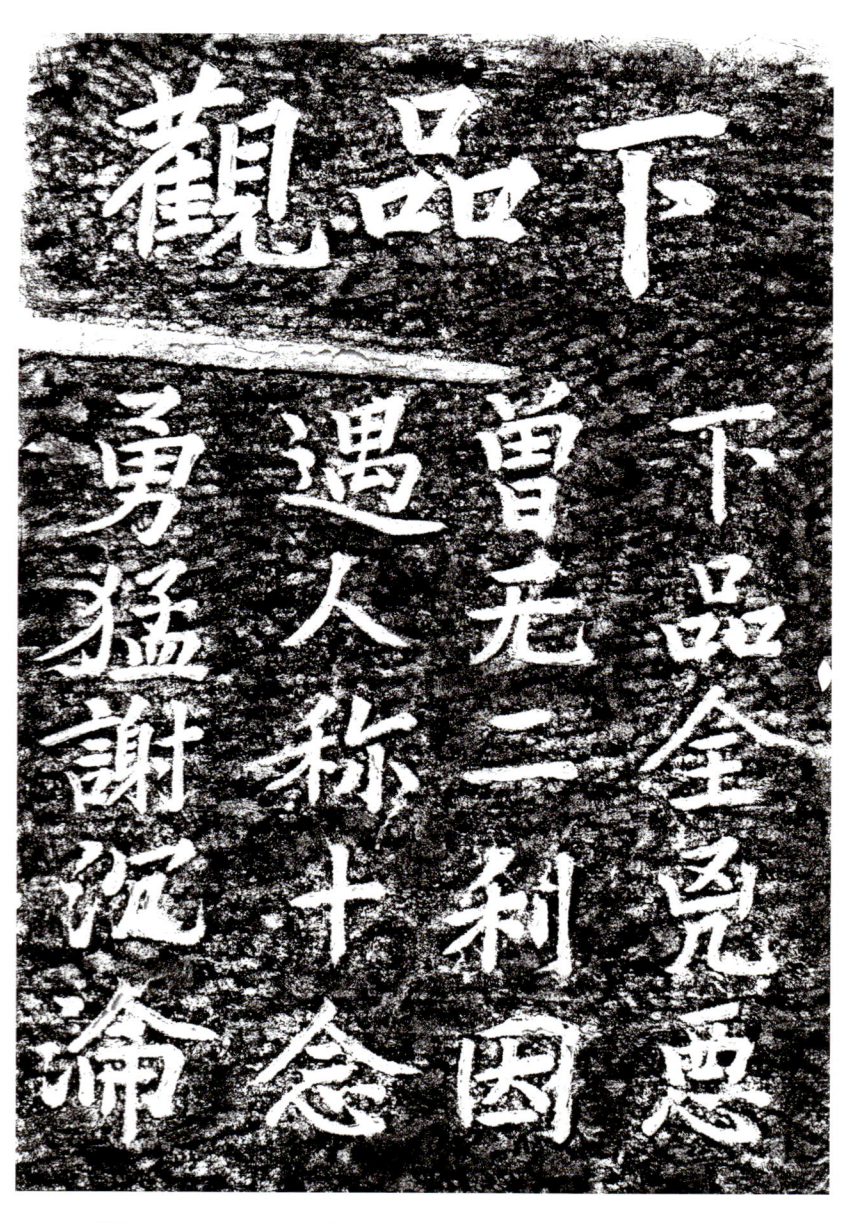

图版 66　第 18 号龛右侧第 8 组造像"下品观"颂词

图版 67　第 18 号龛中部下层《普劝持念阿弥陀佛》碑

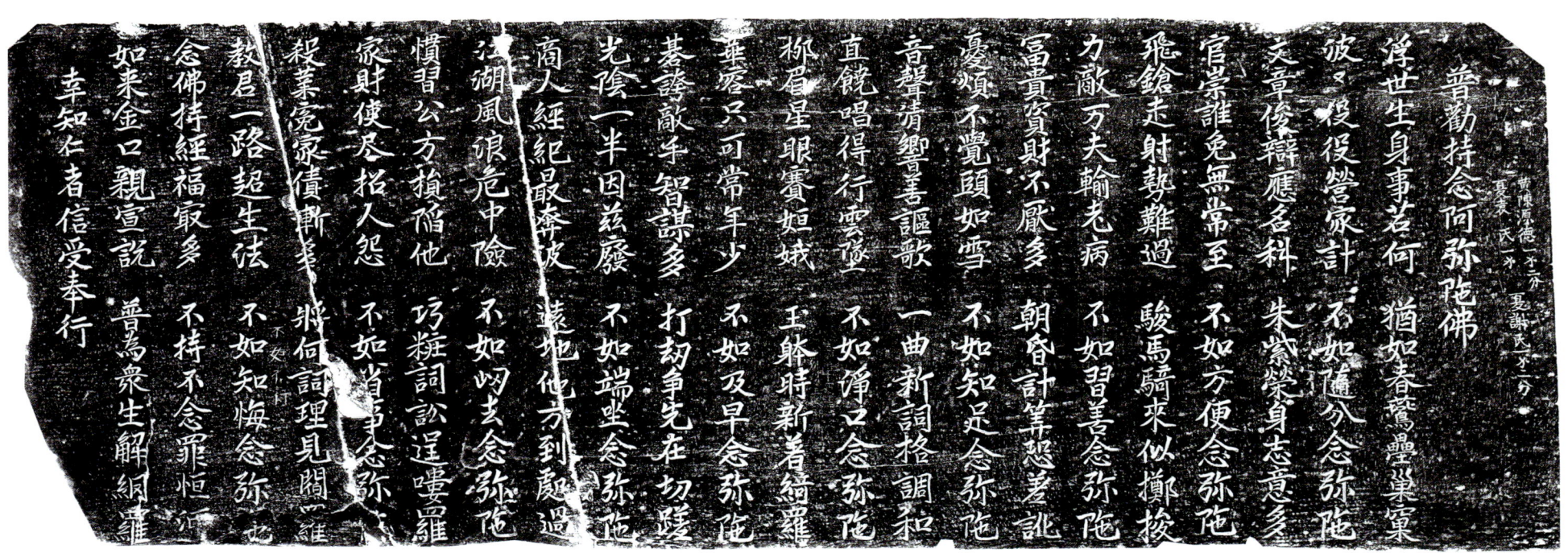

普劝持念阿弥陀佛
浮世生身事若何　犹如偏分念弥陀
彼彼役役营家计　不如随分念弥陀
文章俊辩雁名科　朱紫萦身志意多
官崇谁免无常至　不如方便念弥陀
飞铃走射勤难过　骏马骑来似掷梭
力敌万夫翰老病　不如习善念弥陀
富贵资财不厌多　朝昏计算恐蹉跎
忧烦不觉头如雪　不如知足念弥陀
音声清响善讴歌　一曲新词格调和
柳眉星眼赛姮娥　玉躯时新著绮罗
直饶唱得行云驻　不如净口念弥陀
华簪只可常年少　不如及早念弥陀
著棋敌手智谋多　打却争先在切磋
光阴一半因兹废　不如端坐念弥陀
商人经纪最奔波　远地他方到蹉过
江湖风浪危中险　不如闲去念弥陀
惯习公方损陷他　巧糚词讼逞娄罗
家财使尽招人怨　不如省事念弥陀
杀业冤家债斯多　将侣词理见阎罗
教君一路超生法　不如知悔念弥陀
念佛持经福最多　不持不念罪恒河
如来金口亲宣说　普为众生解绢罗
幸知仁者信受奉行

图版 67　第 18 号龛中部下层《普劝持念阿弥陀佛》碑

图版 68　第 18 号龛中部下层"再三相劝念弥陀"铭文

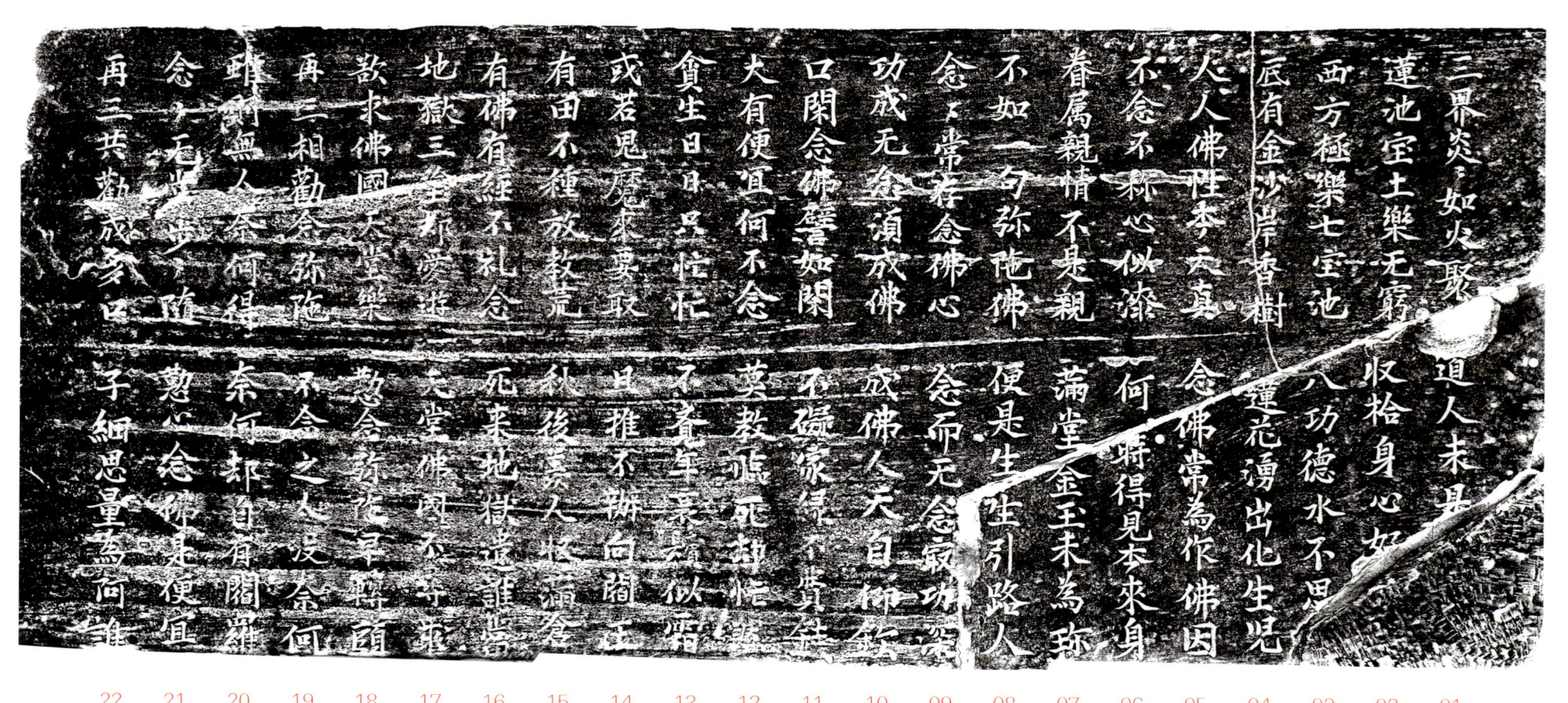

图版 68　第 18 号龛中部下层"再三相劝念弥陀"铭文

图版 69　第 18 号龛晚期第 2 则 "性寅妆绚观经变左岩像记" 铭文

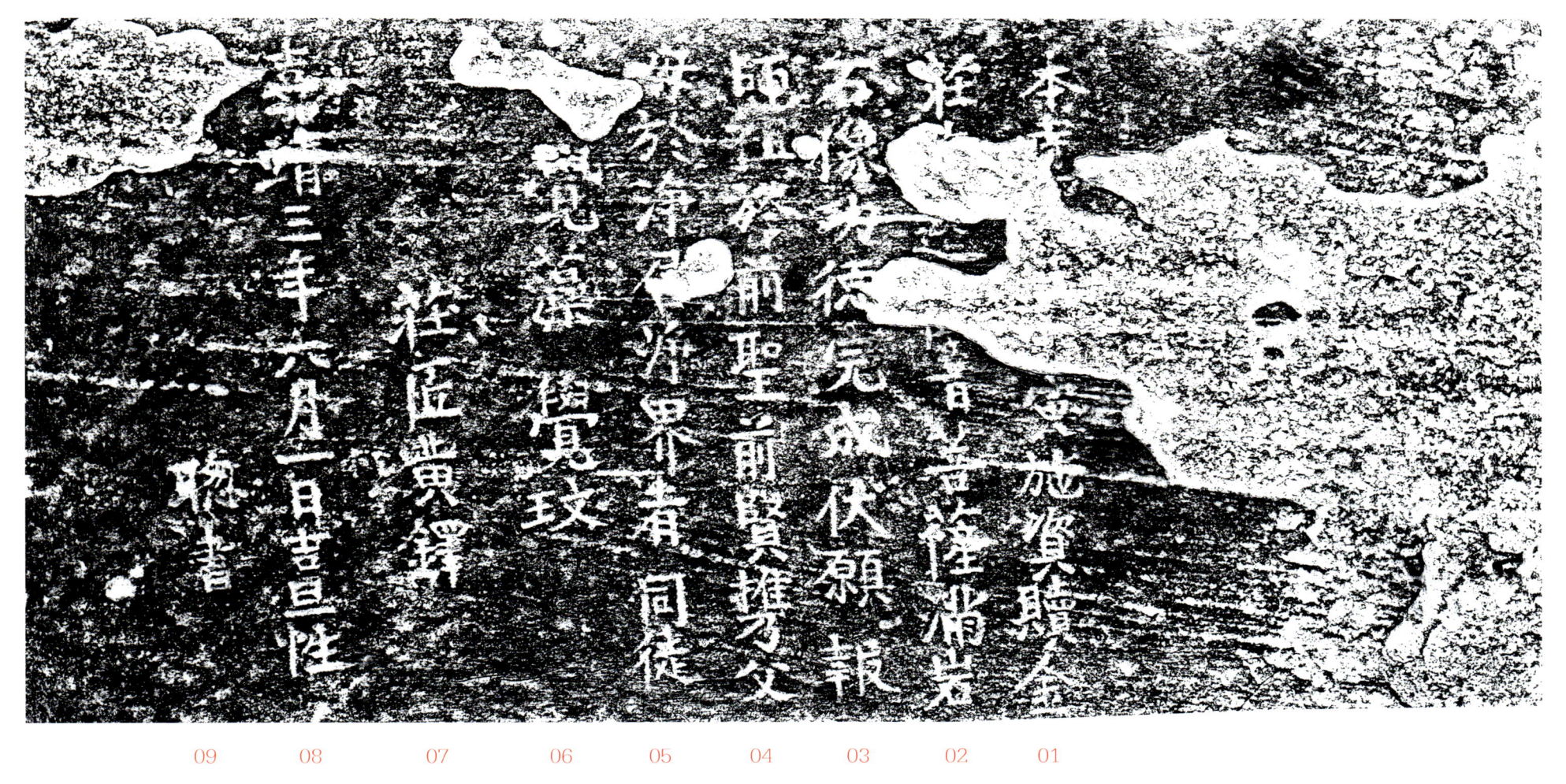

图版 69　第 18 号龛晚期第 2 则 "性寅妆绚观经变左岩像记" 铭文

图版 70　第 18 号龛晚期第 3 则"杨秀爵装彩古佛记"铭文

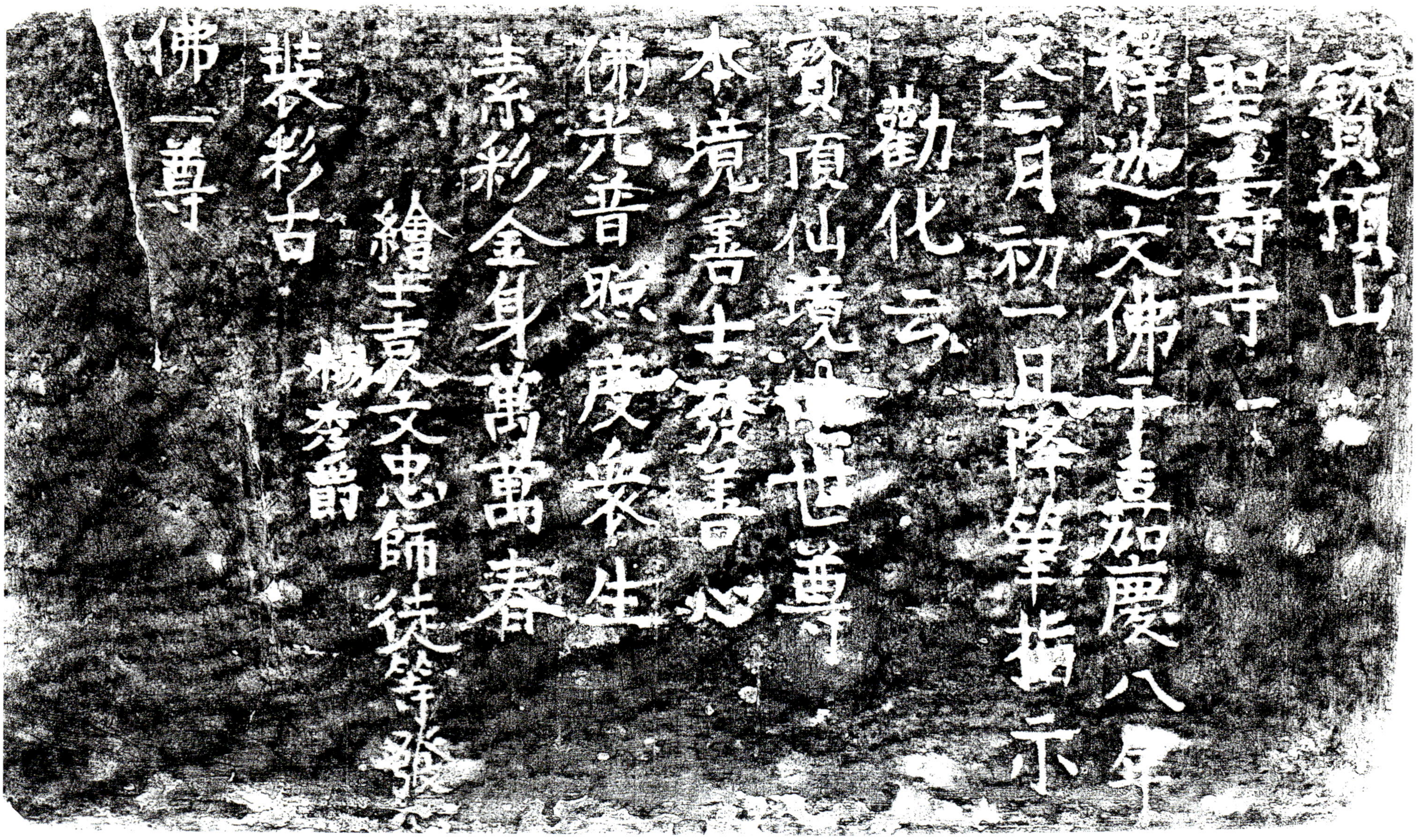

宝顶山
圣寿寺
释迦文佛十喜加庆八年
冬月初一日降笔指示
劝化云
宝顶仙境诸世尊
本境善士发善心
佛光普照度众生
素彩金身万万春
佛光普照度众生
装彩古
佛一尊
绘士吉文忠师徒等发
杨参爵

图版 70　第 18 号龛晚期第 3 则"杨秀爵装彩古佛记"铭文

十劫太子换金身要化尾间众
黎民若是黎民发善念一家老
幼免灾星尔不明时点尔灯意
不公平唸甚麽经大秤小斗成何
用不孝父母斋甚麽僧不信但
看五月後六月甲子放五瘟凡民
何不发大善躲过末劫万万春黄
金难买生死路过後悔时海样深
六十甲子轮流转遠在兒孫近在
身凡民若不回头想举目三尺有
神查盖我佛今見果指破有你回
心不回 述释云
嘉慶十五年二月十一日立羽士夏永清

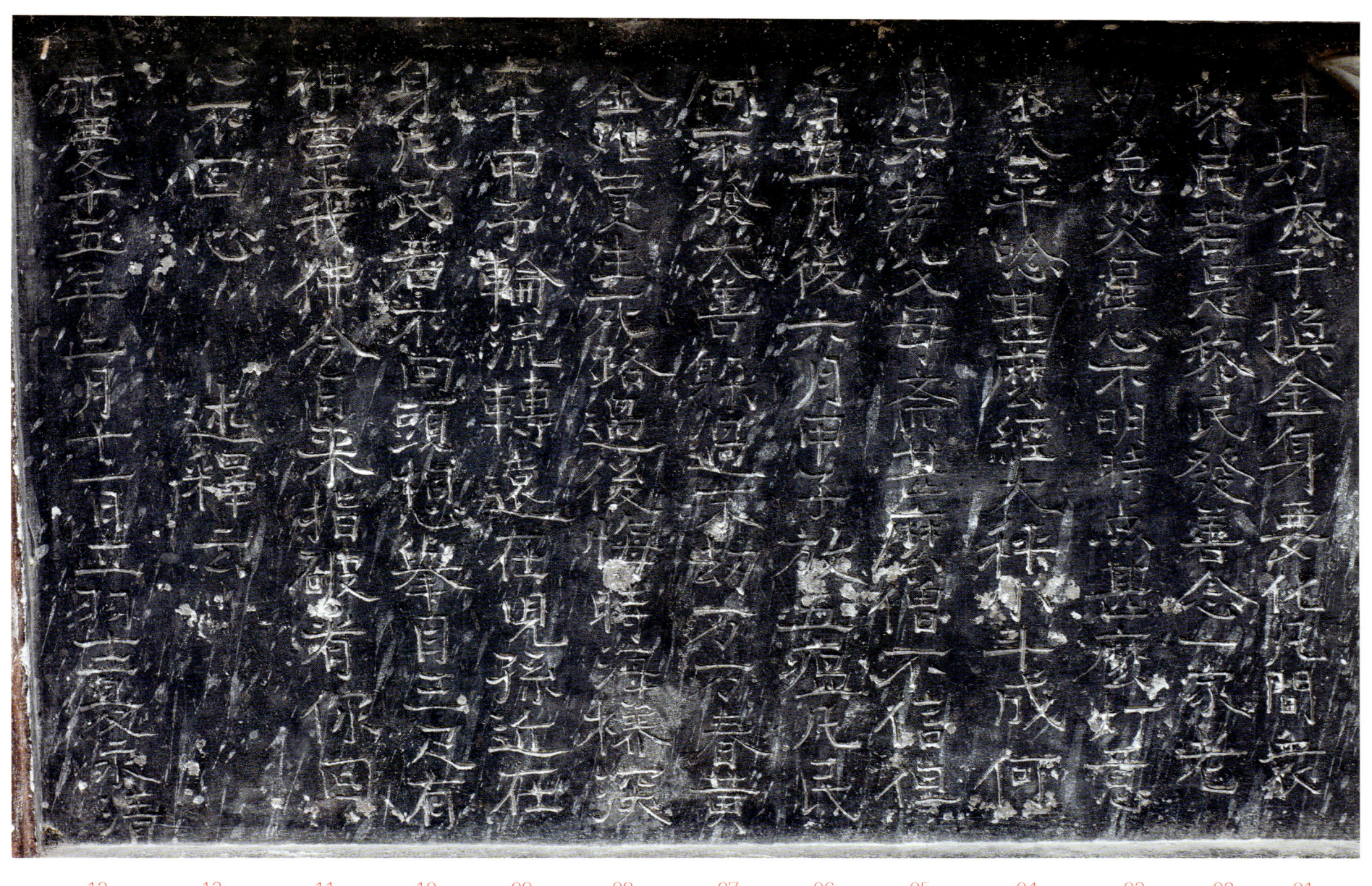

图版 71　第18号龛晚期第4则"释云劝善文"铭文

图版 72　第 18 号龛晚期第 5 则"捐银功德记"铭文

图版 72　第 18 号龛晚期第 5 则"捐银功德记"铭文

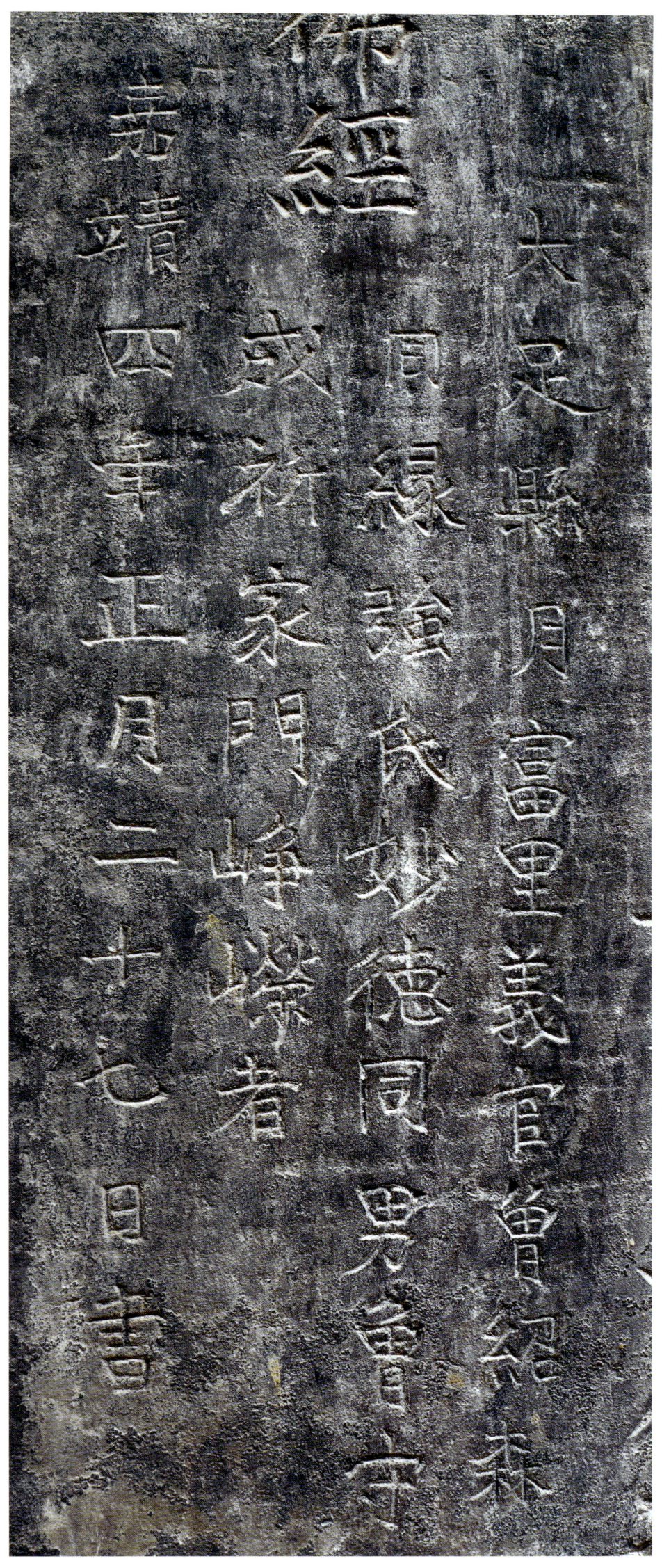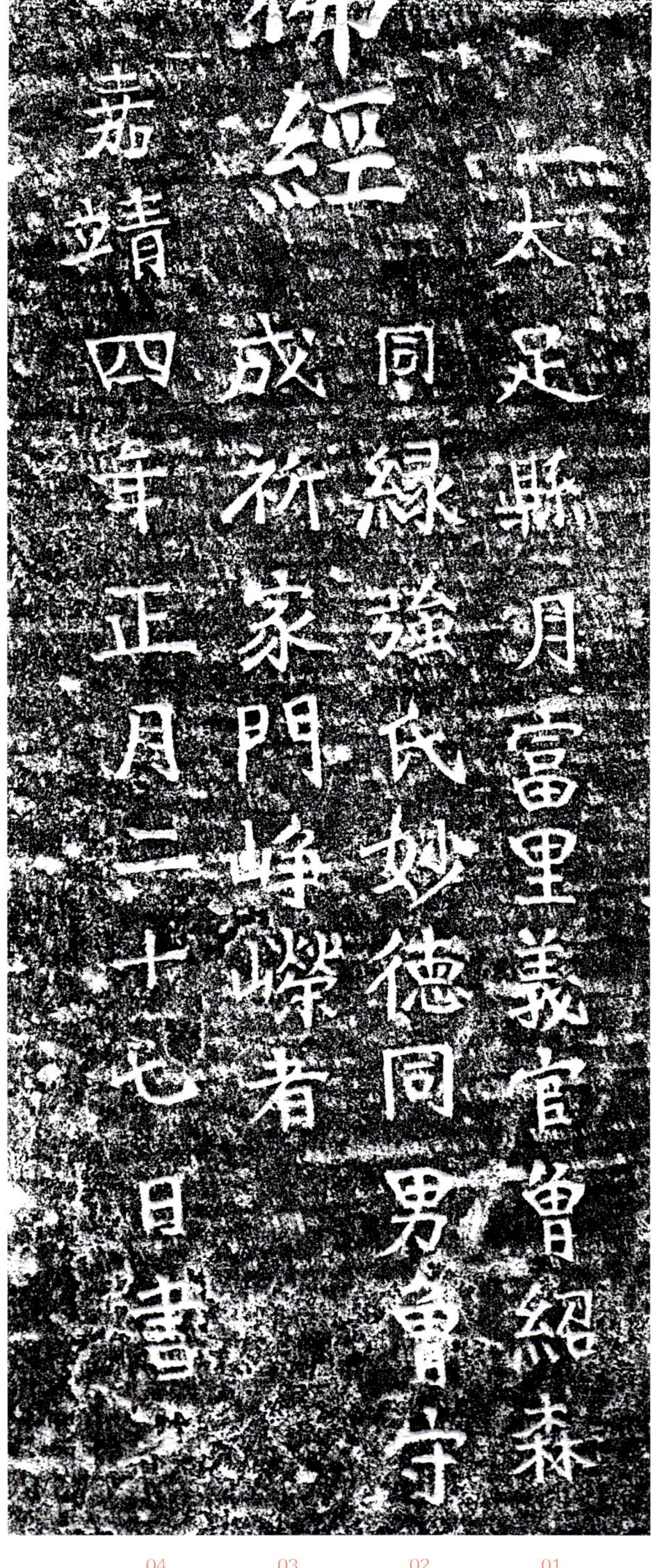

图版73　第18号龛晚期第6则"曾绍森合家发愿文"铭文　　　　图版73　第18号龛晚期第6则"曾绍森合家发愿文"铭文

图版 74　第 18 号龛晚期第 7 则"性寅妆绚观经变右岩像记"铭文

图版 74　第 18 号龛晚期第 7 则"性寅妆绚观经变右岩像记"铭文

图版 75　第 18 号龛晚期第 9 则"忍"字题刻

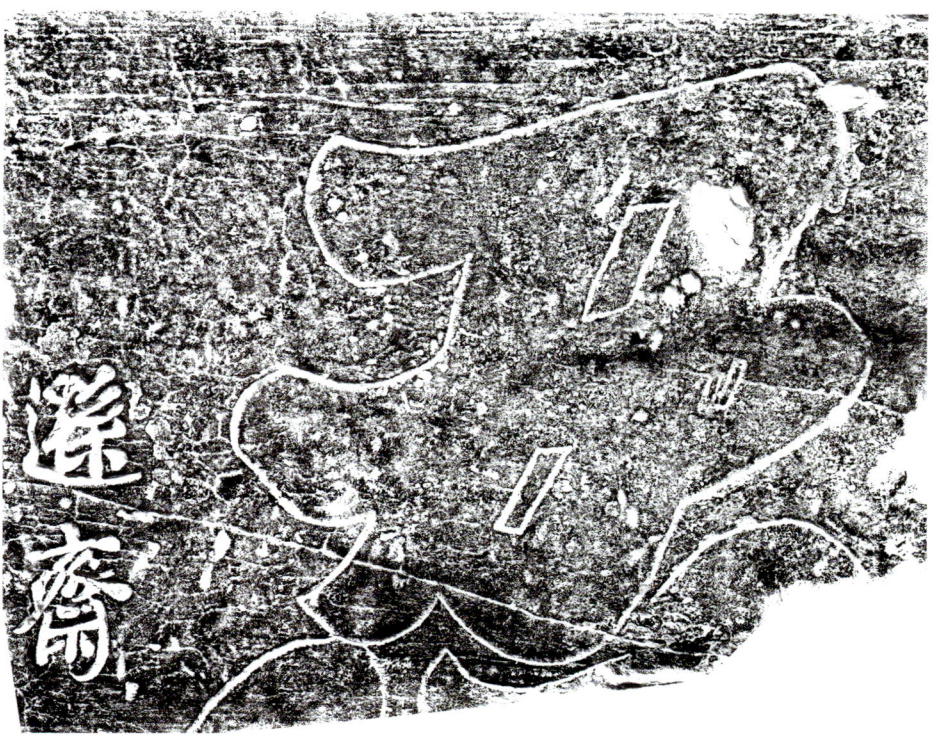

图版 75　第 18 号龛晚期第 9 则"忍"字题刻

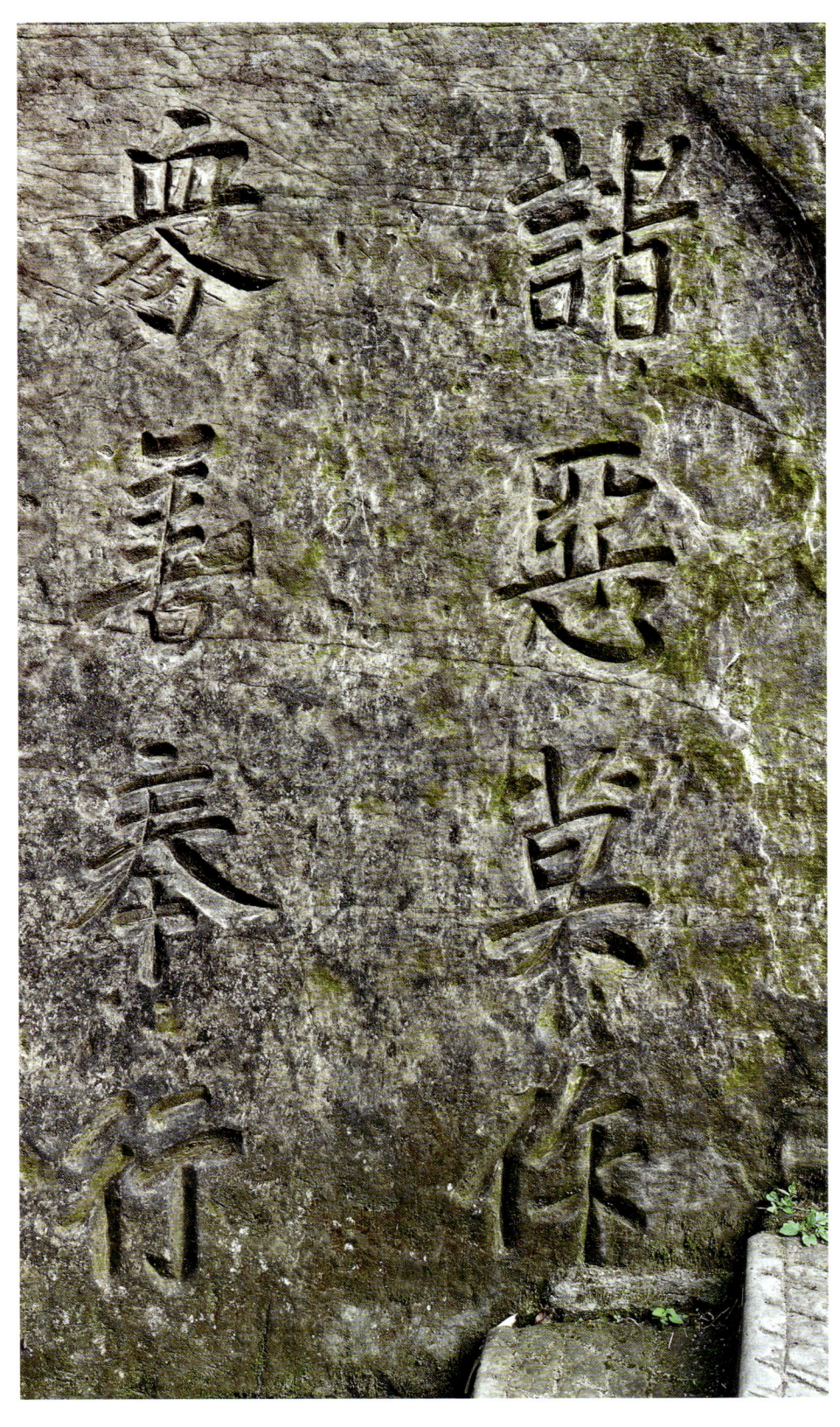

图版 76　第 18 号龛晚期第 9 则"忍"字题刻右侧偈语

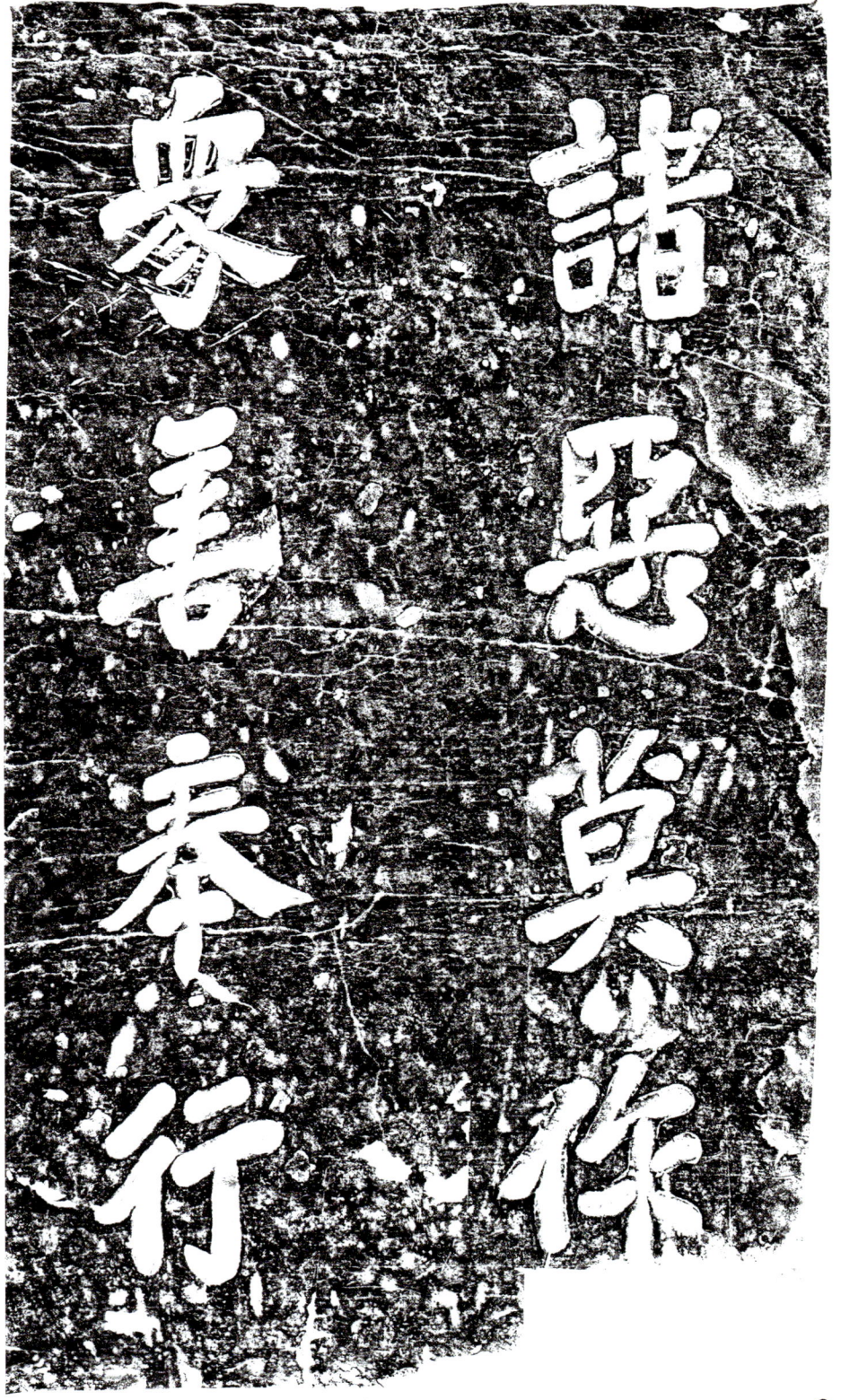

图版 76　第 18 号龛晚期第 9 则"忍"字题刻右侧偈语

图版 77　第 18 号龛晚期第 10 则曾志敏书 "西竺一脉" 题刻

图版 77　第 18 号龛晚期第 10 则曾志敏书 "西竺一脉" 题刻

图版 78　第 19 号龛"缚心猿镞六耗"题名

图版 78　第 19 号龛"缚心猿镞六耗"题名

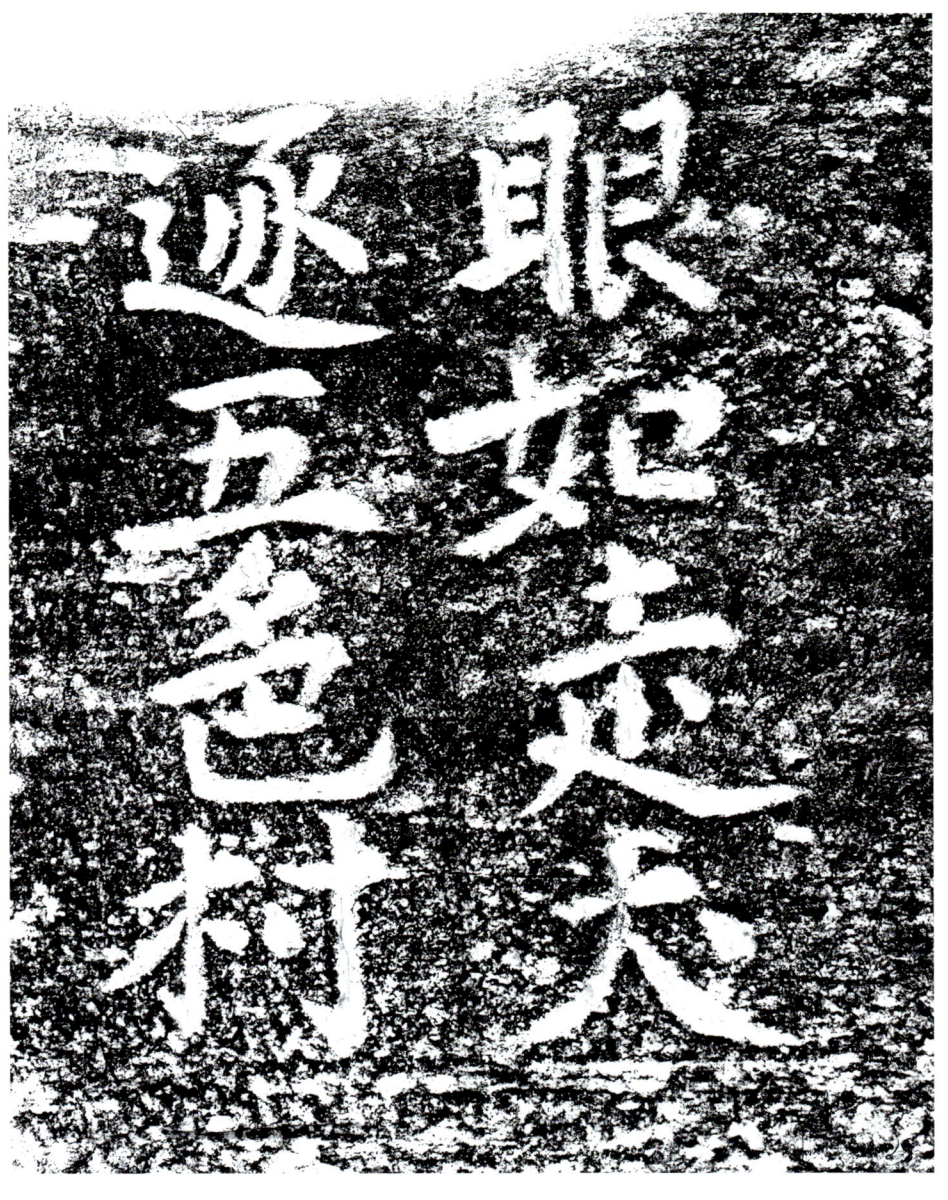

02　　01

图版 79　第 19 号龛主尊座下犬上方偈语

图版 80　第 19 号龛主尊座下鸦上方偈语

图版 81　第 19 号龛主尊座下蛇左上方偈语

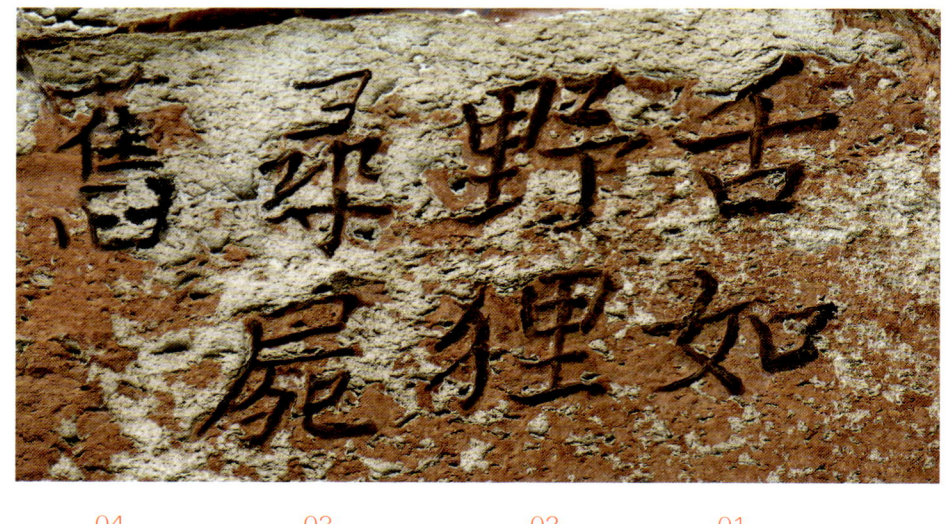
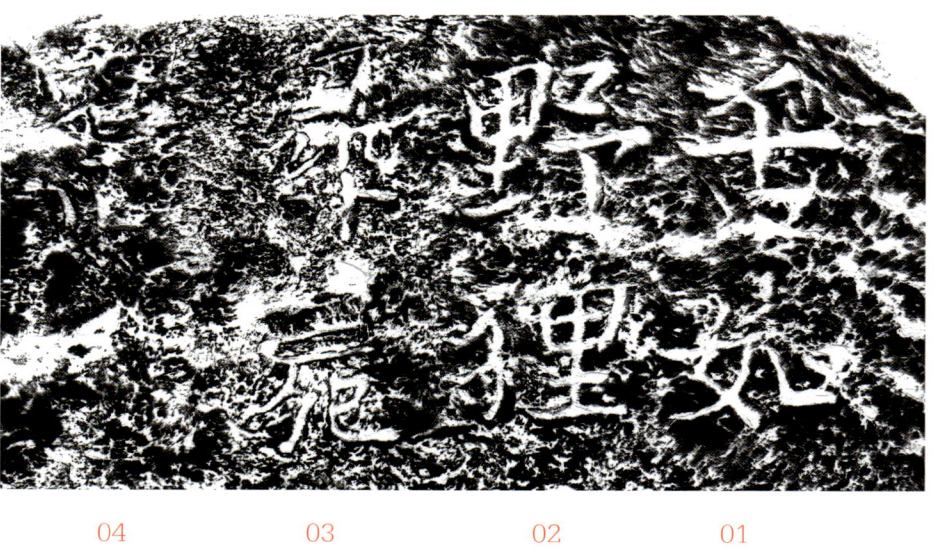

图版 82　第 19 号龛主尊座下狐狸上方偈语

图版 83　第 19 号龛主尊座下鱼上方偈语

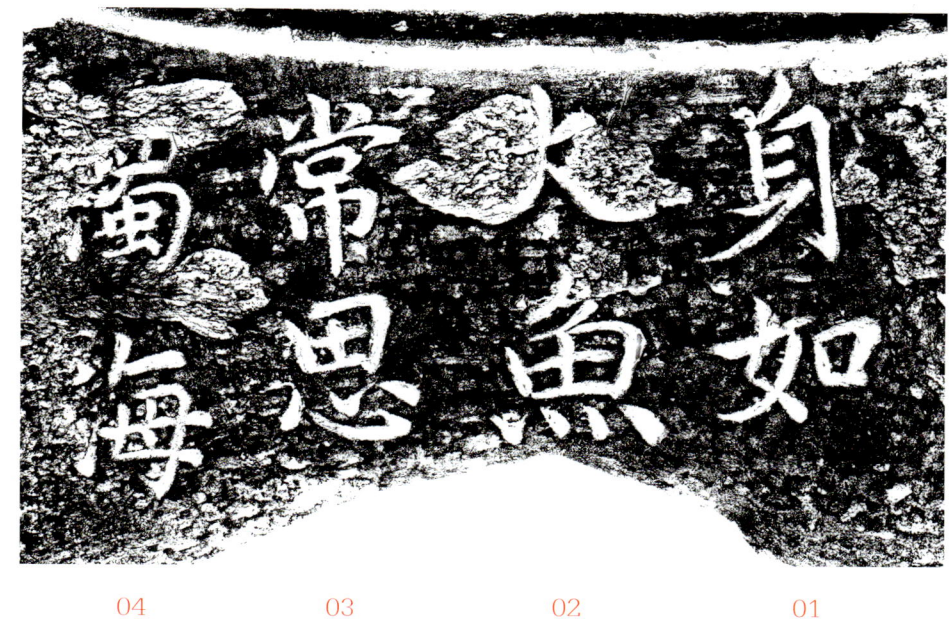

图版 83　第 19 号龛主尊座下鱼上方偈语

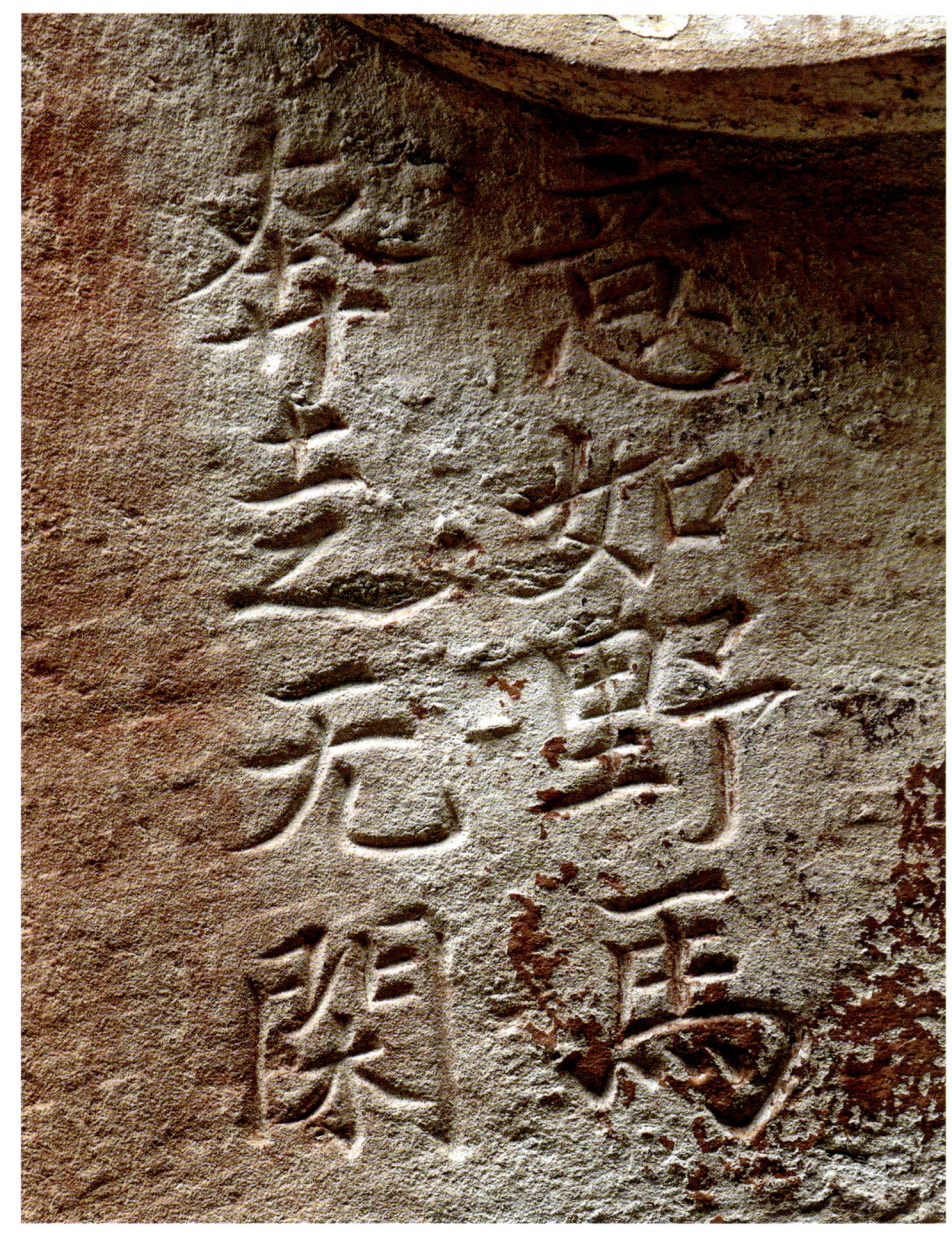

图版 84　第 19 号龛主尊座下马上方偈语

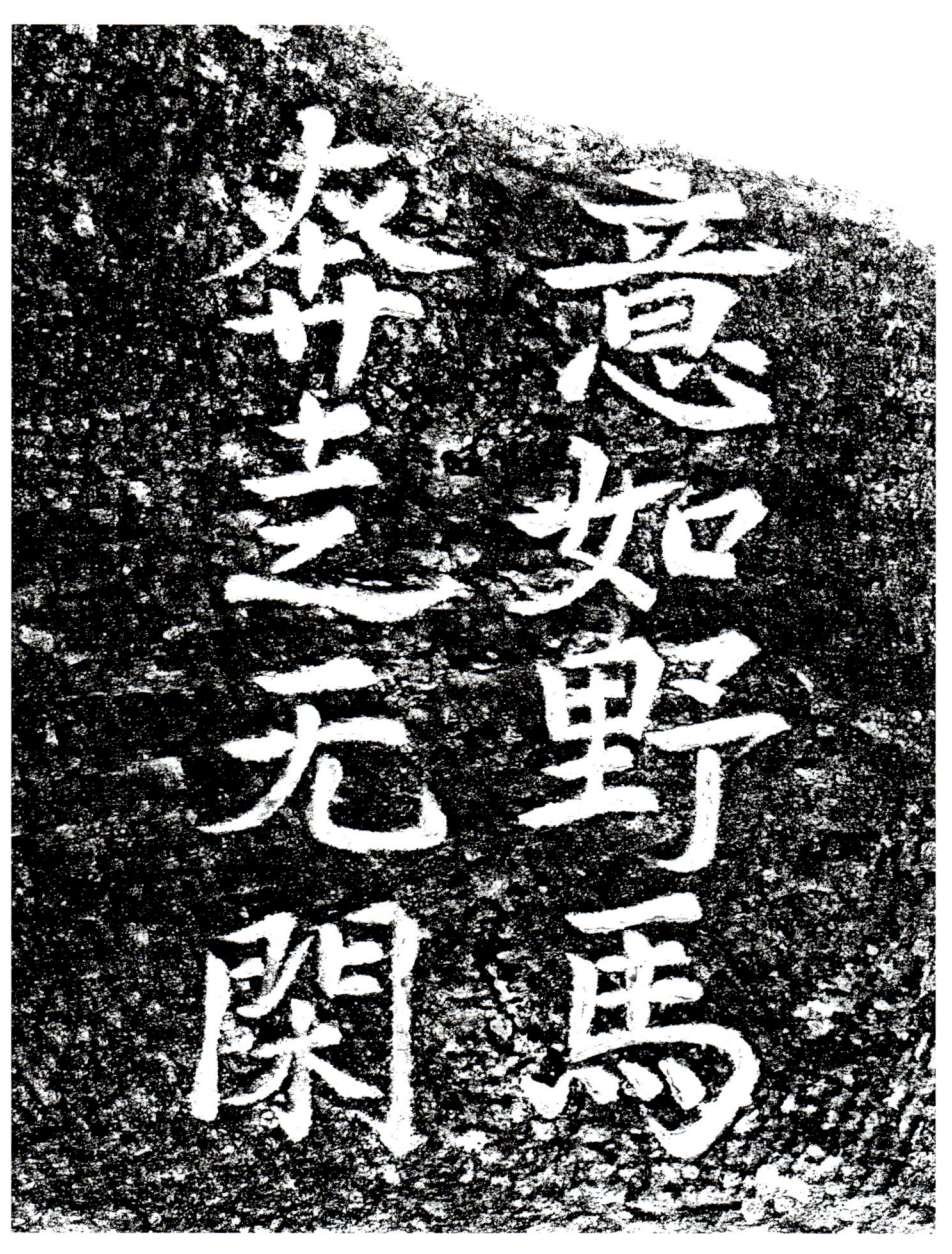

图版 84　第 19 号龛主尊座下马上方偈语

图版 85　第 19 号龛主尊像左侧毫光铭文

图版 85　第 19 号龛主尊像左侧毫光铭文

图版 86　第 19 号龛主尊像右侧毫光铭文

图版 86　第 19 号龛主尊像右侧毫光铭文

图版 87　第 19 号龛第 1 则铭文

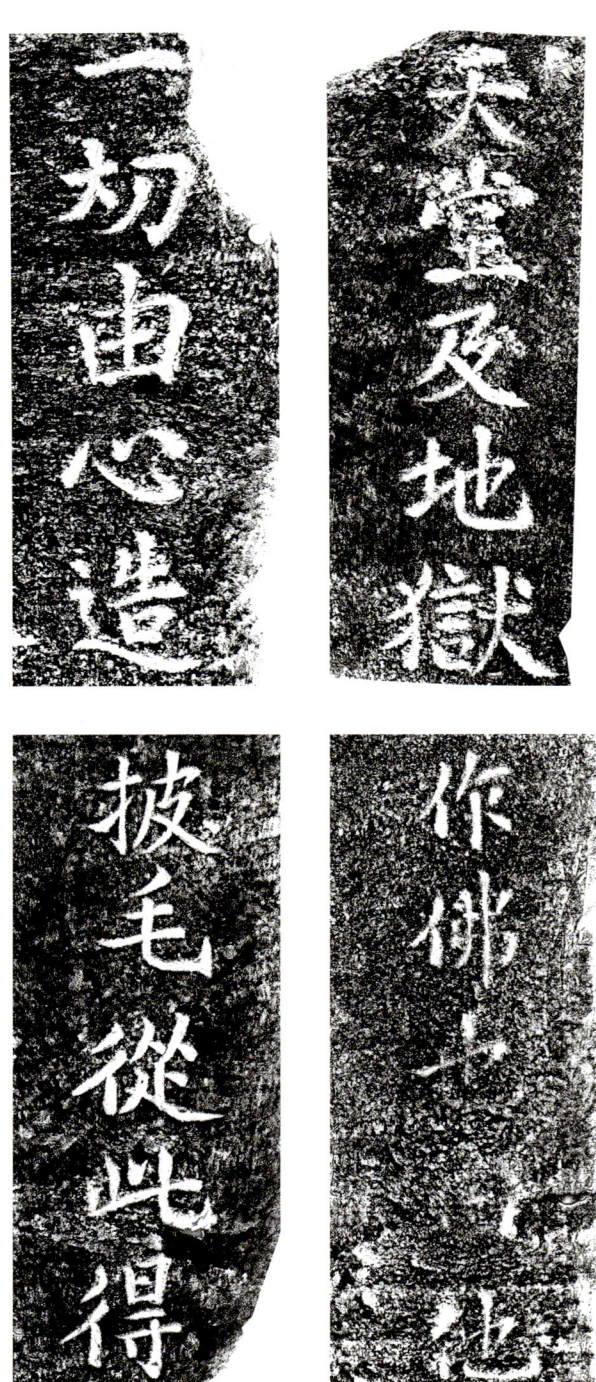

图版 87　第 19 号龛第 1 则铭文

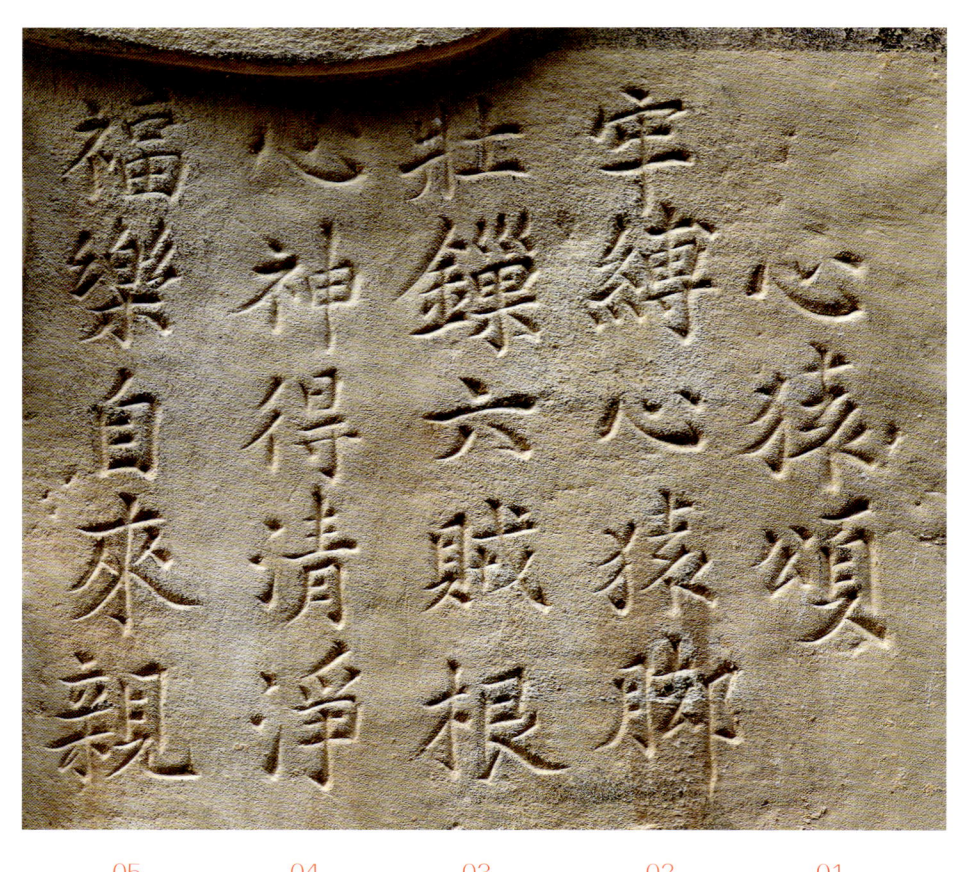

图版 88　第 19 号龛第 2 则"心猿颂"铭文

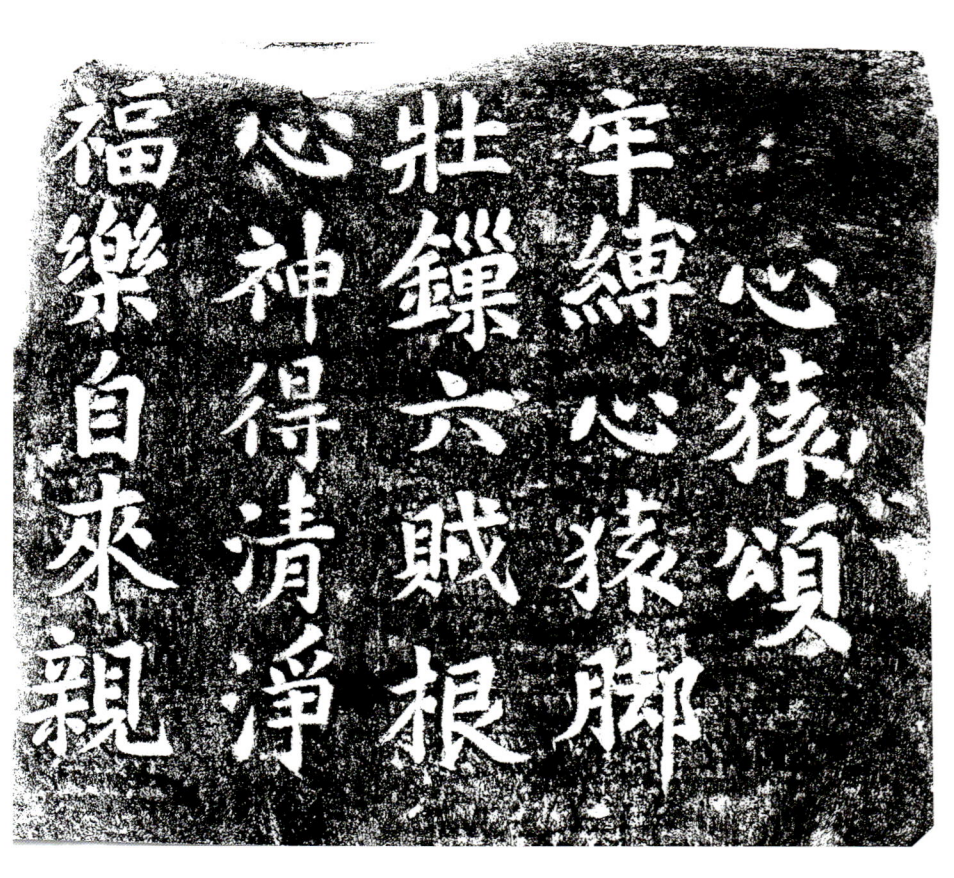

图版 88　第 19 号龛第 2 则"心猿颂"铭文

图版 89　第 19 号龛第 3 则"祖师颂词"铭文

图版 89　第 19 号龛第 3 则"祖师颂词"铭文

05　04　03　02　01

图版 90　第 19 号龛第 4 则"咏乐诗"铭文

05　04　03　02　01

图版 90　第 19 号龛第 4 则"咏乐诗"铭文

图版 91　第 19 号龛第 5 则"咏苦诗"铭文

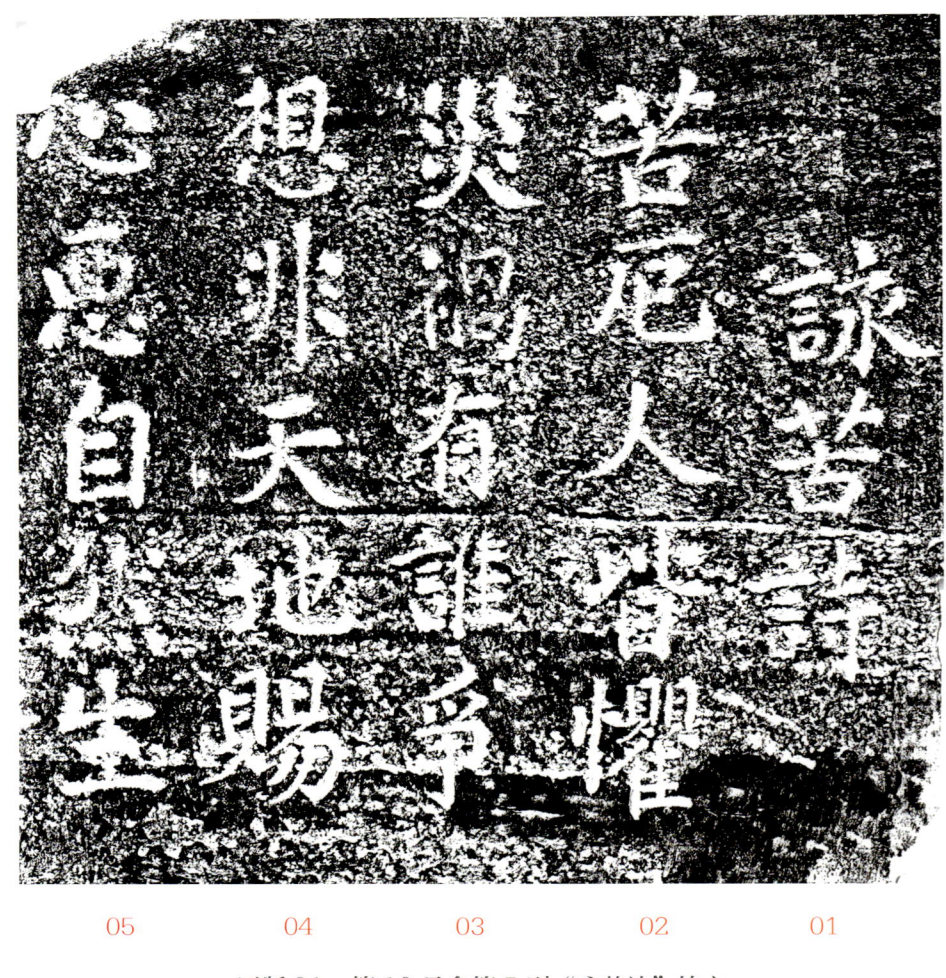

图版 91　第 19 号龛第 5 则"咏苦诗"铭文

图版 92　第 19 号龛第 6 则偈语

图版 92　第 19 号龛第 6 则偈语

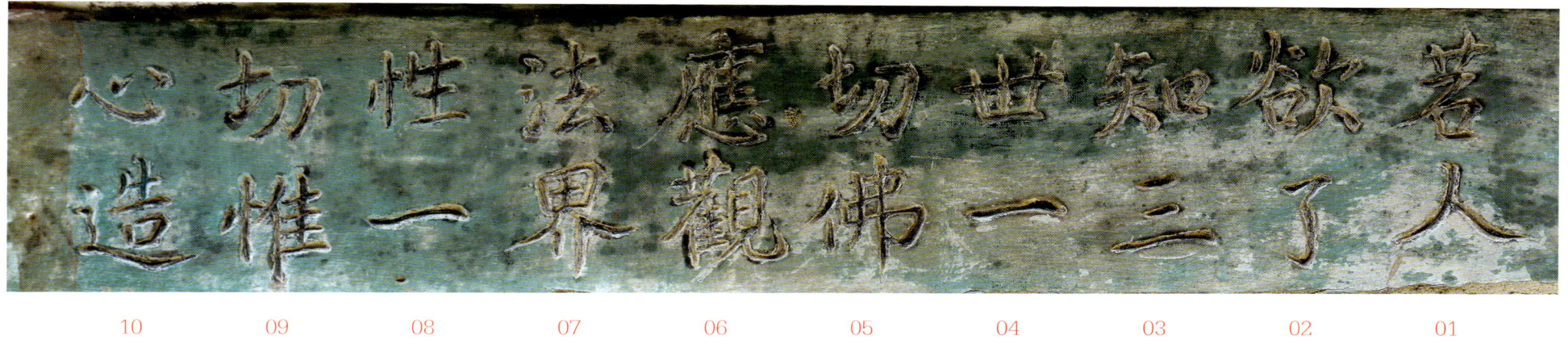

图版93　第19号龛第7则偈语

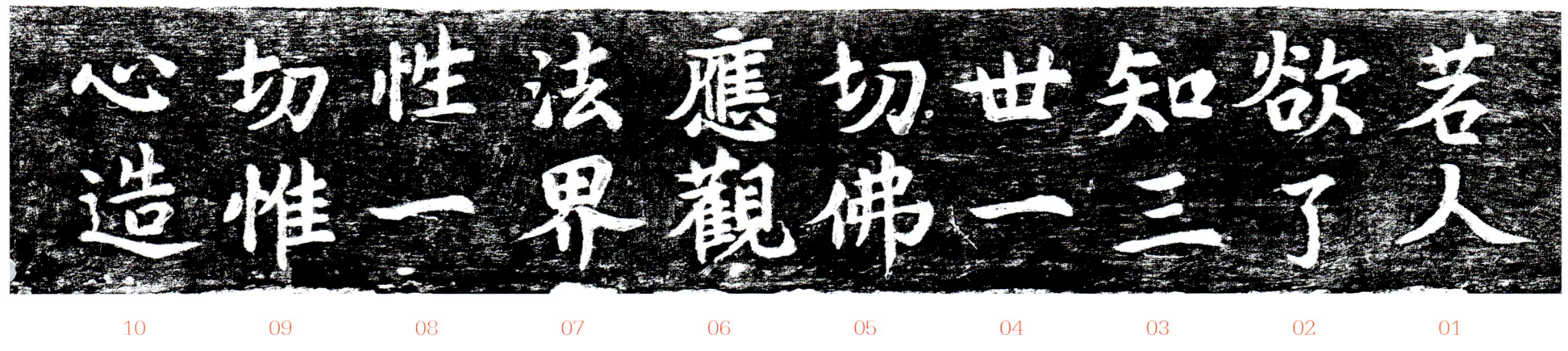

图版93　第19号龛第7则偈语

图版94　第19号龛第8—14则铭文

獨坐思惟瞻鄧州幾人作業幾人脩不因貪愛因名利不為新冤為舊讐三息遂安緣如野馬心隨境轉似猿猴多緣競此迷真性致使輪迴不肯休

詠心歌 心心難伏難擒形像不大難度 淺深收之則吉應放之則禍侵智明通太道濁亂起祇姓靜則萬神皆助動則眾魔來寺若獅真心為至堅何愁本性不成金

詠心偈 方寸心非心 非法亦非深

寬則偏法界 窄則不通針 誰言不籠罩 善聞無驚尋

眼 惡則稱魷映輕觀萬緣事

耳 千經萬論由公說心若悟時百年後化作一堆灰

鼻 是非門來煩惱起這般荒謬甘願你

舌 筋纏血裹尋為親百年後化作一堆灰

身 懊恨隨身六耗鬼 從前貪愛藝迷人

意 三界千般惡業曾此少貪嗔達無為樂

六耗頌論

六耗詩 眼耳鼻舌身共意 鐮六耗詩 好引心神都墮落

若能鐮得六耗佇 瞎使心神不自由 便是神仙大覺脩

天堂地獄 只在目前 諸佛菩薩 與我無異

图版94　第19号龛第8—14则铭文

图版 95　第 19 号龛晚期第 1 则墨书铭文

图版 96　第 19 号龛晚期第 2 则墨书铭文

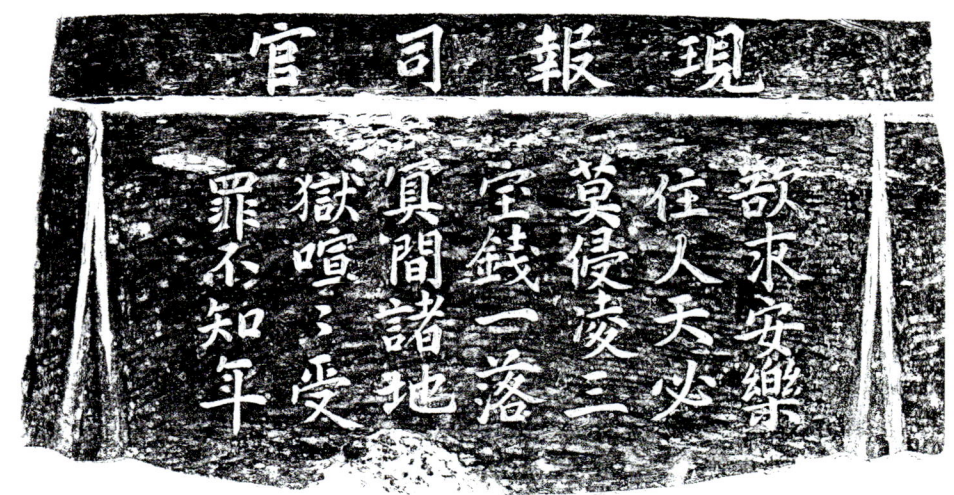

图版97　第20号龛第二层第1主像"现报司官"题名及颂词

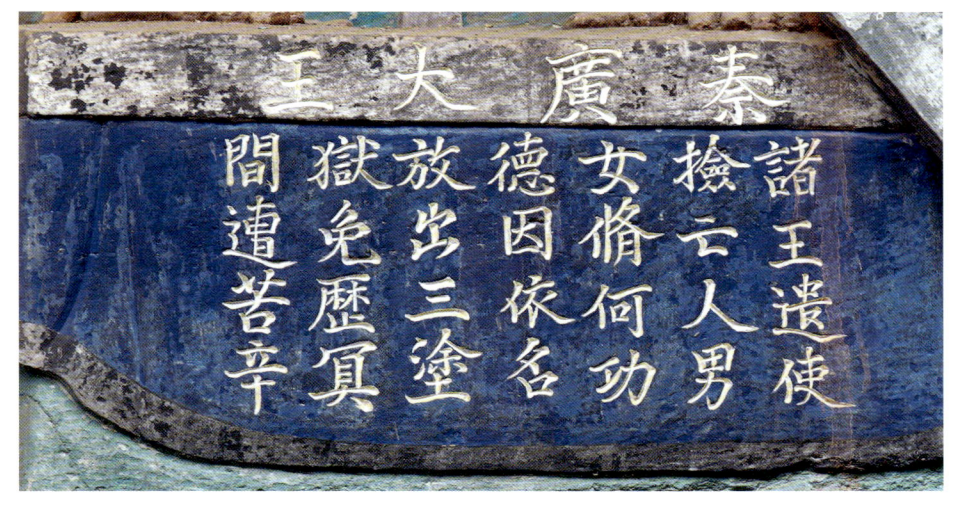
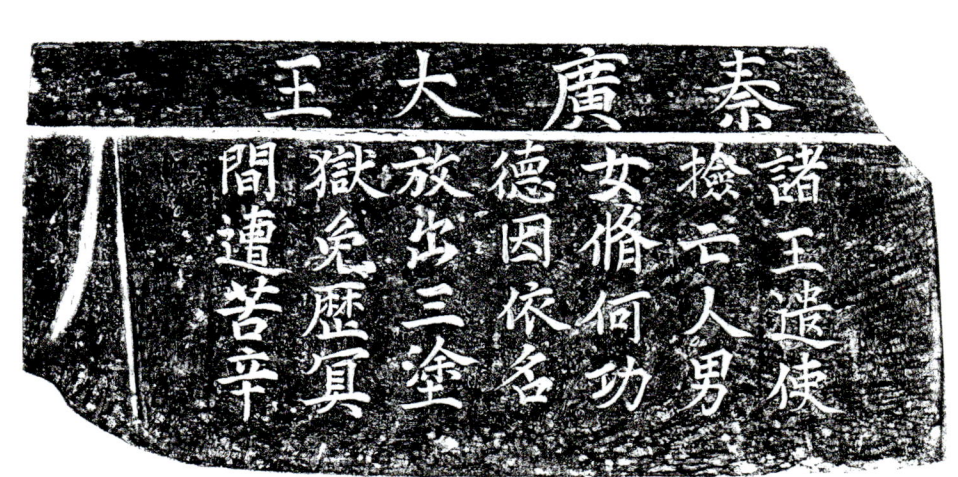

图版98　第20号龛第二层第2主像"秦广大王"题名及颂词

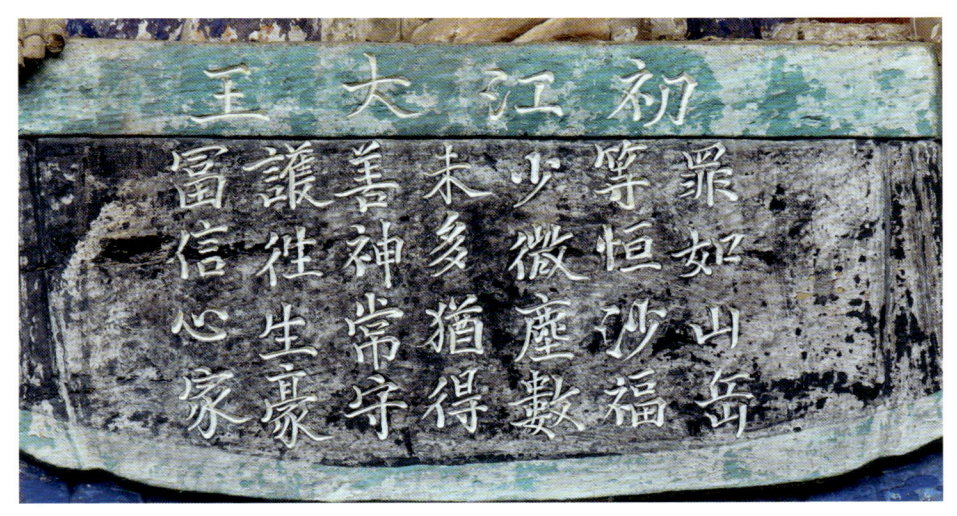
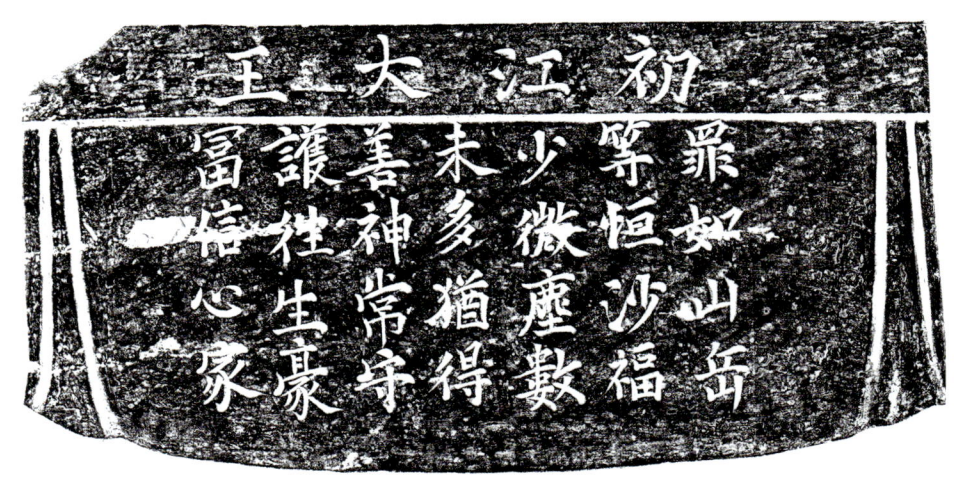

图版99　第20号龛第二层第3主像"初江大王"题名及颂词

图版100　第20号龛第二层第4主像"宋帝大王"题名及颂词

图版100　第20号龛第二层第4主像"宋帝大王"题名及颂词

图版101　第20号龛第二层第5主像"五官大王"题名及颂词

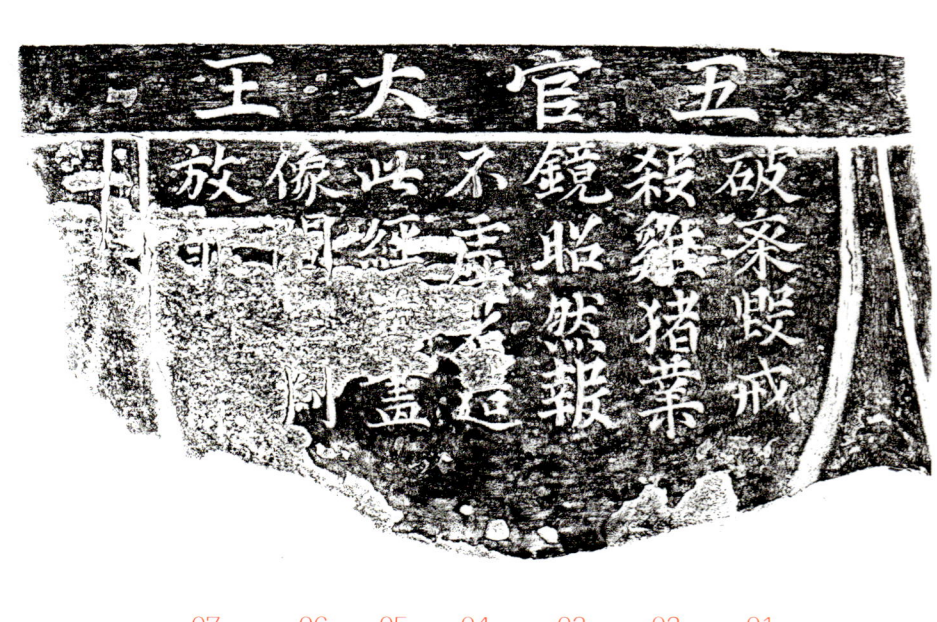

图版101　第20号龛第二层第5主像"五官大王"题名及颂词

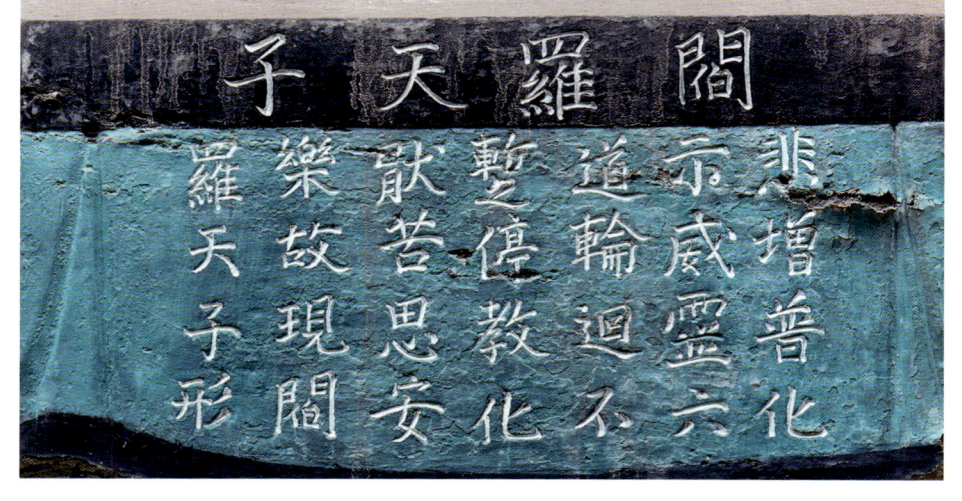

图版102　第20号龛第二层第6主像"阎罗天子"题名及颂词

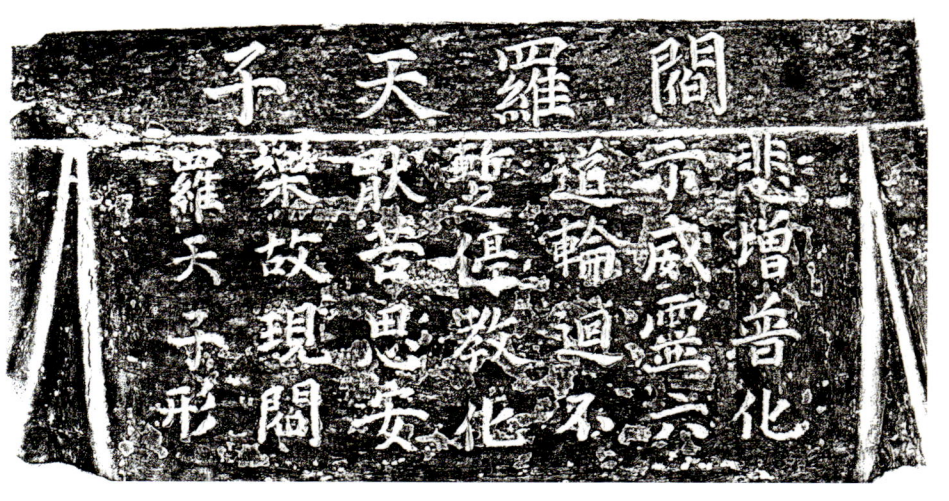

图版102　第20号龛第二层第6主像"阎罗天子"题名及颂词

图版103　第20号龛第二层第7主像"变成大王"题名及颂词

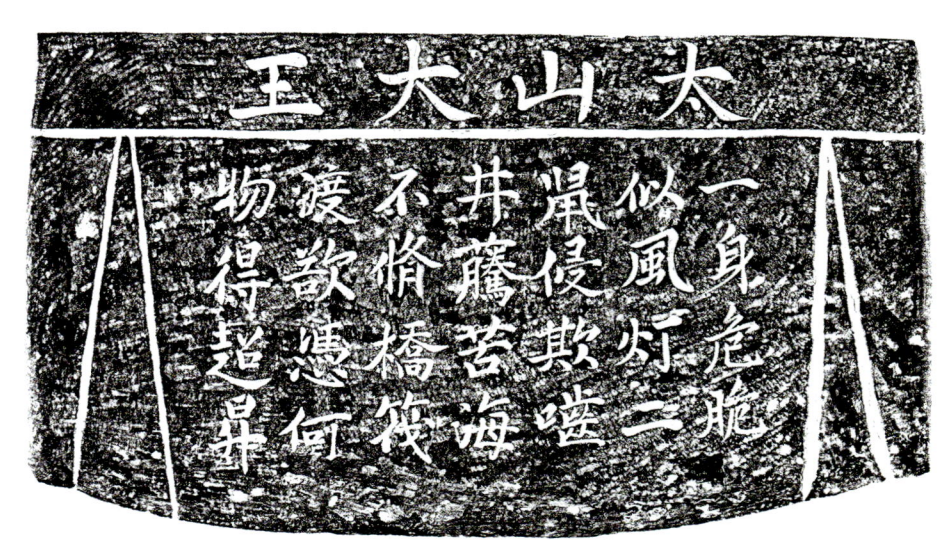

图版104　第20号龛第二层第8主像"太山大王"题名及颂词

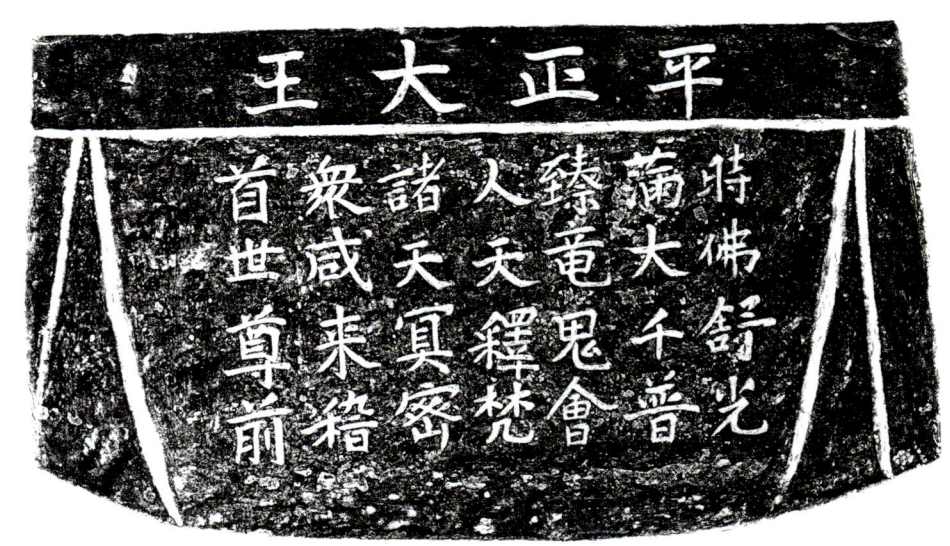

图版105　第20号龛第二层第9主像"平正大王"题名及颂词

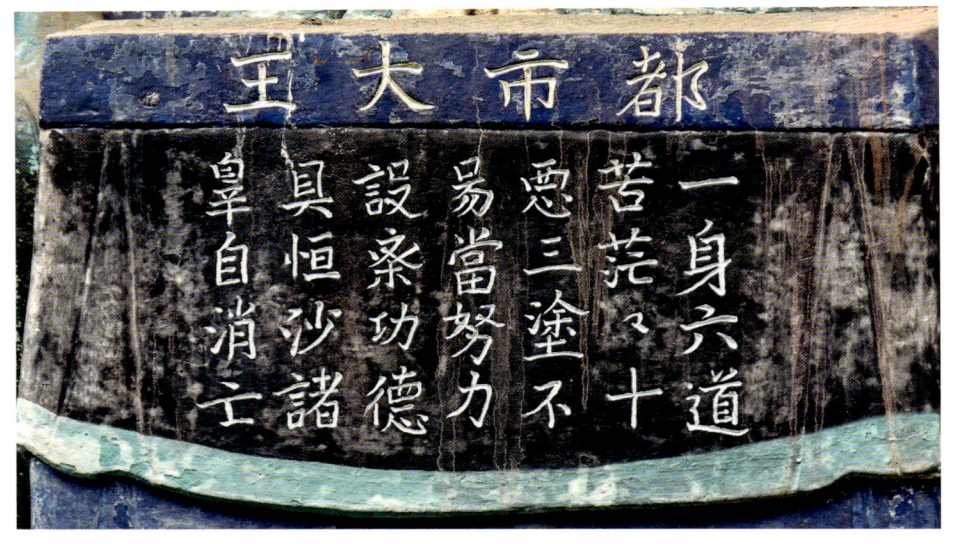
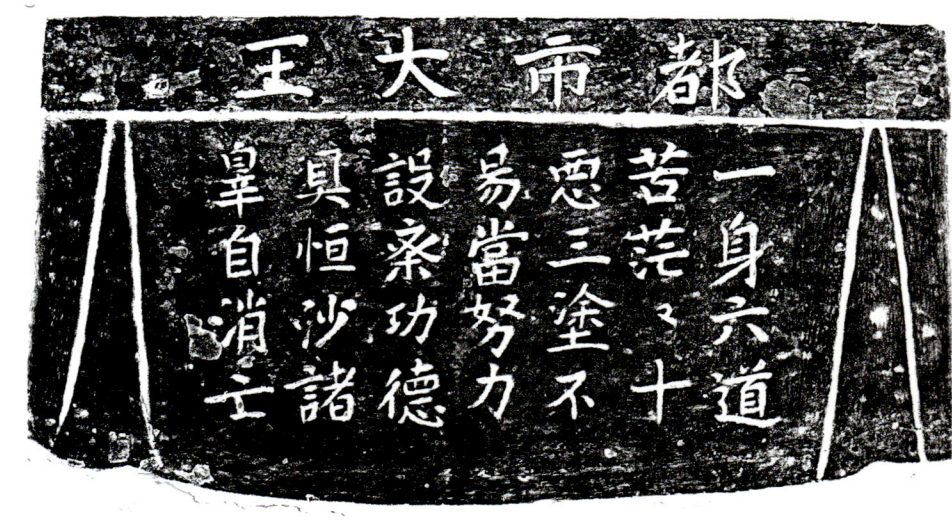

图版 106　第 20 号龛第二层第 10 主像"都市大王"题名及颂词

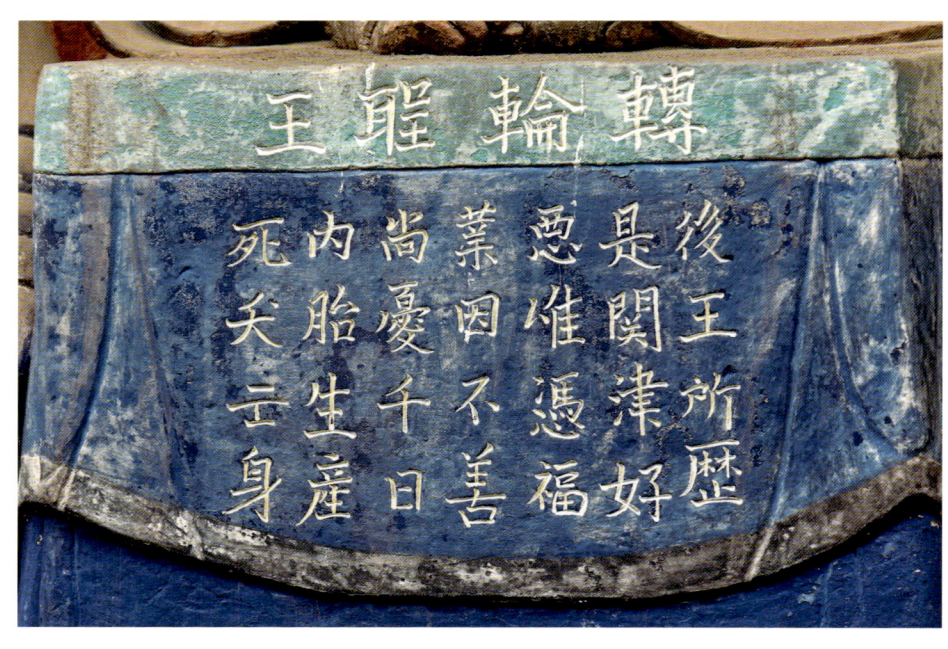
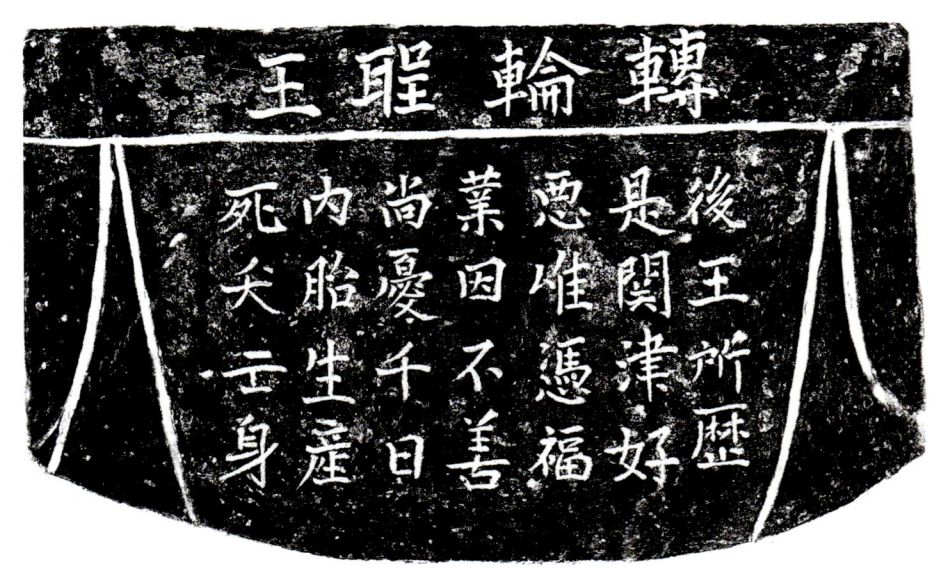

图版 107　第 20 号龛第二层第 11 主像"转轮圣王"题名及颂词

图版 108　第 20 号龛第二层第 12 主像"速报司官"题名及颂词

图版 109　第 20 号龛第二层第 1 侍者像"现报司"题名

图版 109　第 20 号龛第二层第 1 侍者像"现报司"题名

图版 110　第 20 号龛第二层第 4 侍者像簿册墨书题记

II 铭文图版　507

图版111　第20号龛第二层第10侍者像"速报"题名

图版111　第20号龛第二层第10侍者像"速报"题名

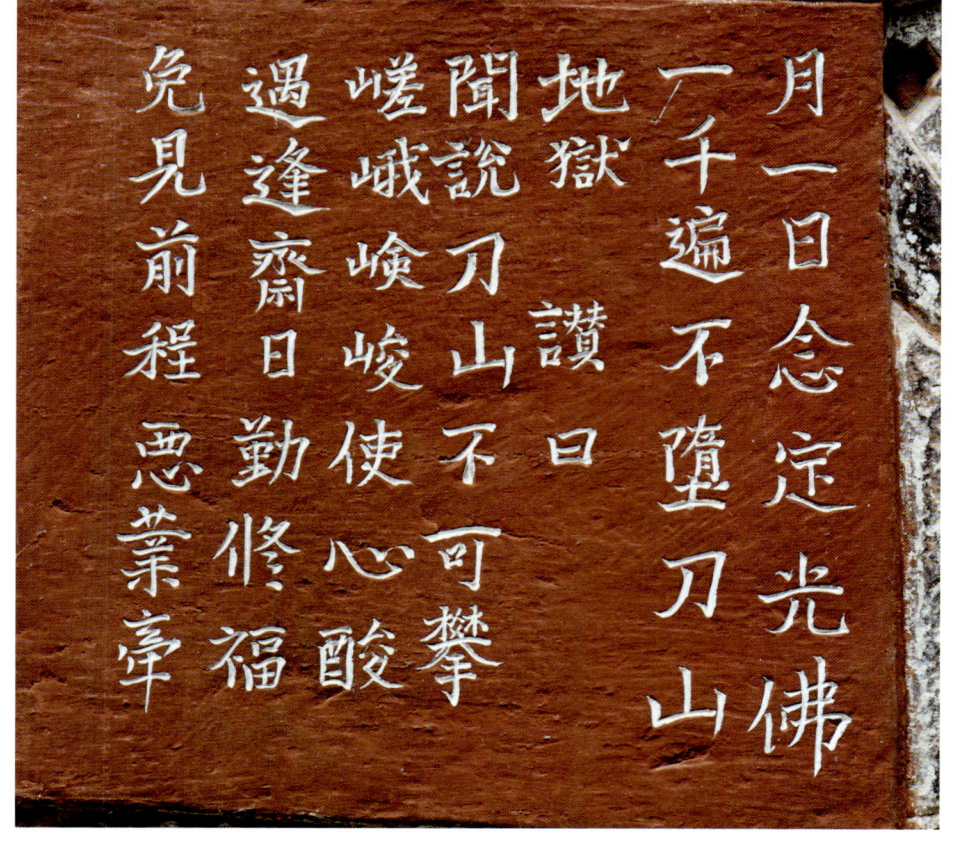

图版112　第20号龛第1幅造像"刀山地狱"偈赞

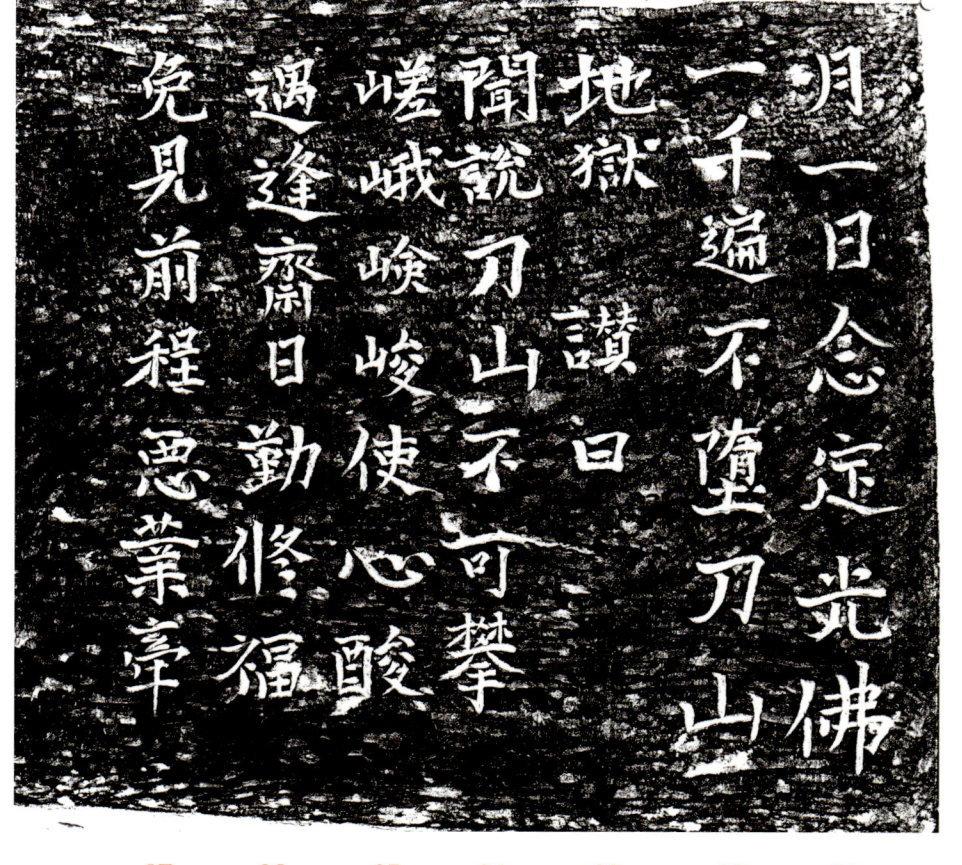

图版112　第20号龛第1幅造像"刀山地狱"偈赞

图版113　第20号龛第2幅造像左上角偈语

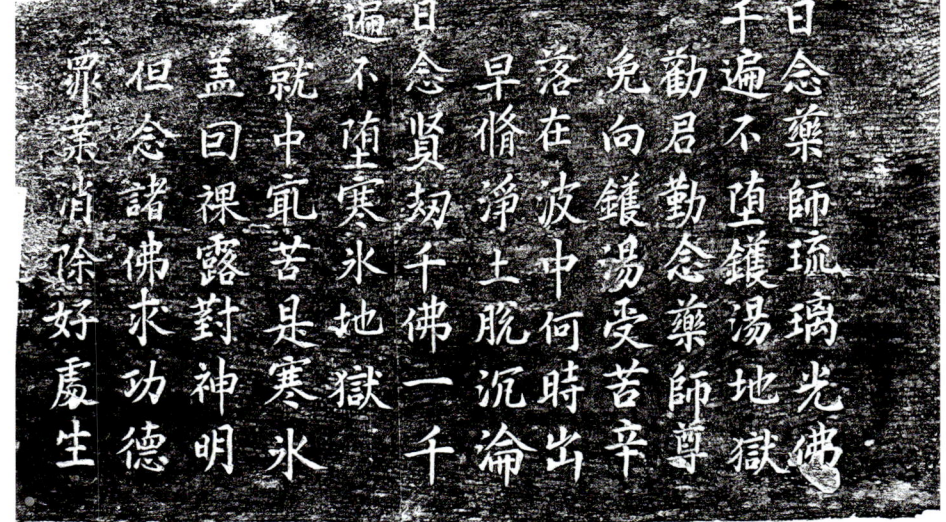

图版114　第20号龛第2幅"镬汤地狱"和第3幅"寒冰地狱"造像偈赞

图版 115　第 20 号龛"业秤"题刻　　　　　　　　　　　　图版 115　第 20 号龛"业秤"题刻

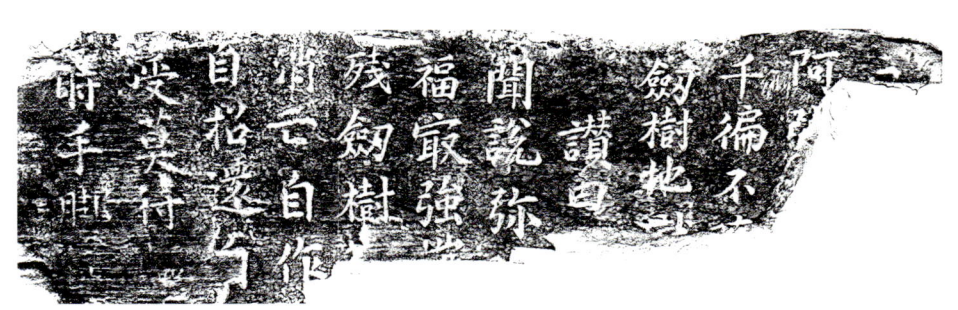

12　11　10　09　08　07　06　05　04　03　02　01　　　　12　11　10　09　08　07　06　05　04　03　02　01

图版 116　第 20 号龛第 4 幅造像"剑树地狱"偈赞　　　　图版 116　第 20 号龛第 4 幅造像"剑树地狱"偈赞

图版 117　第 20 号龛第 5 幅造像"拔舌地狱"题名　　　　图版 117　第 20 号龛第 5 幅造像"拔舌地狱"题名

图版 118　第 20 号龛第 5 幅造像"拔舌地狱"木栅偈语

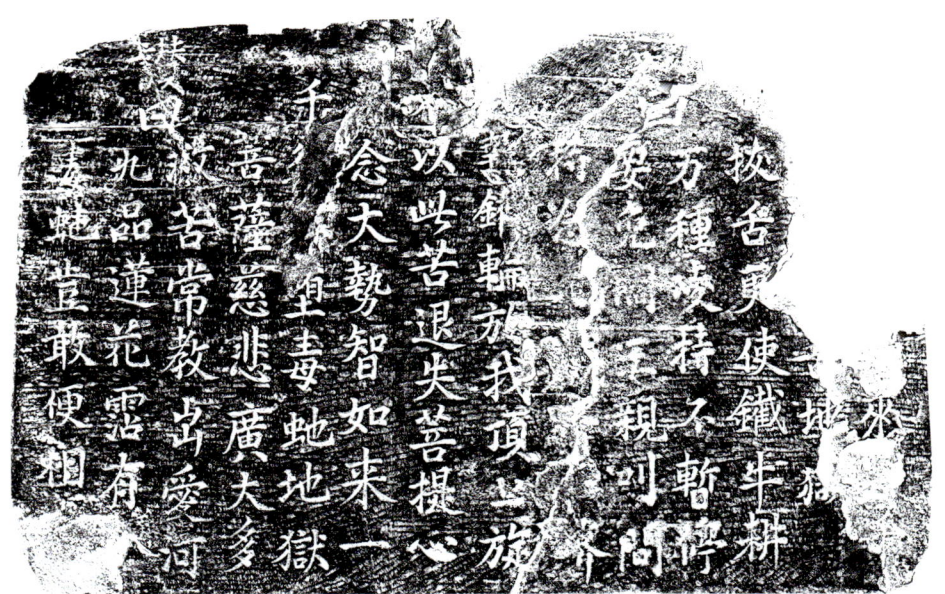

06　05　04　03　02　01　　06　05　04　03　02　01

图版 119　第 20 号龛第 5 幅"拔舌地狱"和第 6 幅"毒蛇地狱"造像偈赞

图版 120　第 20 号龛第 7 幅"锉碓地狱"碓架题刻　　　　　图版 120　第 20 号龛第 7 幅"锉碓地狱"碓架题刻

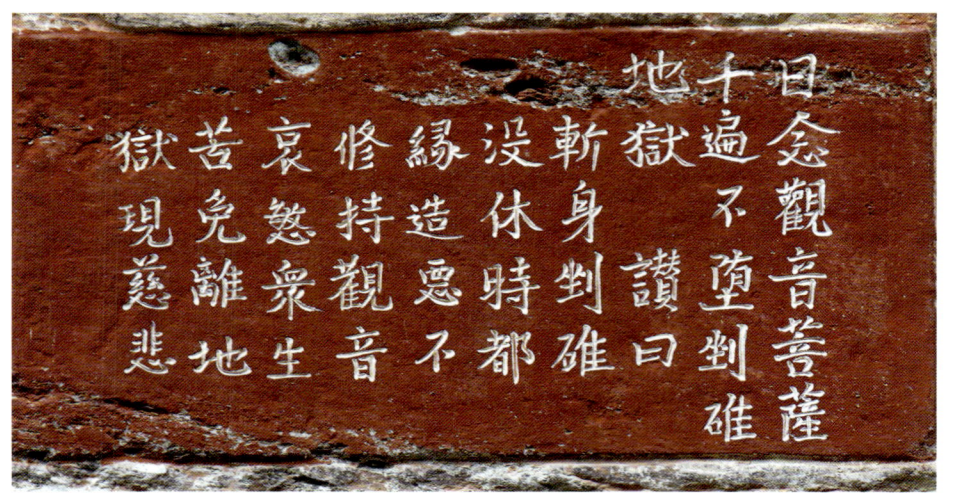 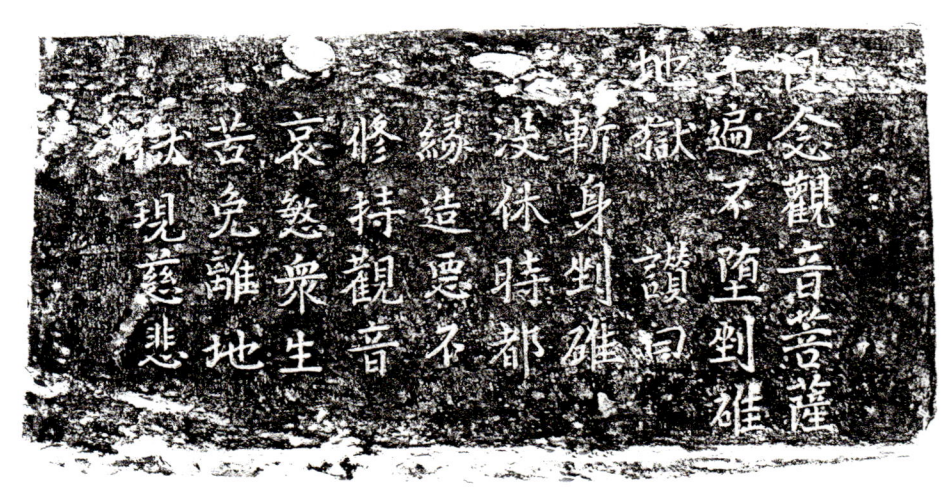

10　09　08　07　06　05　04　03　02　01　　　　　10　09　08　07　06　05　04　03　02　01

图版 121　第 20 号龛第 7 幅"锉碓地狱"偈赞　　　　　　图版 121　第 20 号龛第 7 幅"锉碓地狱"偈赞

图版 122　第 20 号龛第 8 幅造像"锯解地狱"题名　　　　图版 122　第 20 号龛第 8 幅造像"锯解地狱"题名

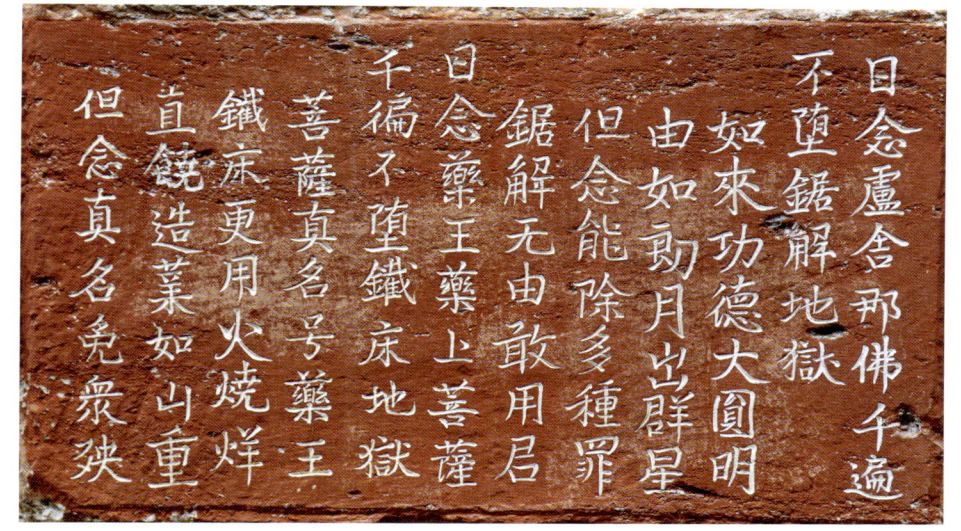
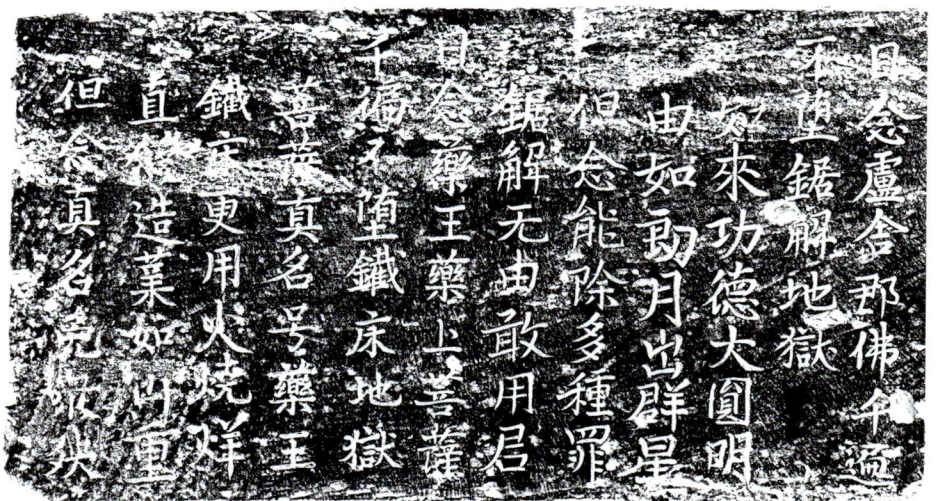

图版 123　第 20 号龛第 8 幅 "锯解地狱" 和第 9 幅 "铁床地狱" 造像偈赞

图版 124　第 20 号龛 "业镜" 题刻

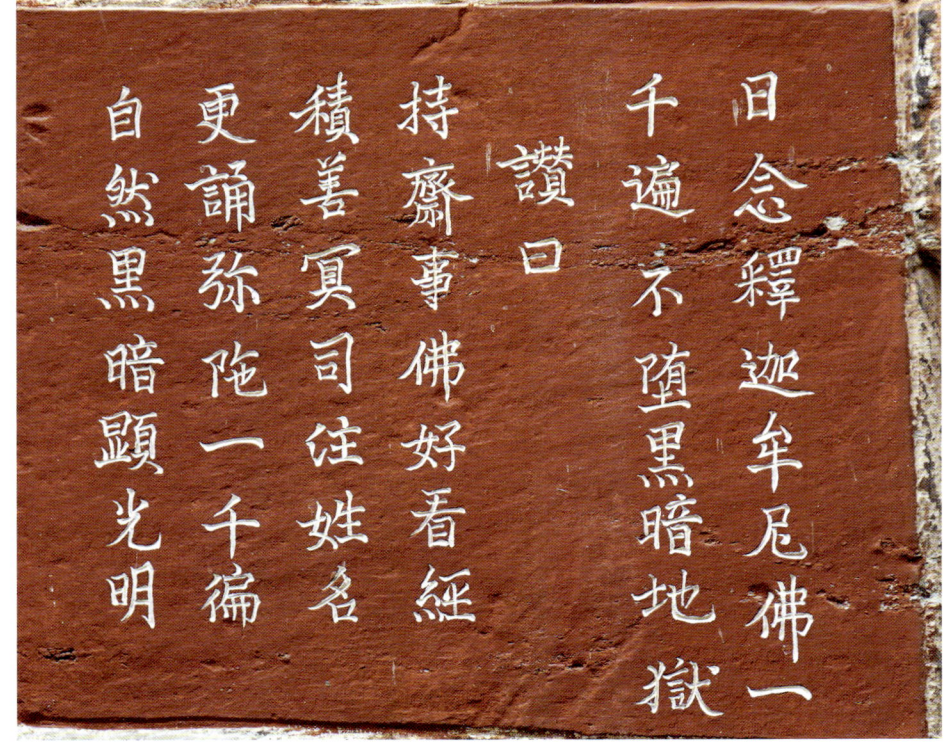
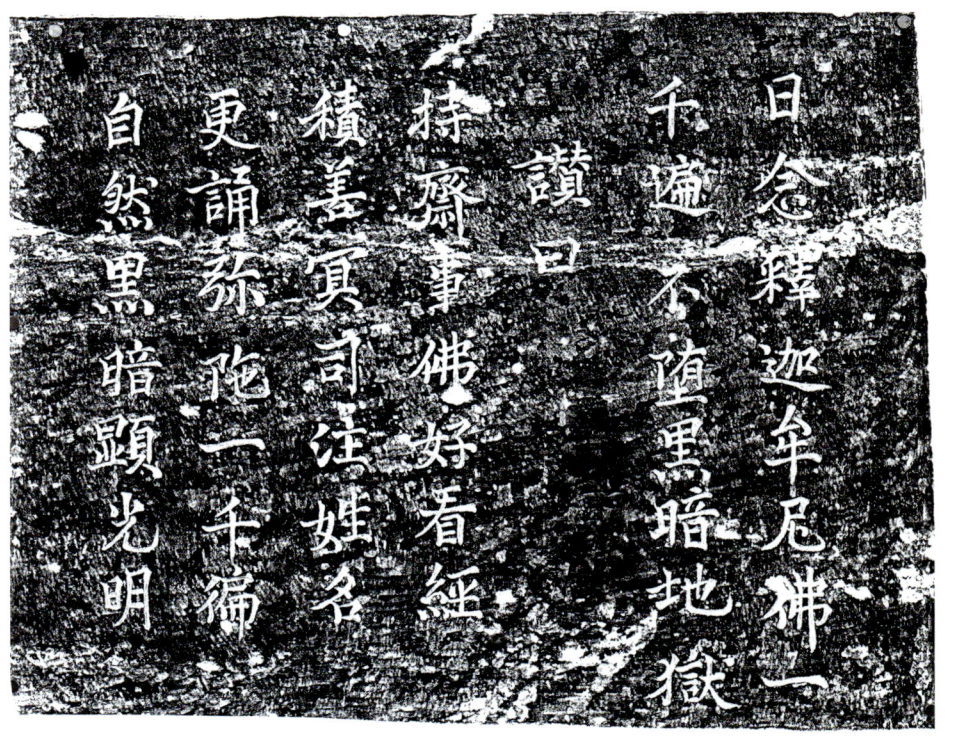

图版 125　第 20 号龛第 10 幅造像 "黑暗地狱" 偈赞

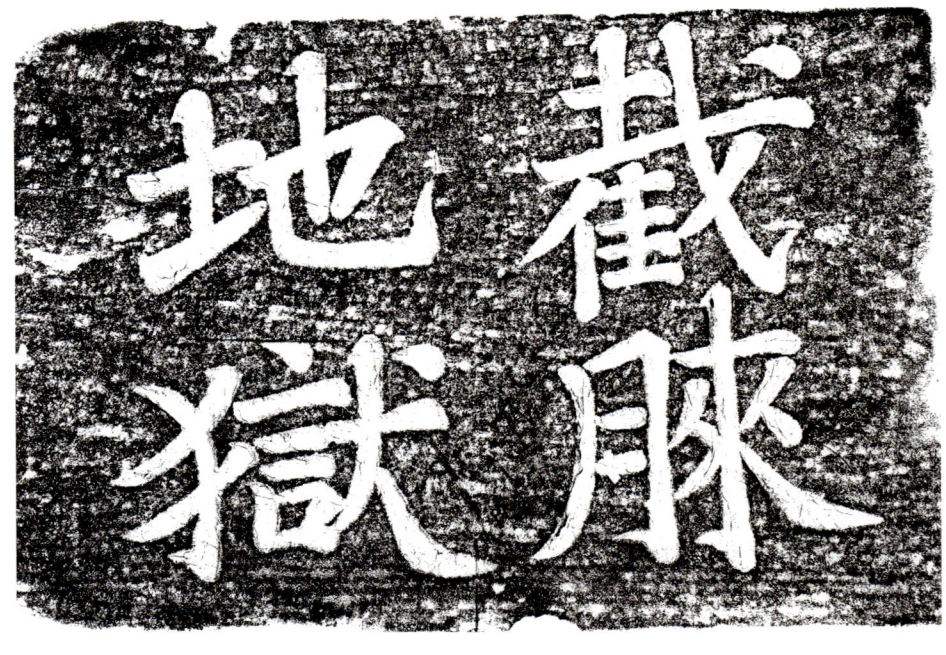 

02　　　　　　　　　01　　　　　　　　　　　　　　02　　　　　　　　　01

图版 126　第 20 号龛第 11 幅造像"截膝地狱"题名　　　　图版 126　第 20 号龛第 11 幅造像"截膝地狱"题名

图版 127　第 20 号龛第 11 幅"截膝地狱"造像右侧第 3 组罪人枷板偈语　　　　图版 127　第 20 号龛第 11 幅"截膝地狱"造像右侧第 3 组罪人枷板偈语

02　　　　　　　01

图版 128　第 20 号龛第 11 幅"截膝地狱"造像右侧第 3 组罪人右侧偈语

02　　　　　　　01

图版 128　第 20 号龛第 11 幅"截膝地狱"造像右侧第 3 组罪人右侧偈语

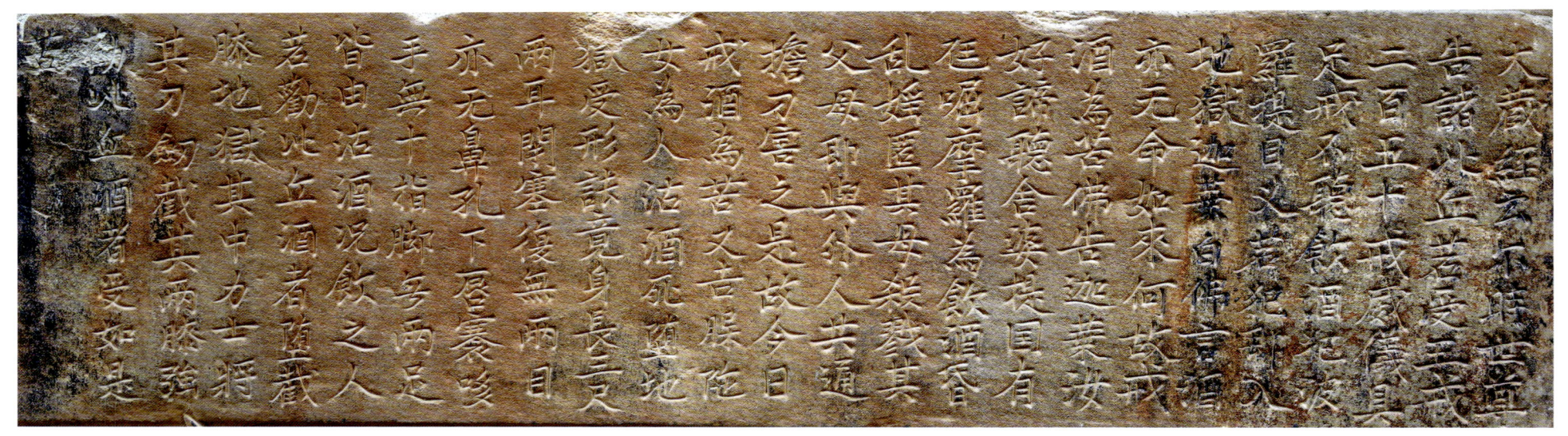

图版129 第20号龛第11幅"截膝地狱"造像右侧第3组上方经文

图版 130　第 20 号龛第 11 幅"截膝地狱"造像左侧第 2 组下方《华鲜经》经文

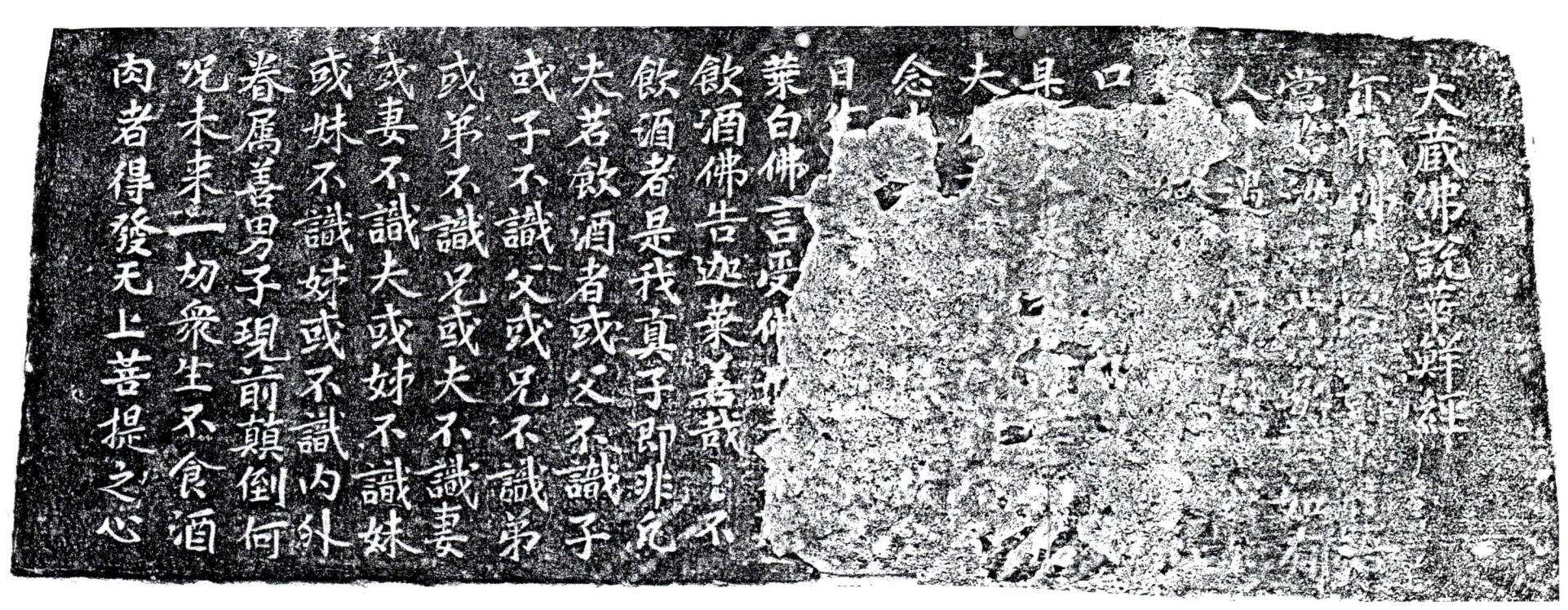

图版 130　第 20 号龛第 11 幅"截膝地狱"造像左侧第 2 组下方《华鲜经》经文

图版 131　第 20 龛第 12 幅 "铁围山阿鼻地狱" 造像题名及经文

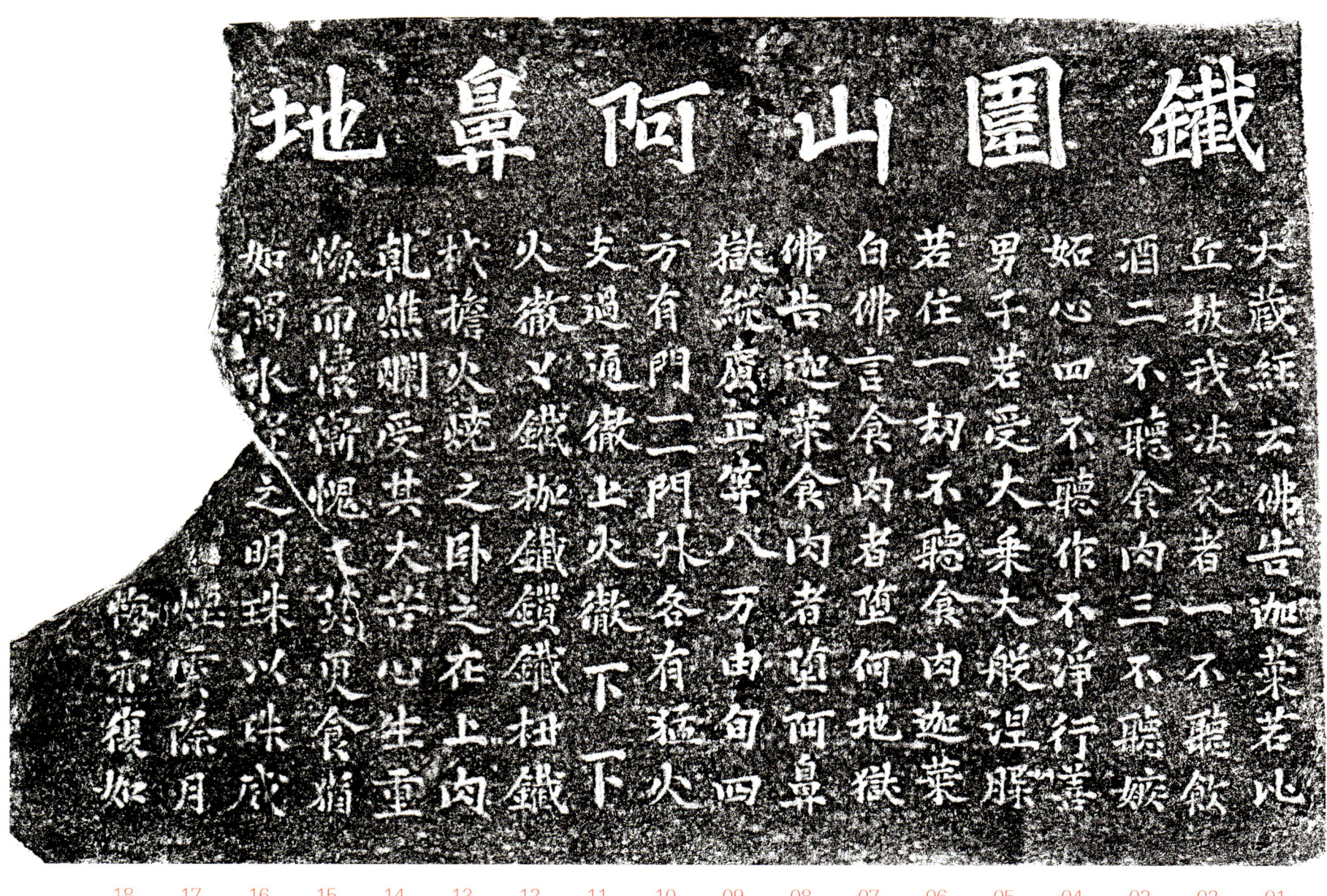

图版 131　第 20 龛第 12 幅 "铁围山阿鼻地狱" 造像题名及经文

图版 132　第 20 号龛第 13 幅"饿鬼地狱"造像罪人枷板偈语

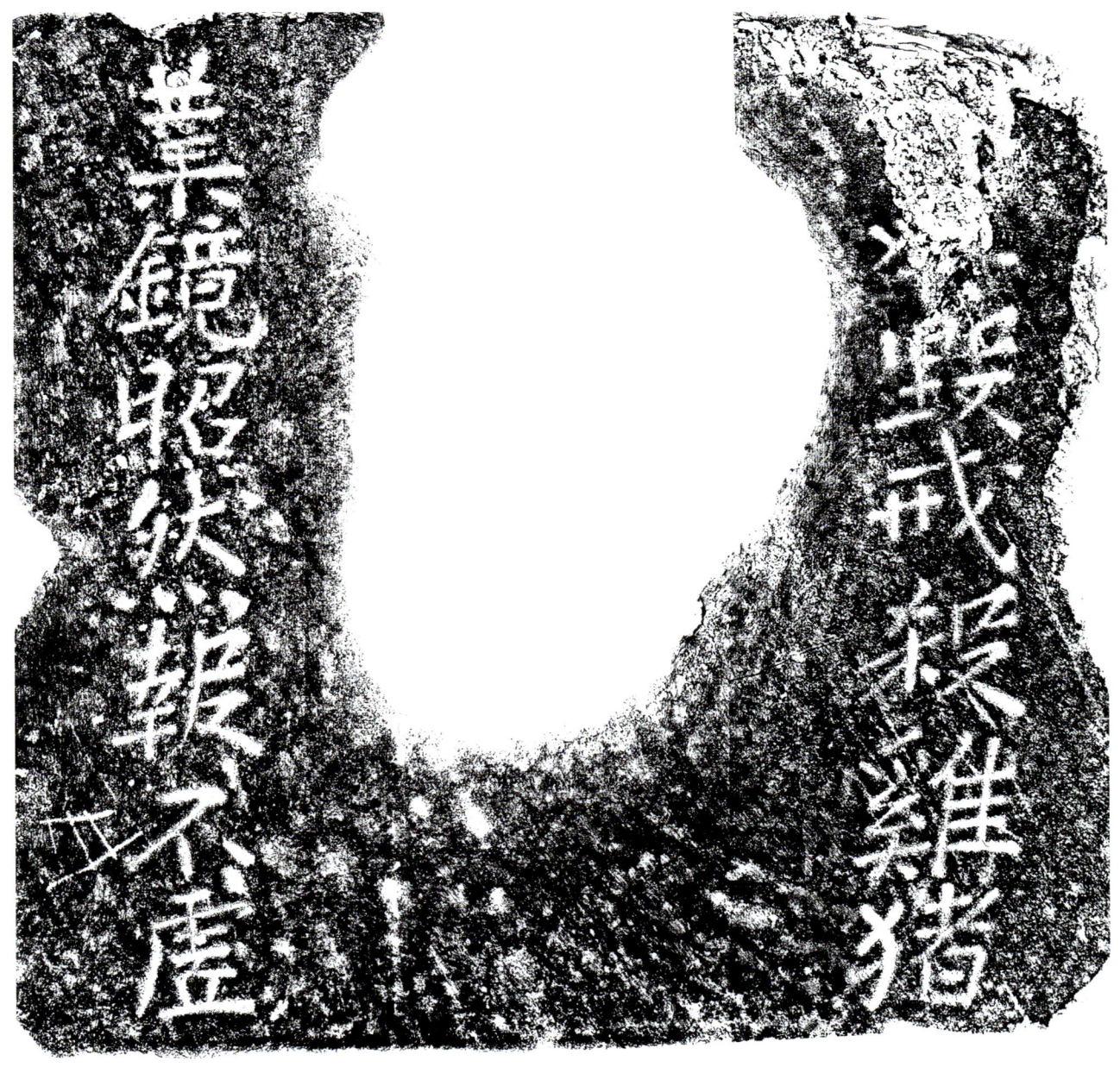

图版 132　第 20 号龛第 13 幅"饿鬼地狱"造像罪人枷板偈语

图版 133　第 20 号龛第 13 幅"饿鬼地狱"造像题名及经文

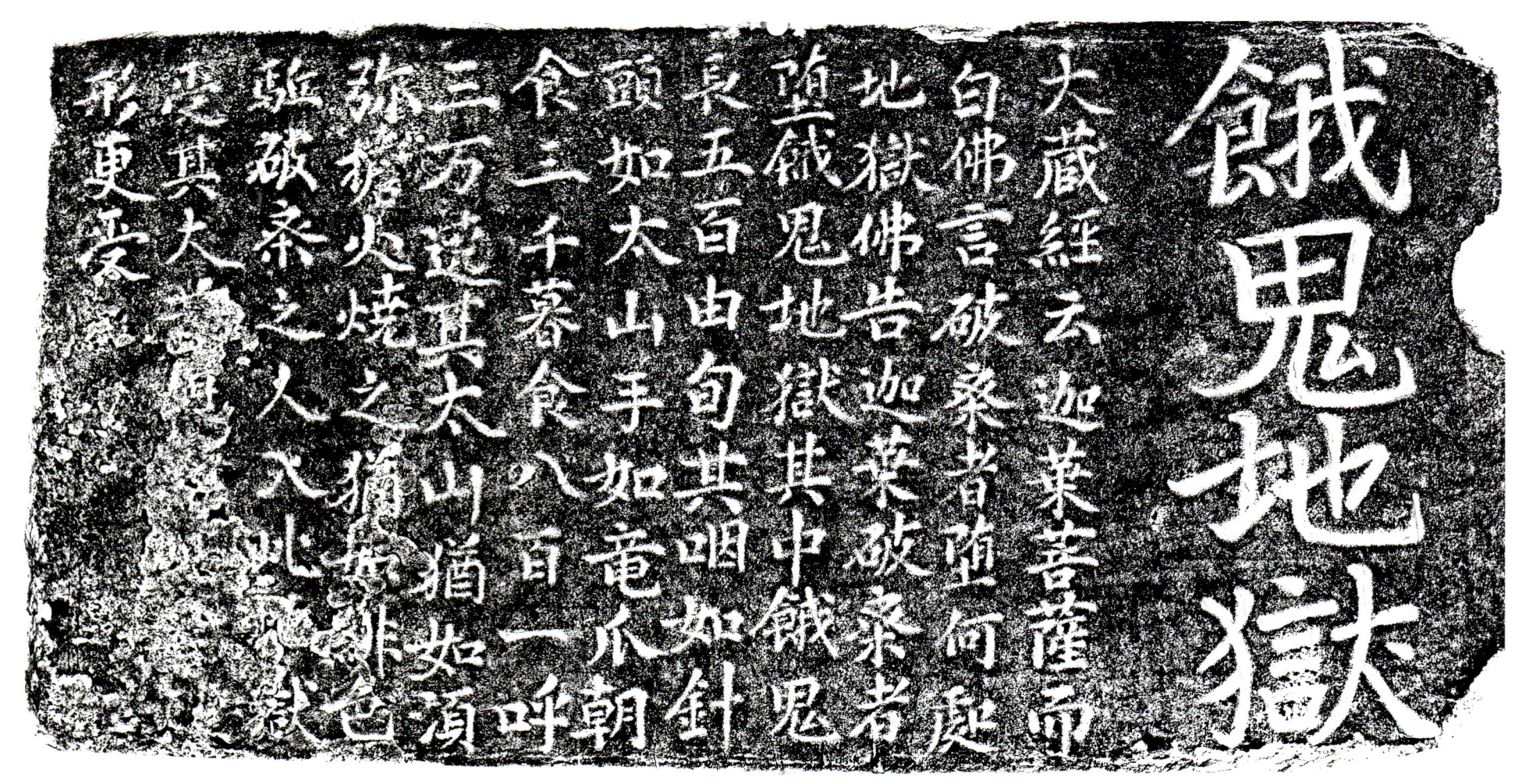

图版 133　第 20 号龛第 13 幅"饿鬼地狱"造像题名及经文

08 07 06 05 04 03 02 01

图版134 第20号龛第14幅“铁轮地狱”造像经文

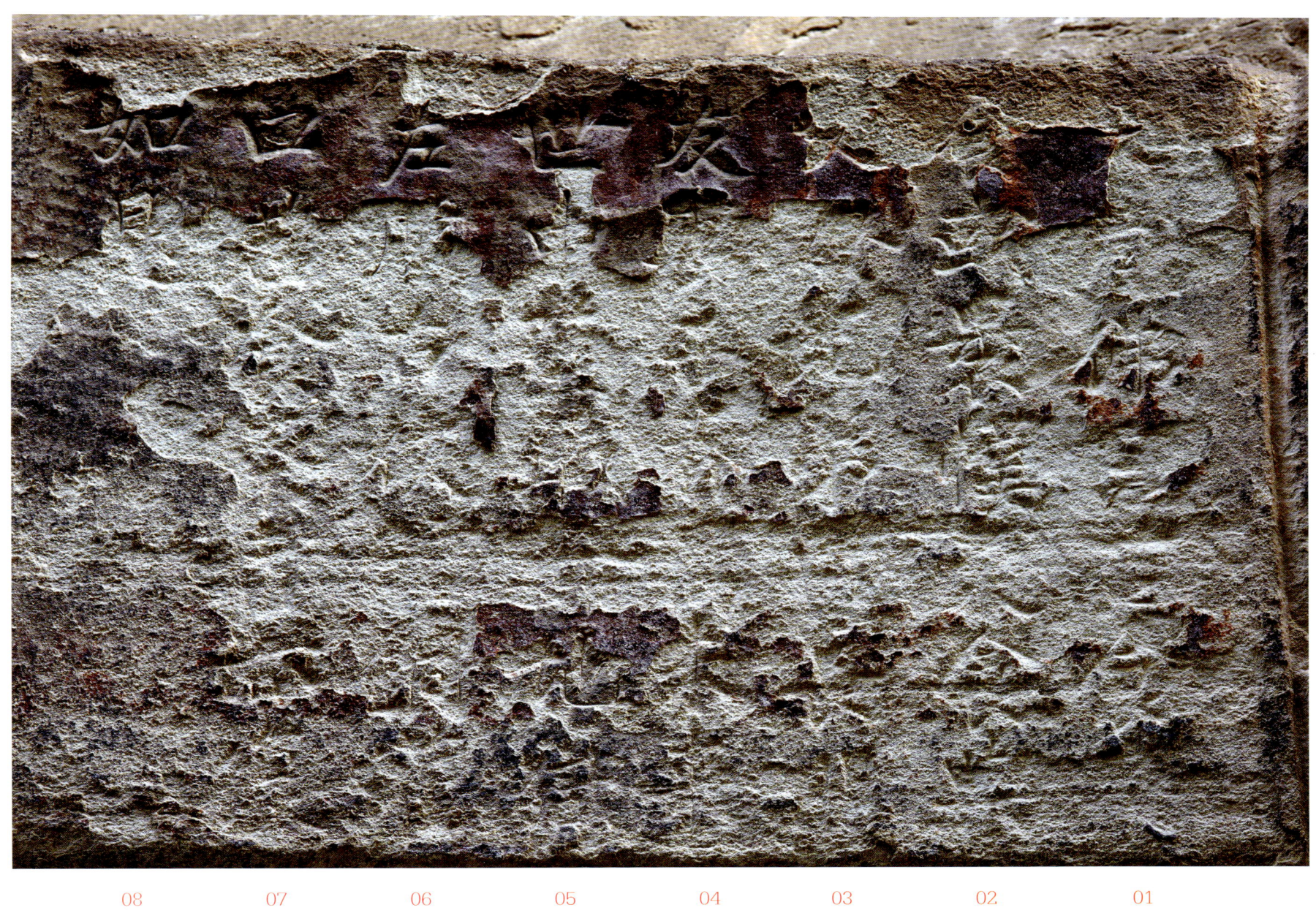

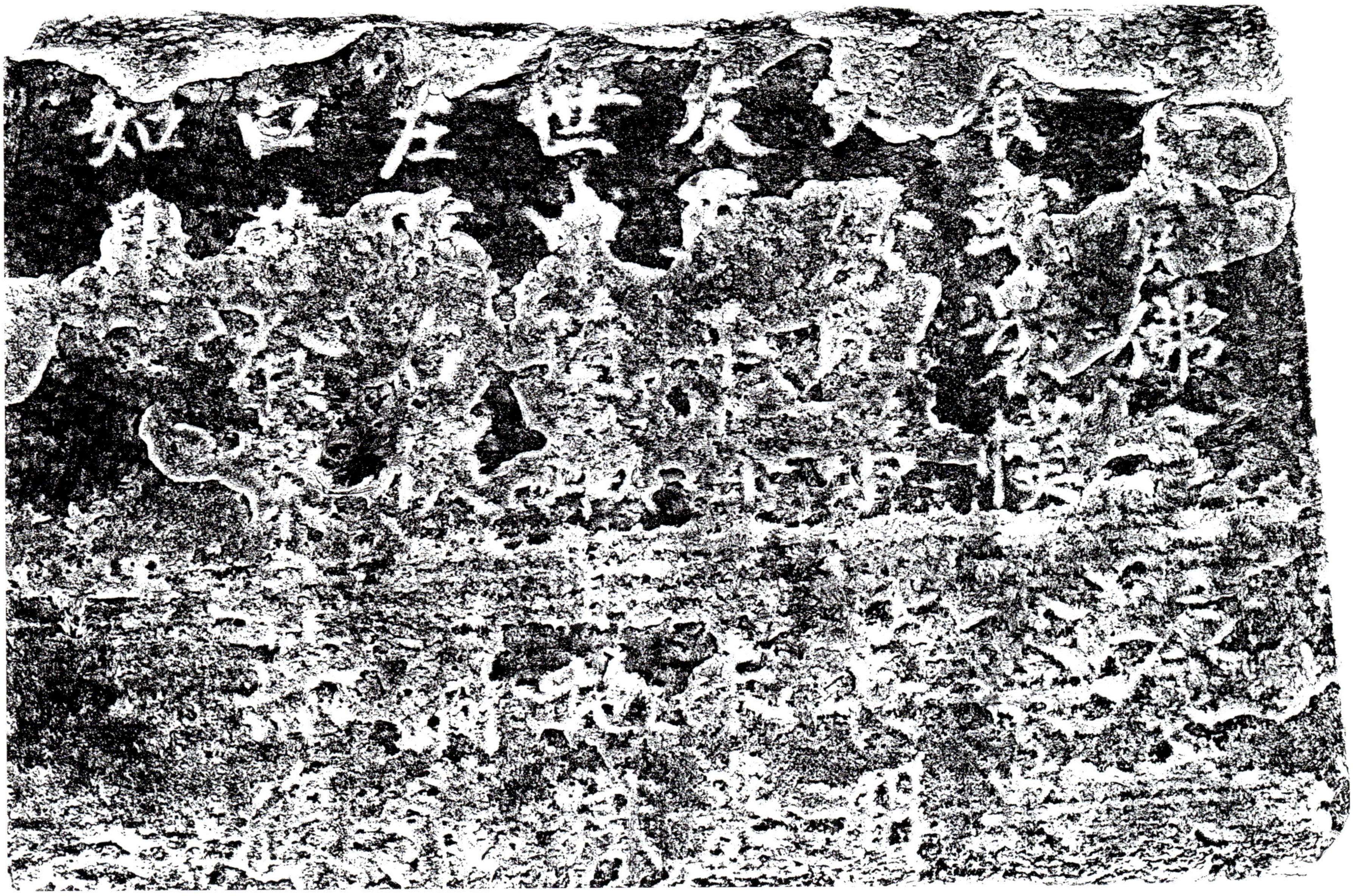

08 07 06 05 04 03 02 01

图版134 第20号龛第14幅“铁轮地狱”造像经文

图版 135　第 20 号龛第 15 幅"刀船地狱"题名

图版 135　第 20 号龛第 15 幅"刀船地狱"题名

图版 136　第 20 号龛第 15 幅"刀船地狱"船头偈语

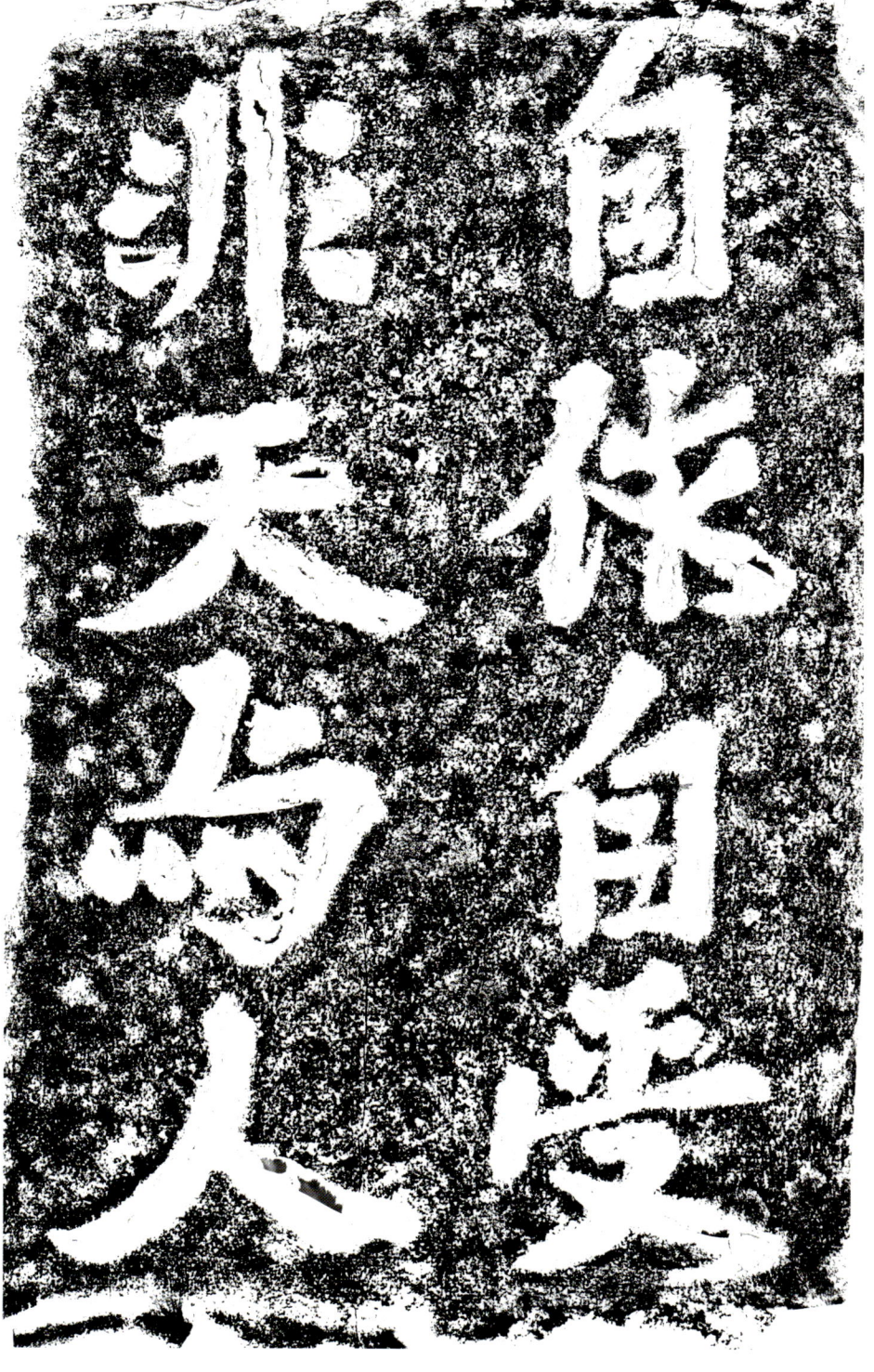

图版 136　第 20 号龛第 15 幅"刀船地狱"船头偈语

图版137　第20号龛第15幅"刀船地狱"造像经文

图版137　第20号龛第15幅"刀船地狱"造像经文

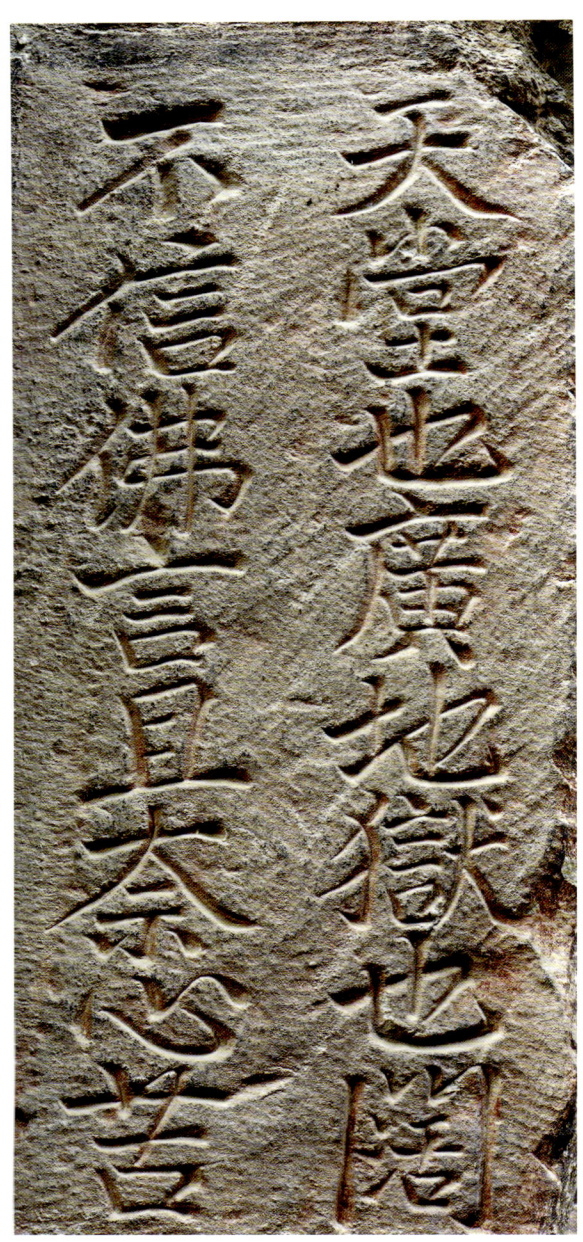
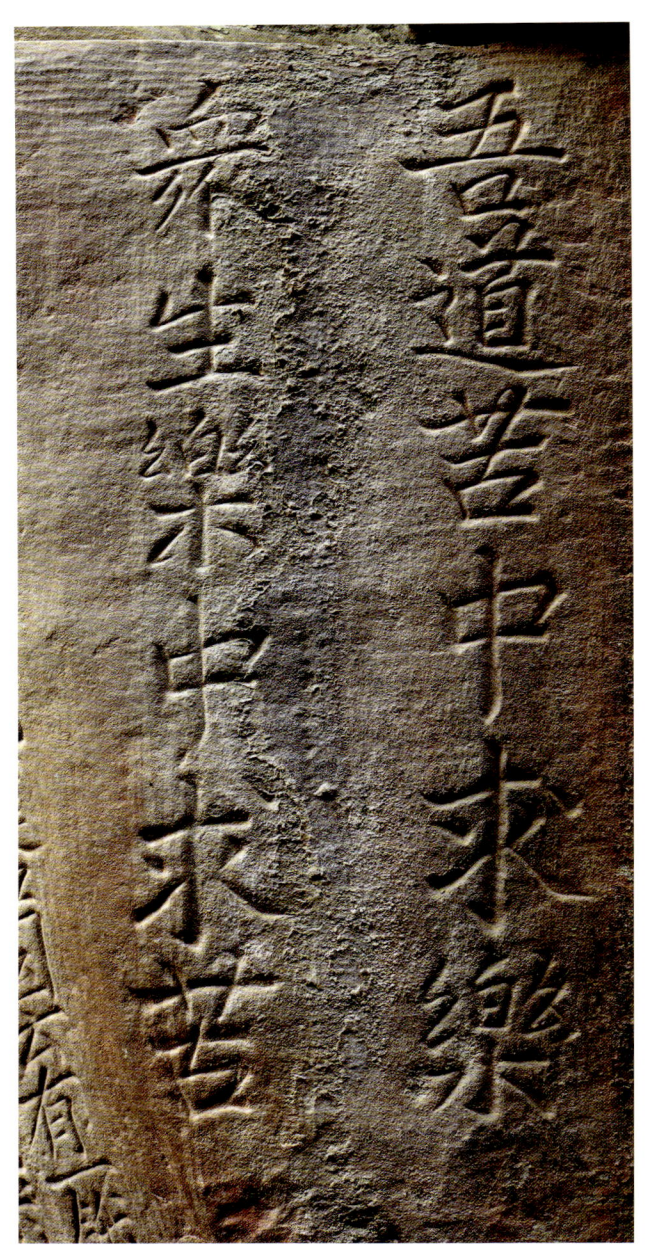

图版138　第20号龛第16幅造像卷发人左、右侧偈语

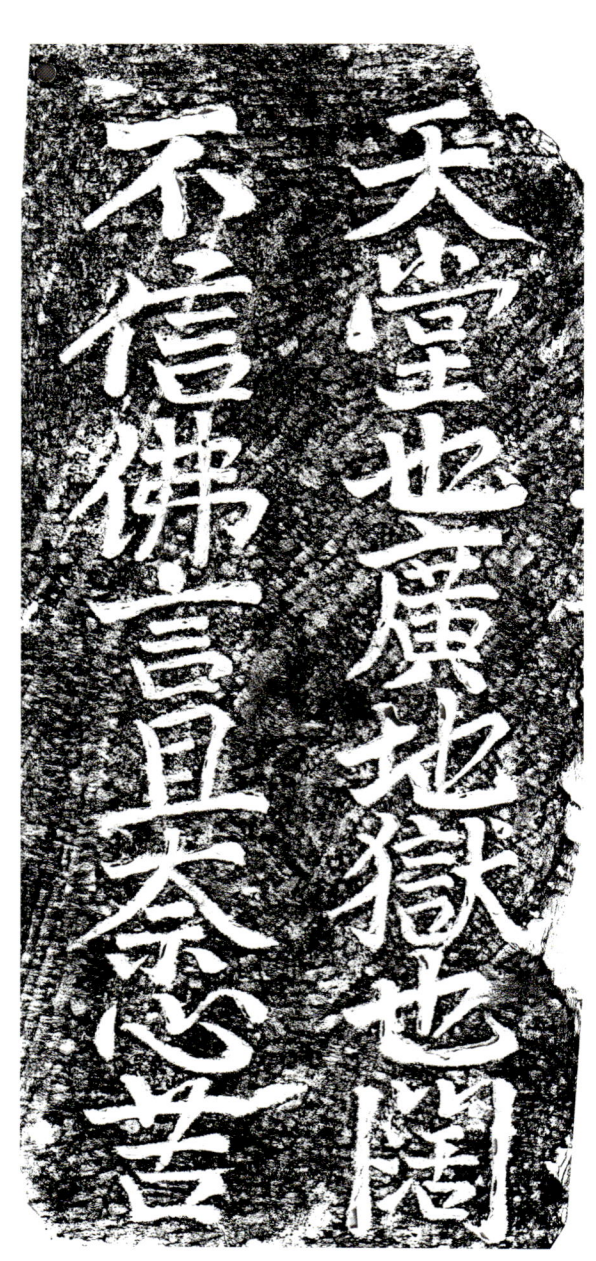

图版138　第20号龛第16幅造像卷发人左、右侧偈语

图版139 第20号龛第16幅造像第二级塔身正面《华鲜经》经文

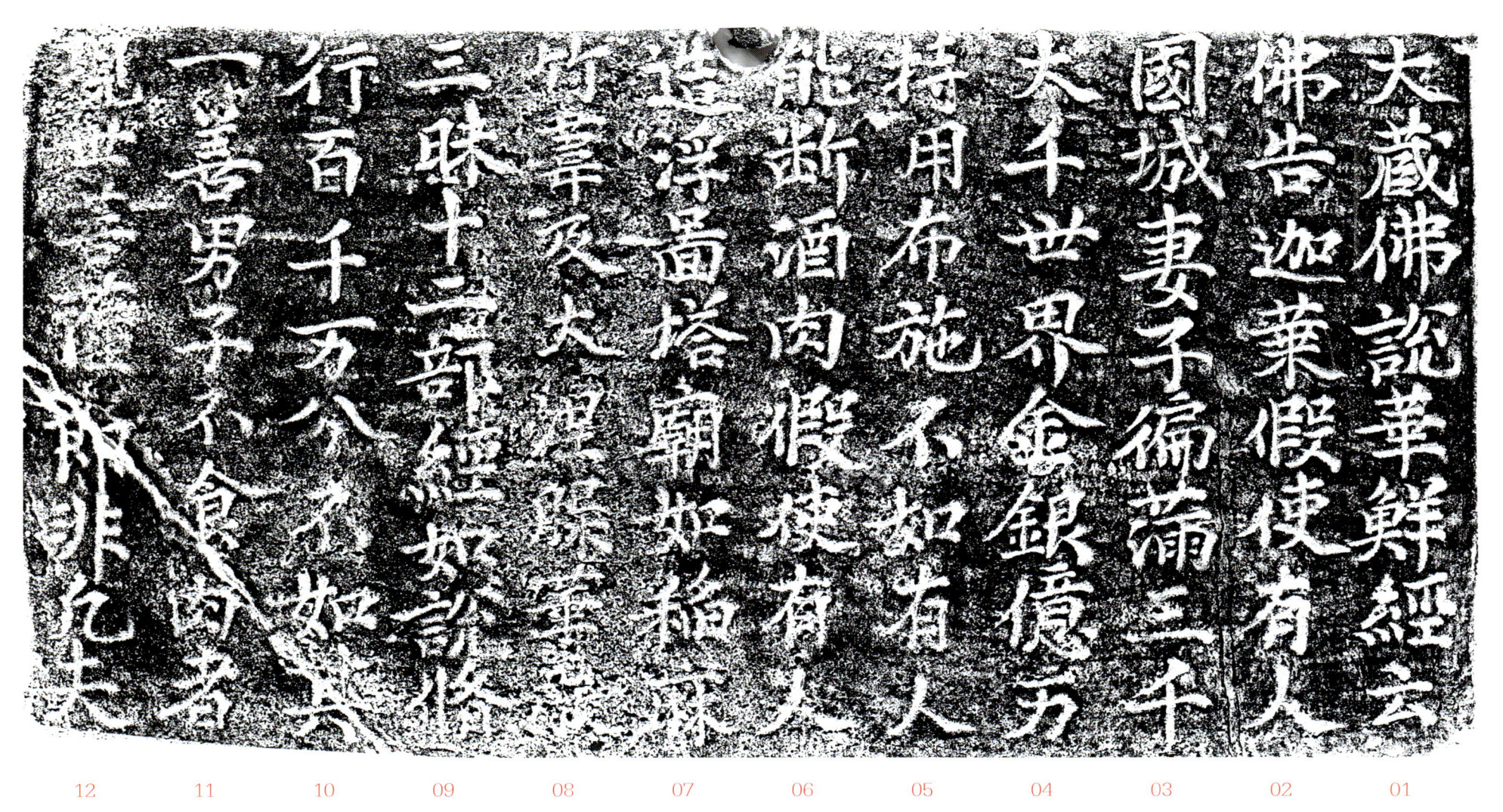

图版139 第20号龛第16幅造像第二级塔身正面《华鲜经》经文

图版 140　第 20 号龛第 16 幅造像第三级塔身正面偈语

图版 140　第 20 号龛第 16 幅造像第三级塔身正面偈语

图版141　第20号龛第16幅造像右下"护口经"经文

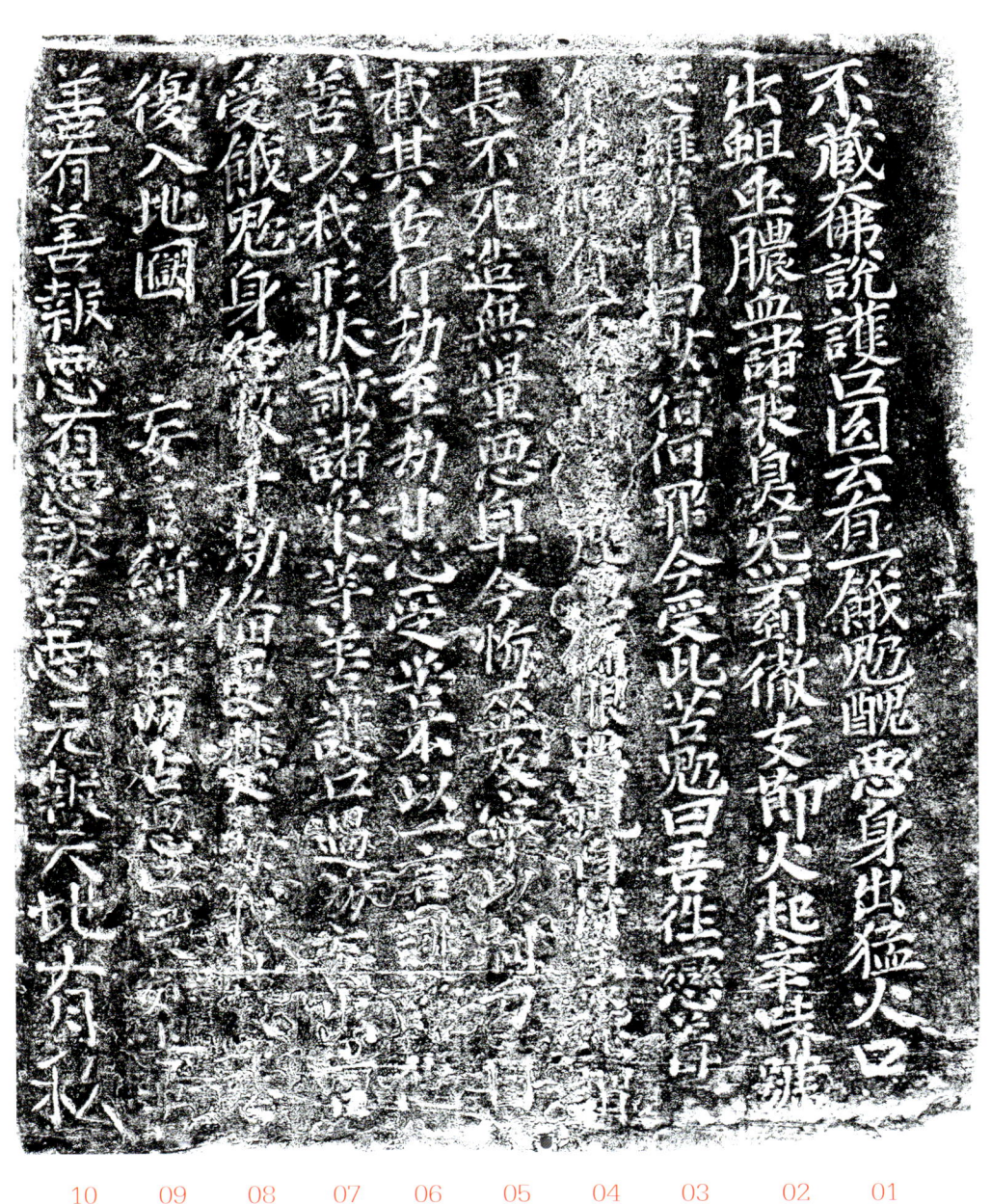

图版141　第20号龛第16幅造像右下"护口经"经文

图版142 第20号龛第17幅第1组造像方案正面经文

大藏佛告迦葉槍戟之人
堕鑊輪地獄方丈萬釘間
元空庭一切衆生烹肉者
堕鑊湯地獄其中有水其
下有火特处燒之潰乃
沸駞煮肉之人此地獄
受其大苦煮肉之人堕
地獄其地獄之人堕
地獄殺生之人堕鐵
其鐵戰身刀
生之人亦復懺宁一
法開示一切衆生

图版142 第20号龛第17幅第1组造像方案正面经文

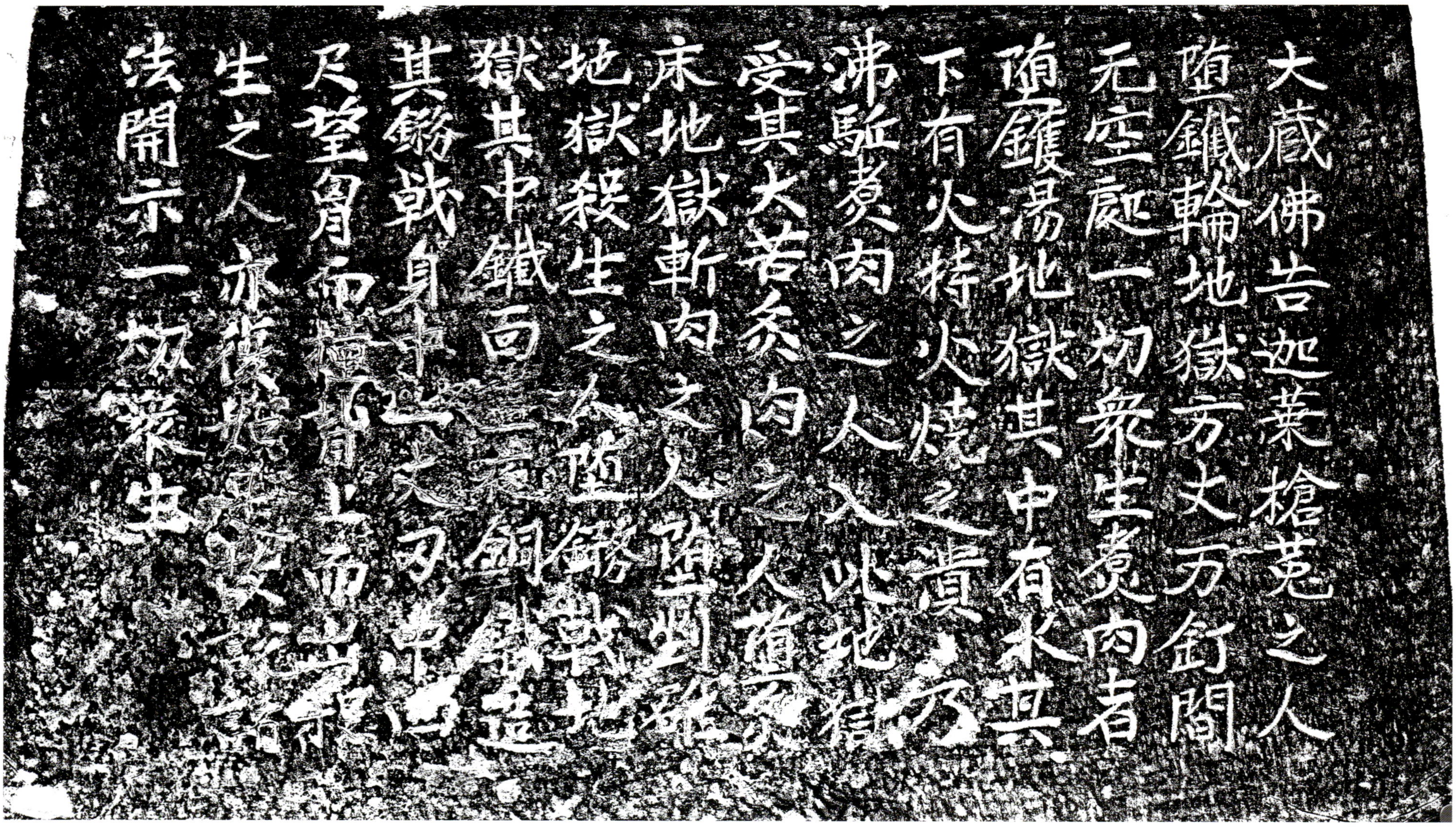

图版 143　第 20 号龛第 17 幅第 2 组造像 "镬汤地狱" 题名及经文　　　　图版 143　第 20 号龛第 17 幅第 2 组造像 "镬汤地狱" 题名及经文

图版 144　第 20 号龛第 17 幅第 3 组造像 "铁轮地狱" 题名

图版 144　第 20 号龛第 17 幅第 3 组造像 "铁轮地狱" 题名

图版 145　第 20 号龛第 17 幅第 3 组 "铁轮地狱" 碾槽下部偈语

图版 145　第 20 号龛第 17 幅第 3 组 "铁轮地狱" 碾槽下部偈语

图版146　第20号龛第18幅第1组造像方案正面经文

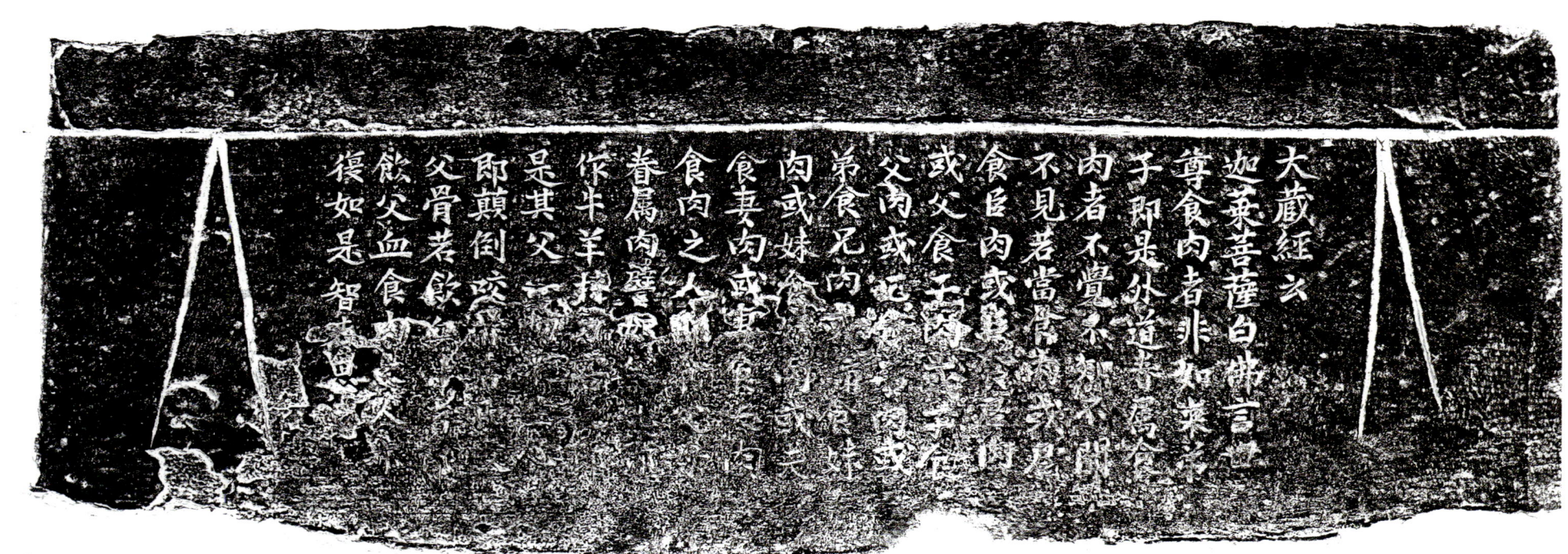

图版146　第20号龛第18幅第1组造像方案正面经文

图版147　第20号龛第18幅第3组造像方池右上经文

图版147　第20号龛第18幅第3组造像方池右上经文

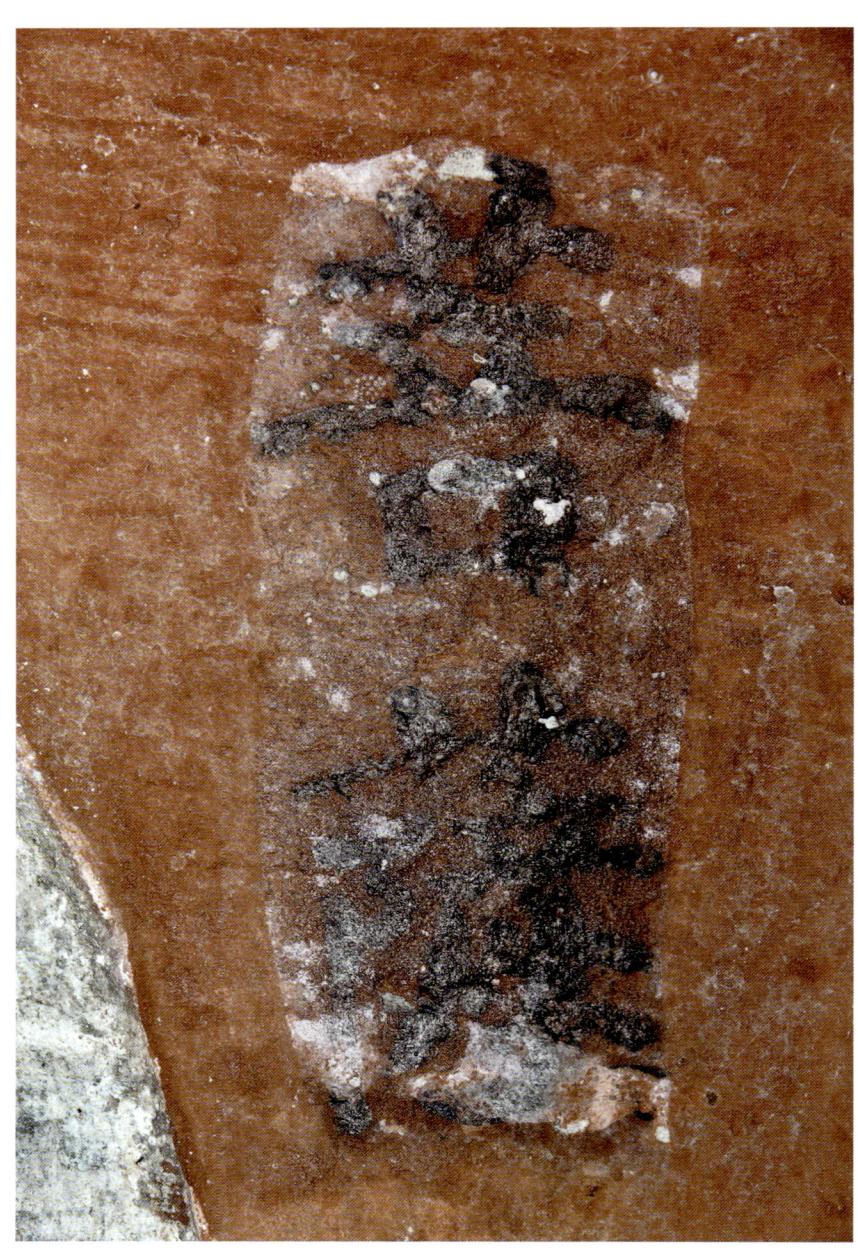

图版148　第20号龛主尊地藏菩萨像头光上方壁面墨书

40 39 38 37 36 35 34 33 32 31 30 29 28 27 26 25 24 23 22 21 20 19 18 17 16 15 14 13 12 11 10 09 08 07 06 05 04 03 02 01

图版 149　第 20 号龛左侧壁下部"天堂地狱论"铭文

40 39 38 37 36 35 34 33 32 31 30 29 28 27 26 25 24 23 22 21 20 19 18 17 16 15 14 13 12 11 10 09 08 07 06 05 04 03 02 01

图版 149　第 20 号龛左侧壁下部"天堂地狱论"铭文

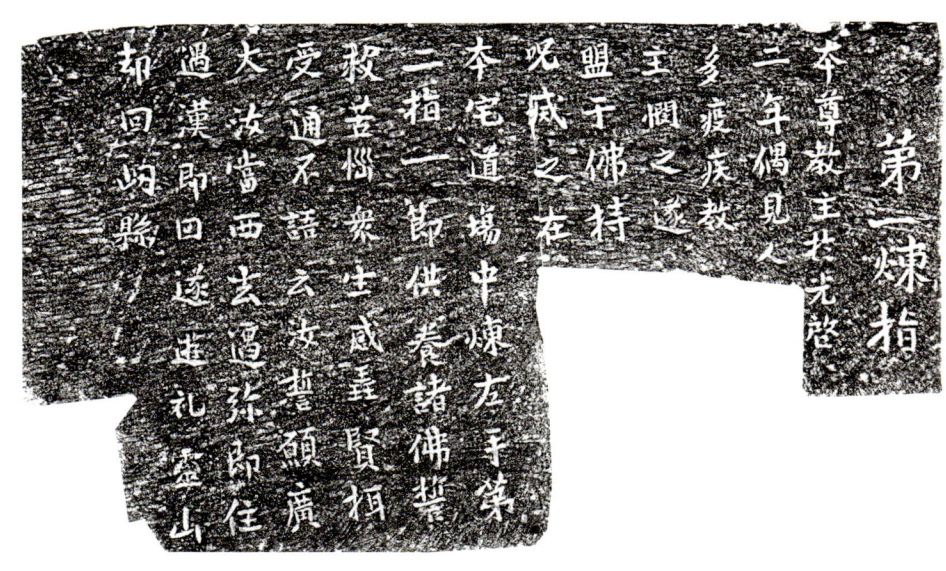

图版150　第21号龛第二排第1组"炼指"造像铭文

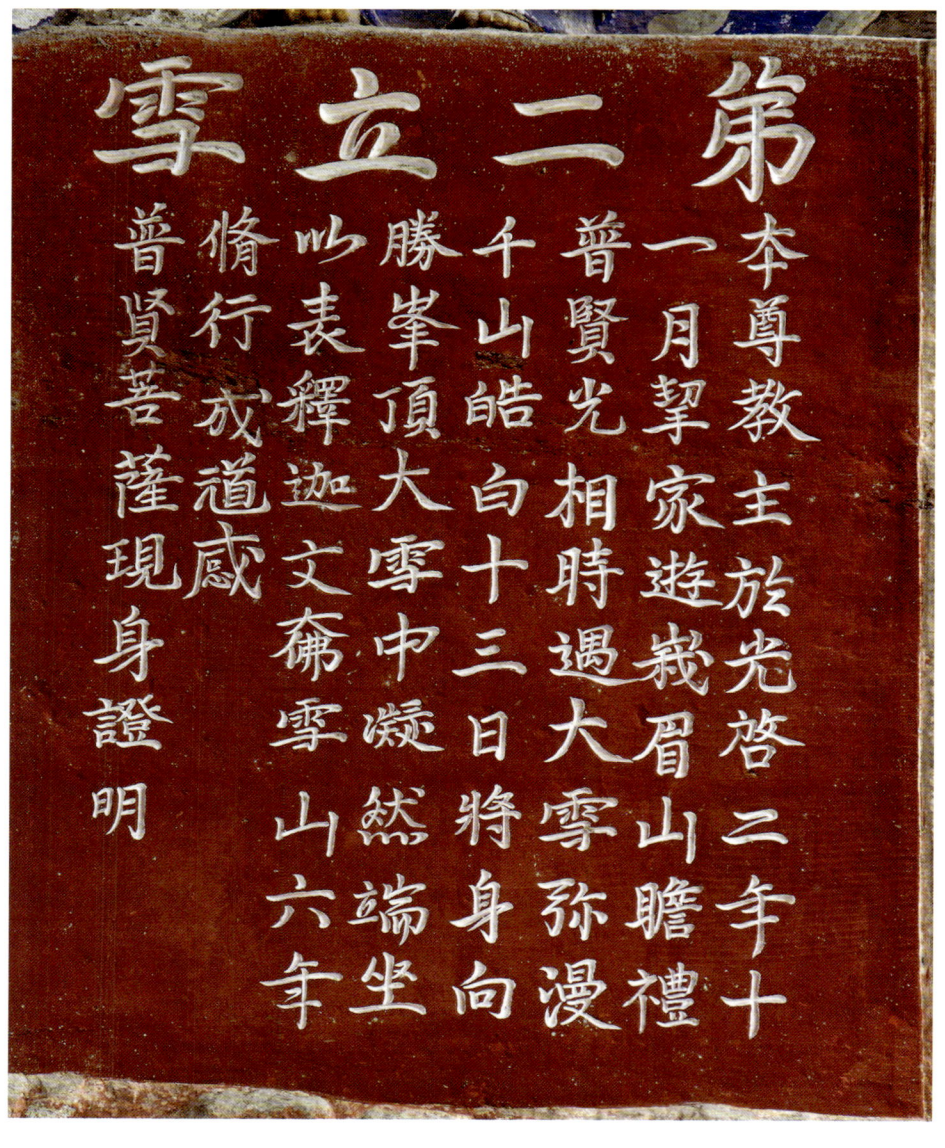
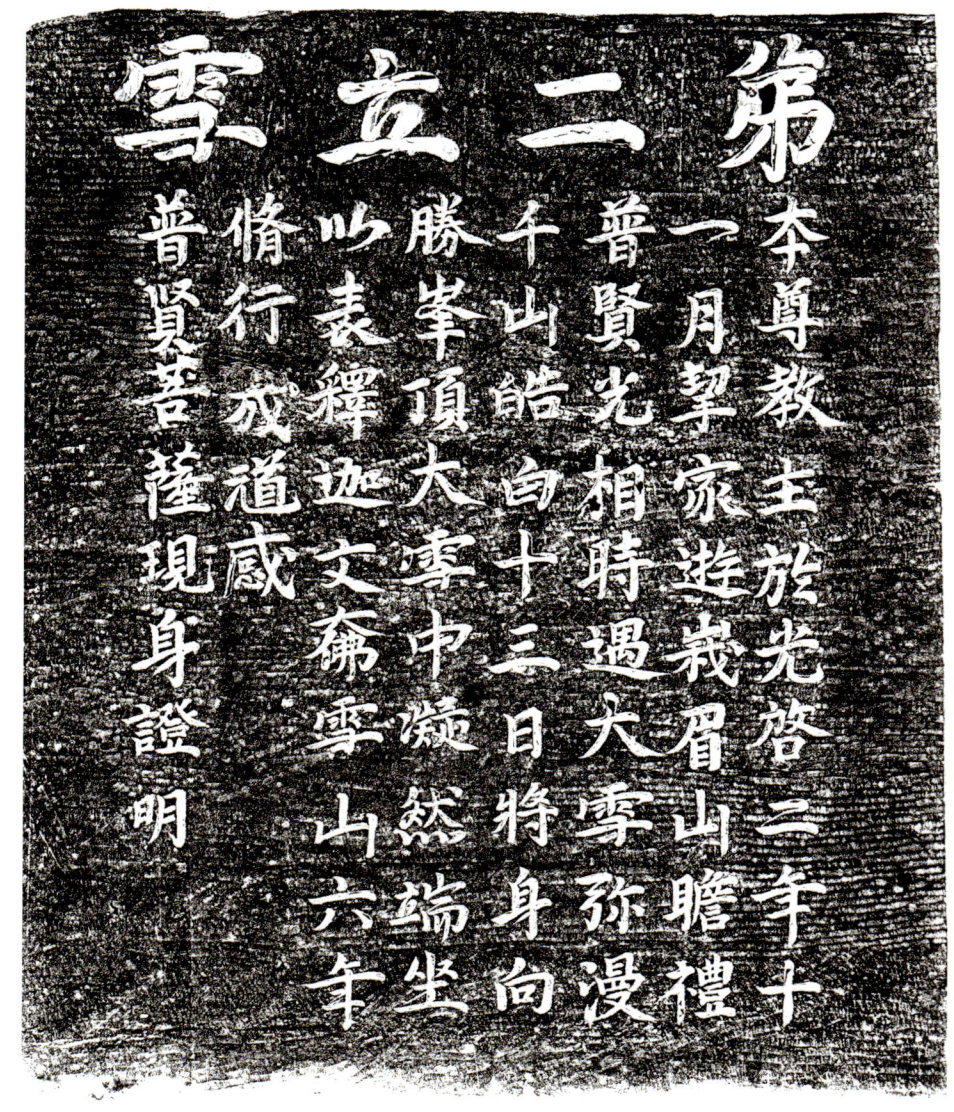

图版151　第21号龛第二排第2组"立雪"造像铭文

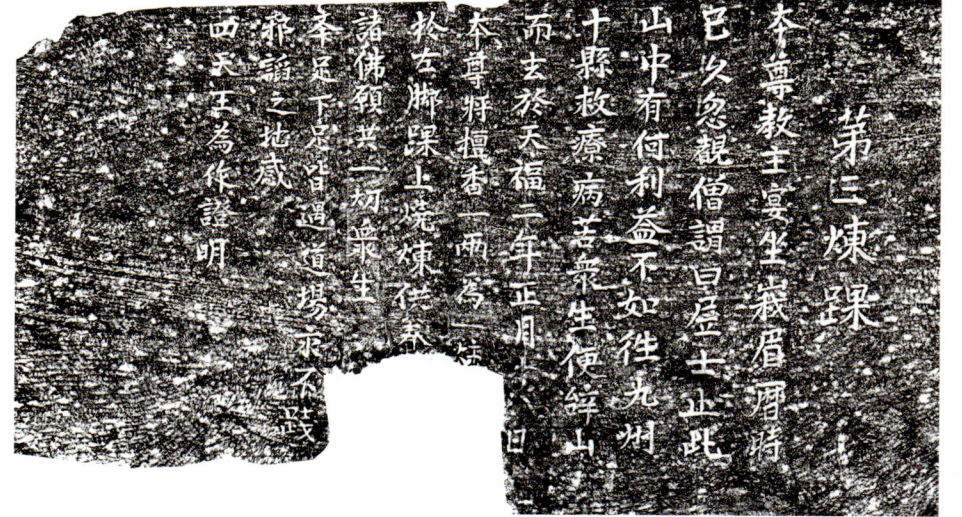

图版152　第21号龛第二排第3组"炼踝"造像铭文

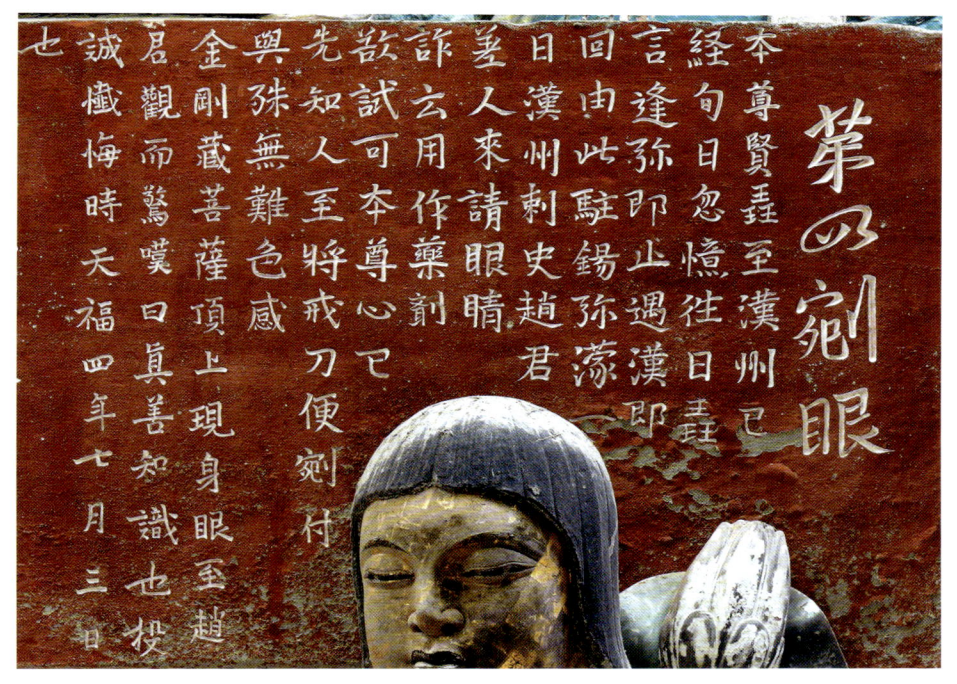
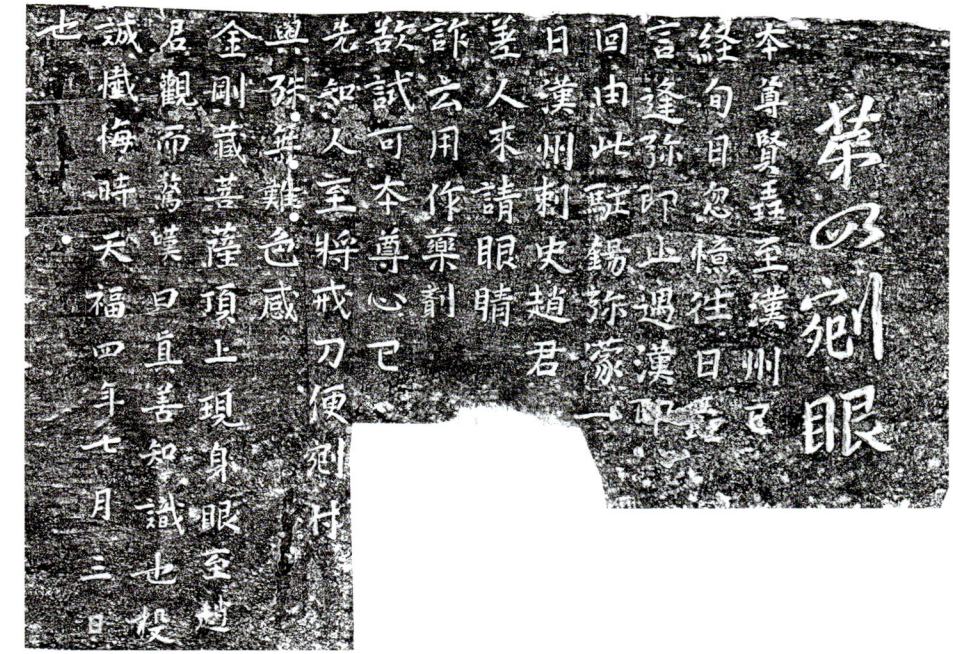

图版153　第21号龛第二排第4组"剜眼"造像铭文

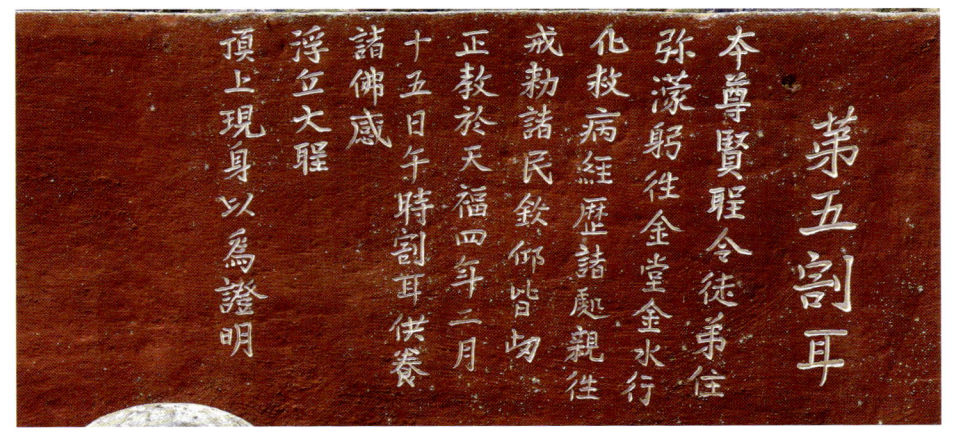
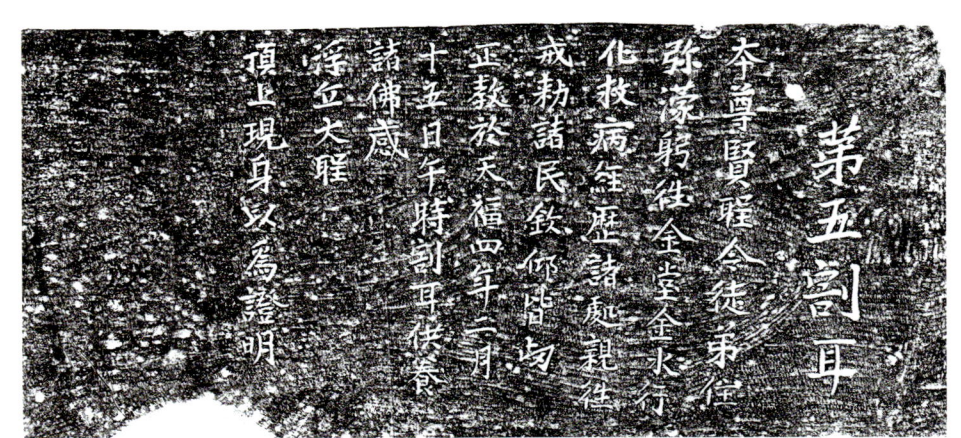

图版154　第21号龛第二排第5组"割耳"造像铭文

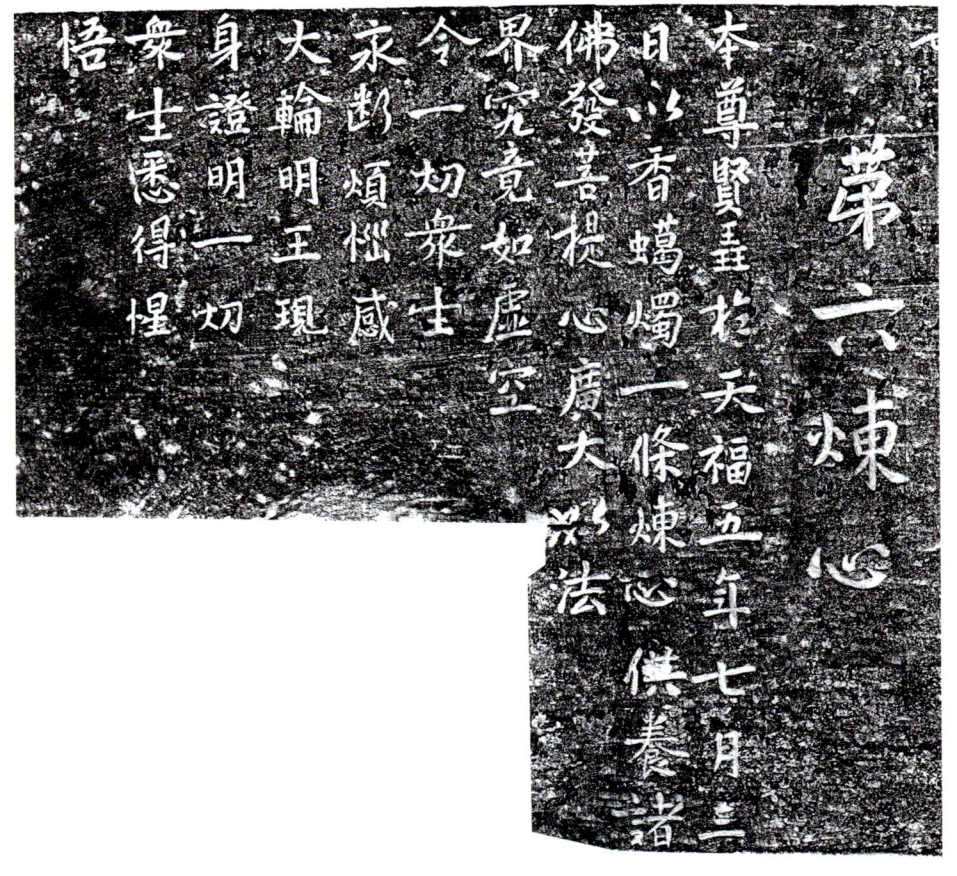

图版155　第21号龛第二排第6组"炼心"造像铭文

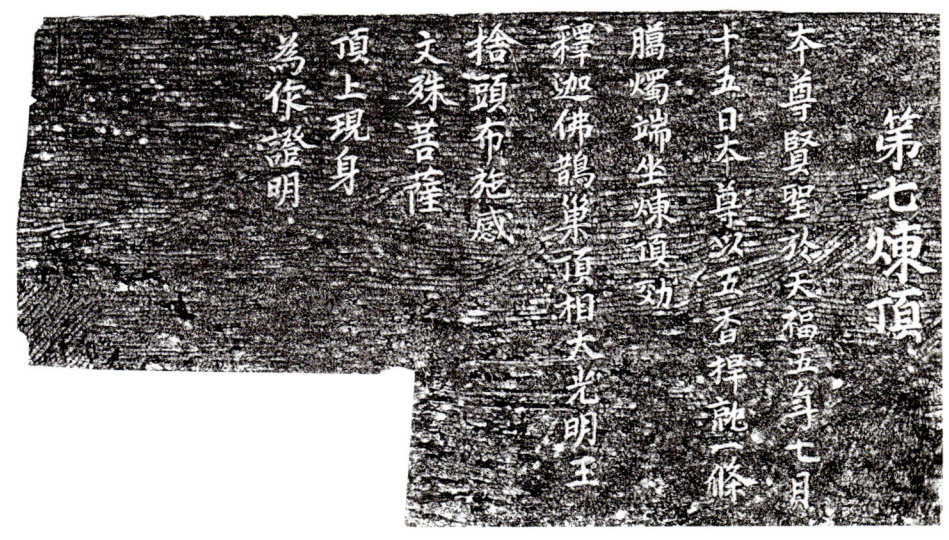

图版 156　第 21 号龛第二排第 7 组"炼顶"造像铭文

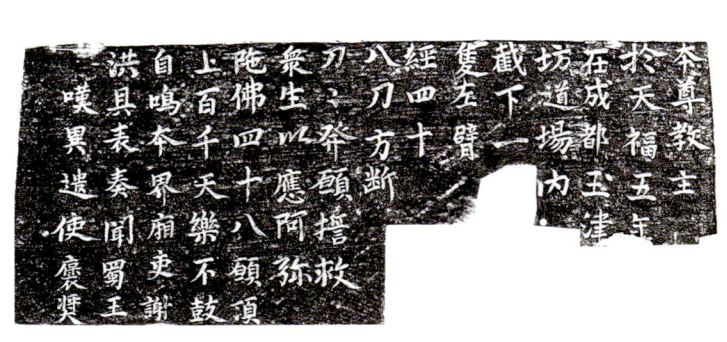

图版 157　第 21 号龛第二排第 8 组"舍臂"造像铭文

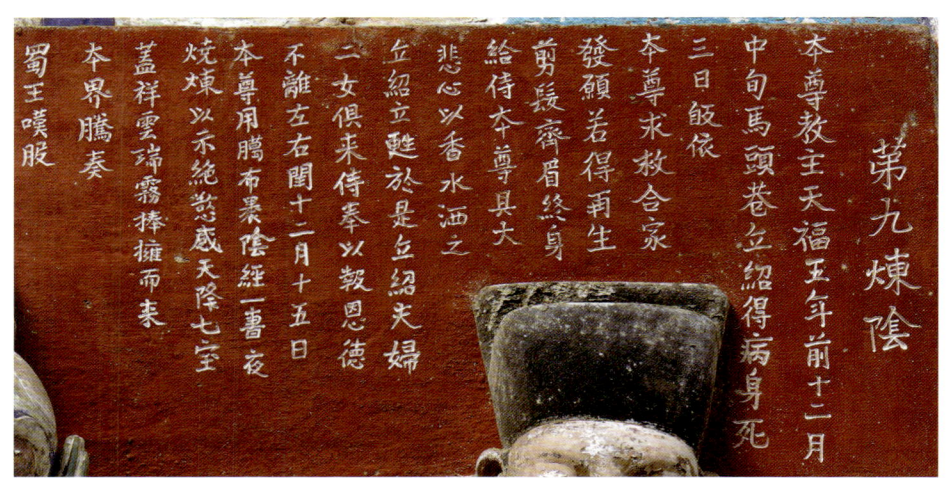
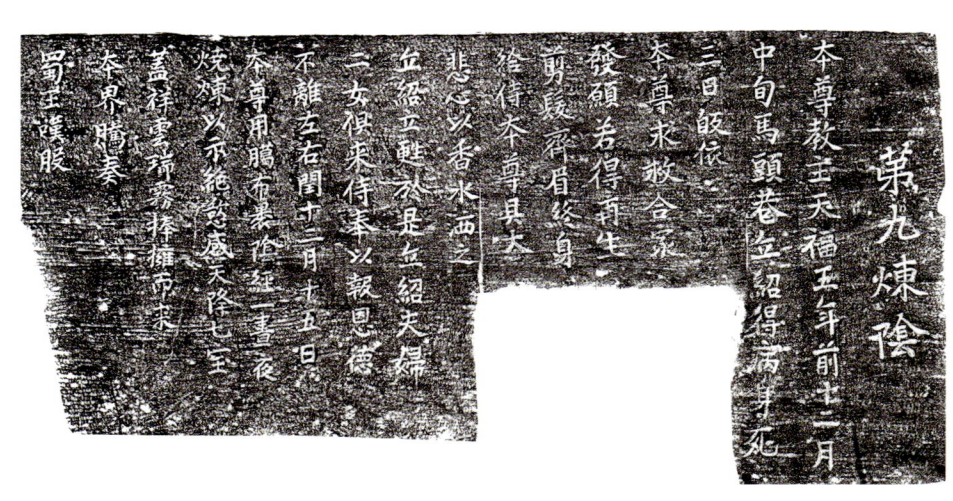

图版 158　第 21 号龛第二排第 9 组"炼阴"造像铭文

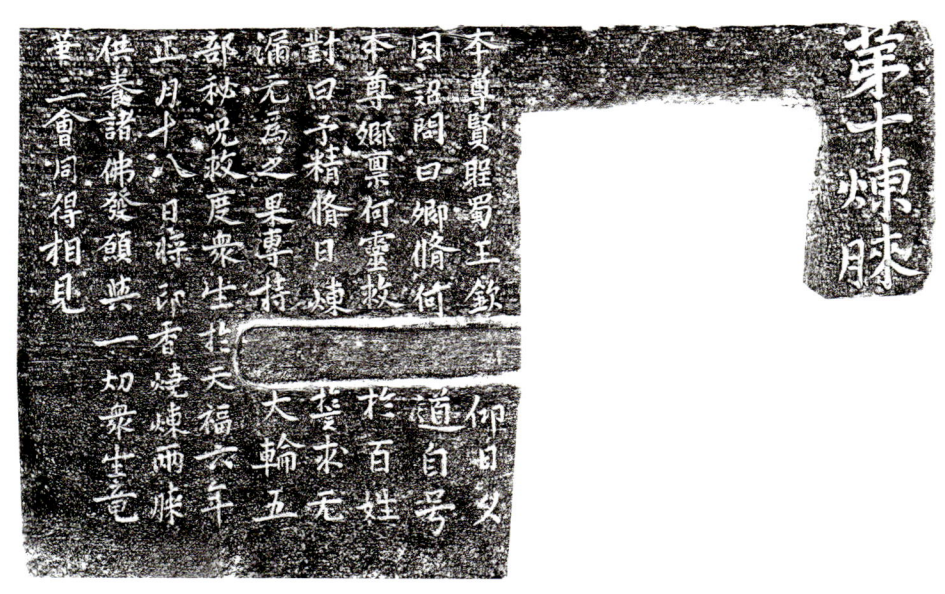

图版 159　第 21 号龛第二排第 10 组"炼膝"造像铭文

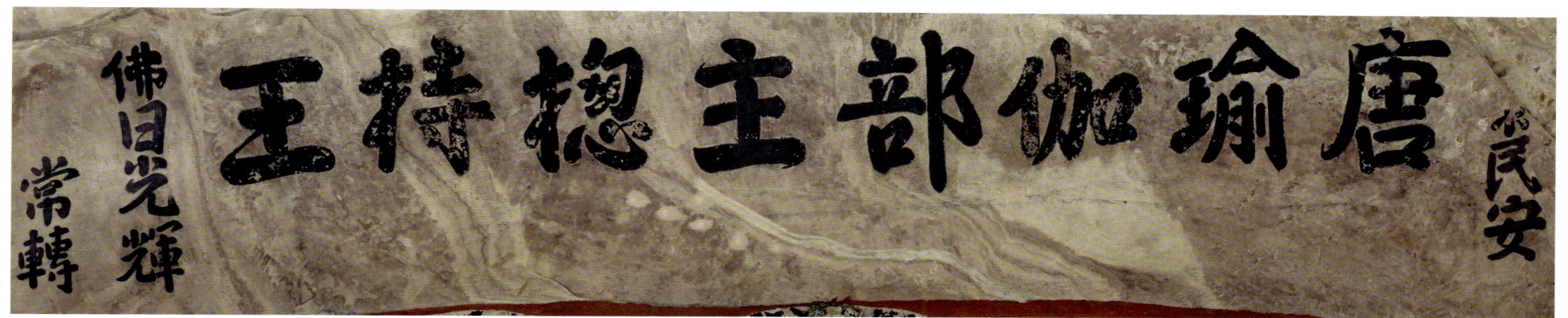

图版160　第21号龛龛顶"唐瑜伽部主总持王"题名及颂词

图版160　第21号龛龛顶"唐瑜伽部主总持王"题名及颂词

图版161　第21号龛晚期第1则"装彩记"墨书残文

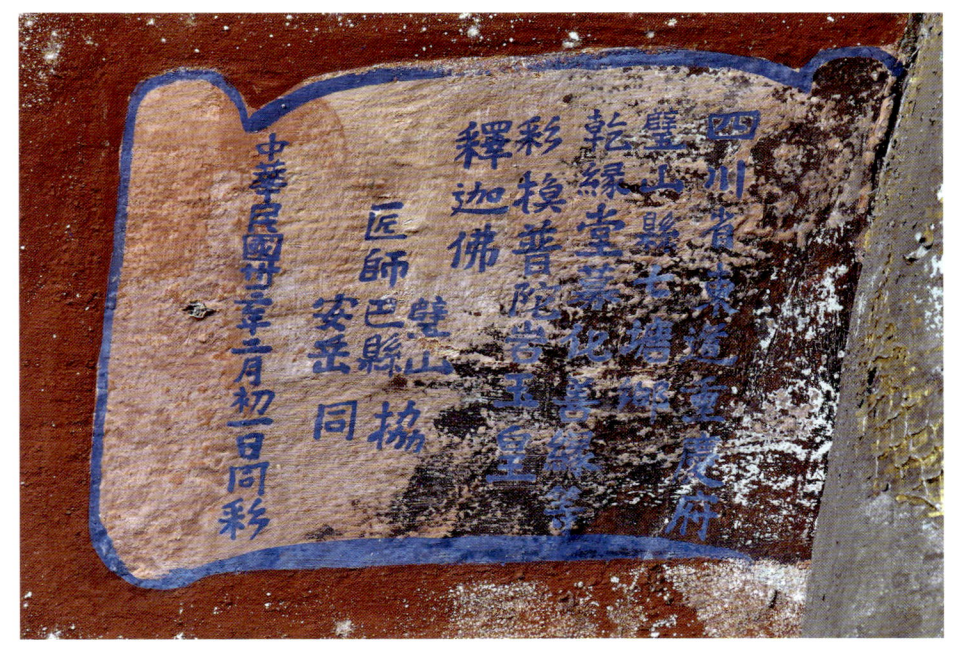

图版162　第21号龛晚期第2则"乾缘堂募化装彩记"彩书

图版 163　第 22 号龛左起第 5 身明王像题名

图版 163　第 22 号龛左起第 5 身明王像题名

图版 164　第 22 号龛左起第 6 身明王像题名

图版 164　第 22 号龛左起第 6 身明王像题名

图版 165　第 22 号龛左起第 7 身明王像题名

图版 165　第 22 号龛左起第 7 身明王像题名

图版 166　第 22 号龛左起第 8 身明王像题名

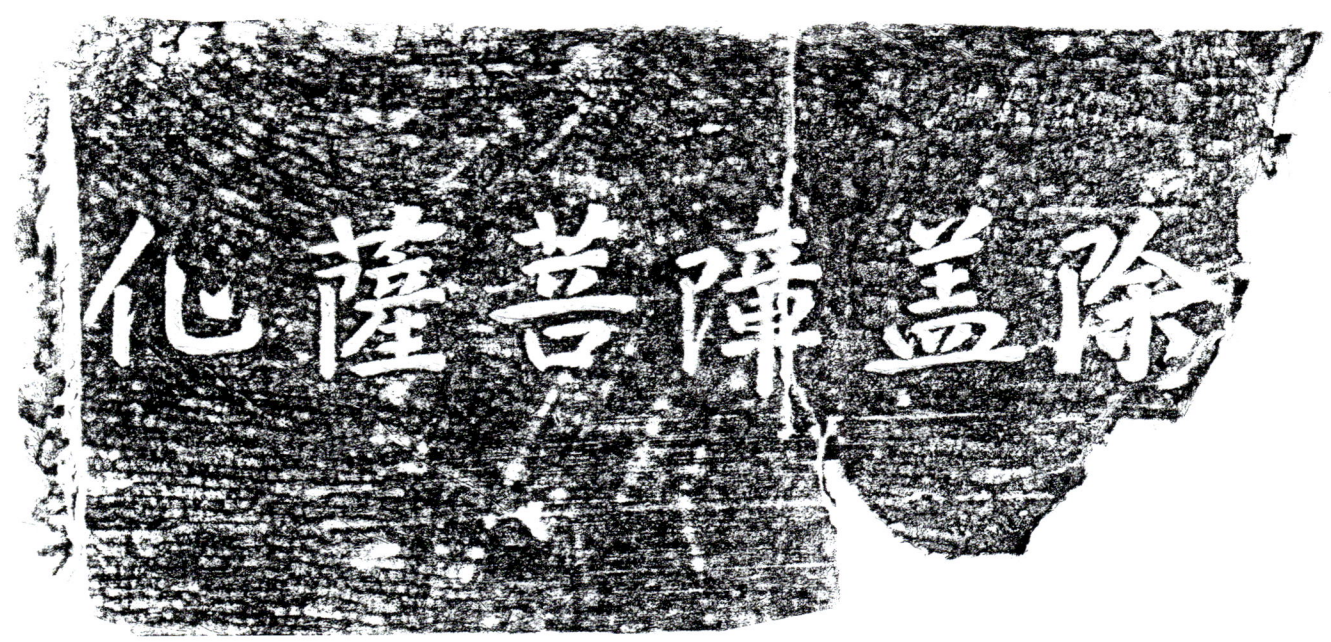

图版 166　第 22 号龛左起第 8 身明王像题名

Ⅱ 铭文图版　539

图版 167　第 22 号龛左起第 9 身明王像题名

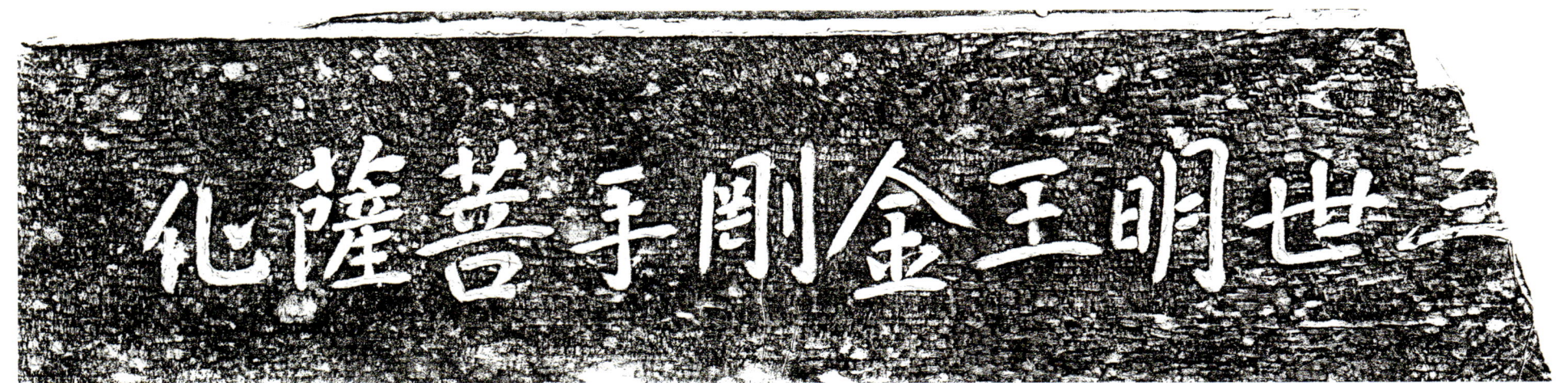

图版 167　第 22 号龛左起第 9 身明王像题名

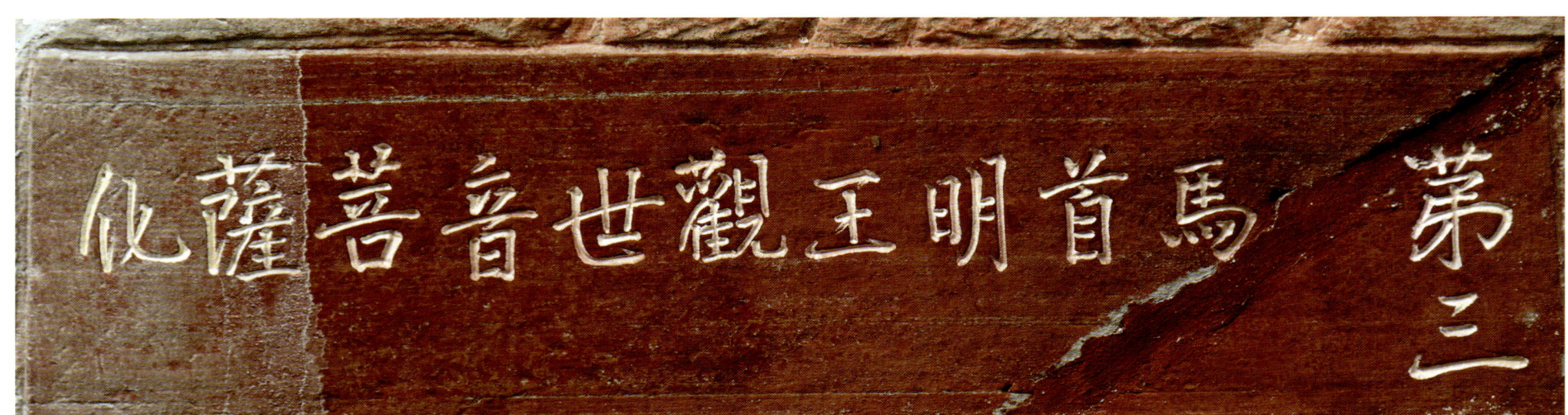

图版 168　第 22 号龛左起第 10 身明王像题名

图版 168　第 22 号龛左起第 10 身明王像题名

图版 169　第 23 号龛左龛"三清殿"题名

图版 169　第 23 号龛左龛"三清殿"题名

 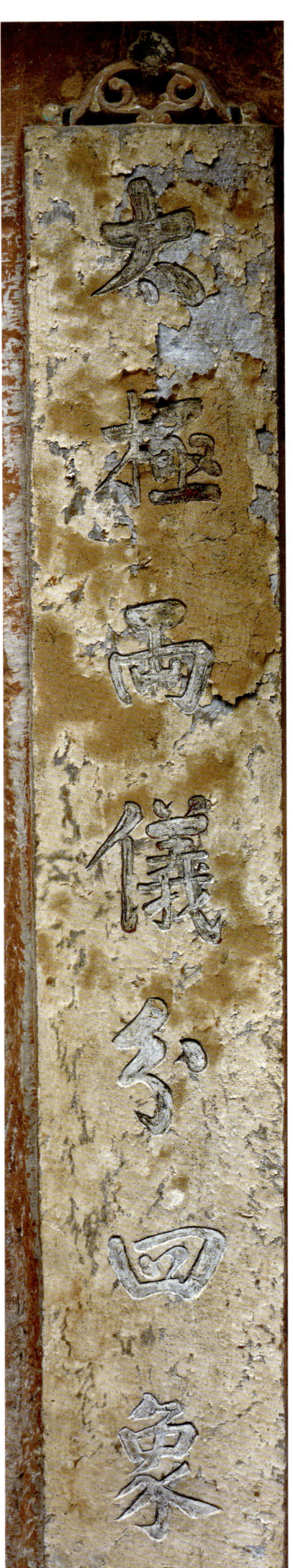  

图版170　第23号龛左龛楹联　　　　　　　　　　　图版170　第23号龛左龛楹联

图版171　第23号龛陈希夷书"福寿"题刻

图版171　第23号龛陈希夷书"福寿"题刻

图版 172　第 23 号龛龙蛰声书《与佛有缘》碑并跋文

图版 172　第 23 号龛龙蛰声书《与佛有缘》碑并跋文

图版 173　第 24 号龛龛外左侧"香焚宝鼎"题刻

图版 173　第 24 号龛龛外左侧"香焚宝鼎"题刻

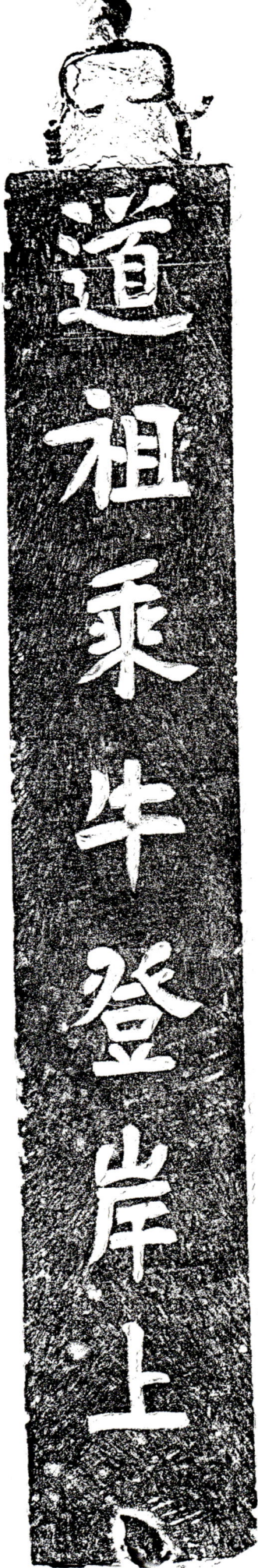

图版 174　第 24 号龛楹联　　　　　　　　图版 174　第 24 号龛楹联

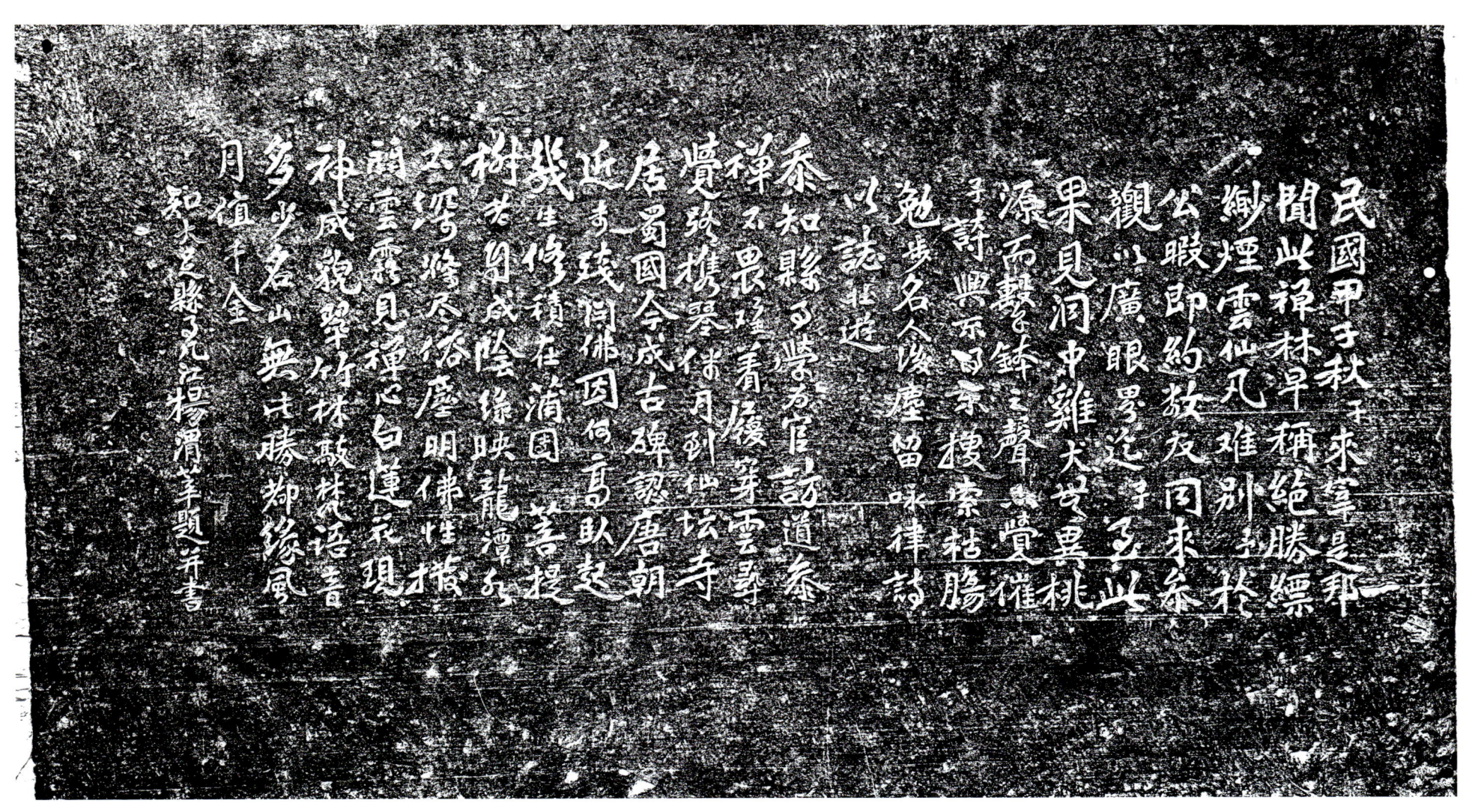

图版175　第24号龛杨渭莘题诗并序

图版 176　第 24 号龛刘翰卿题诗并序

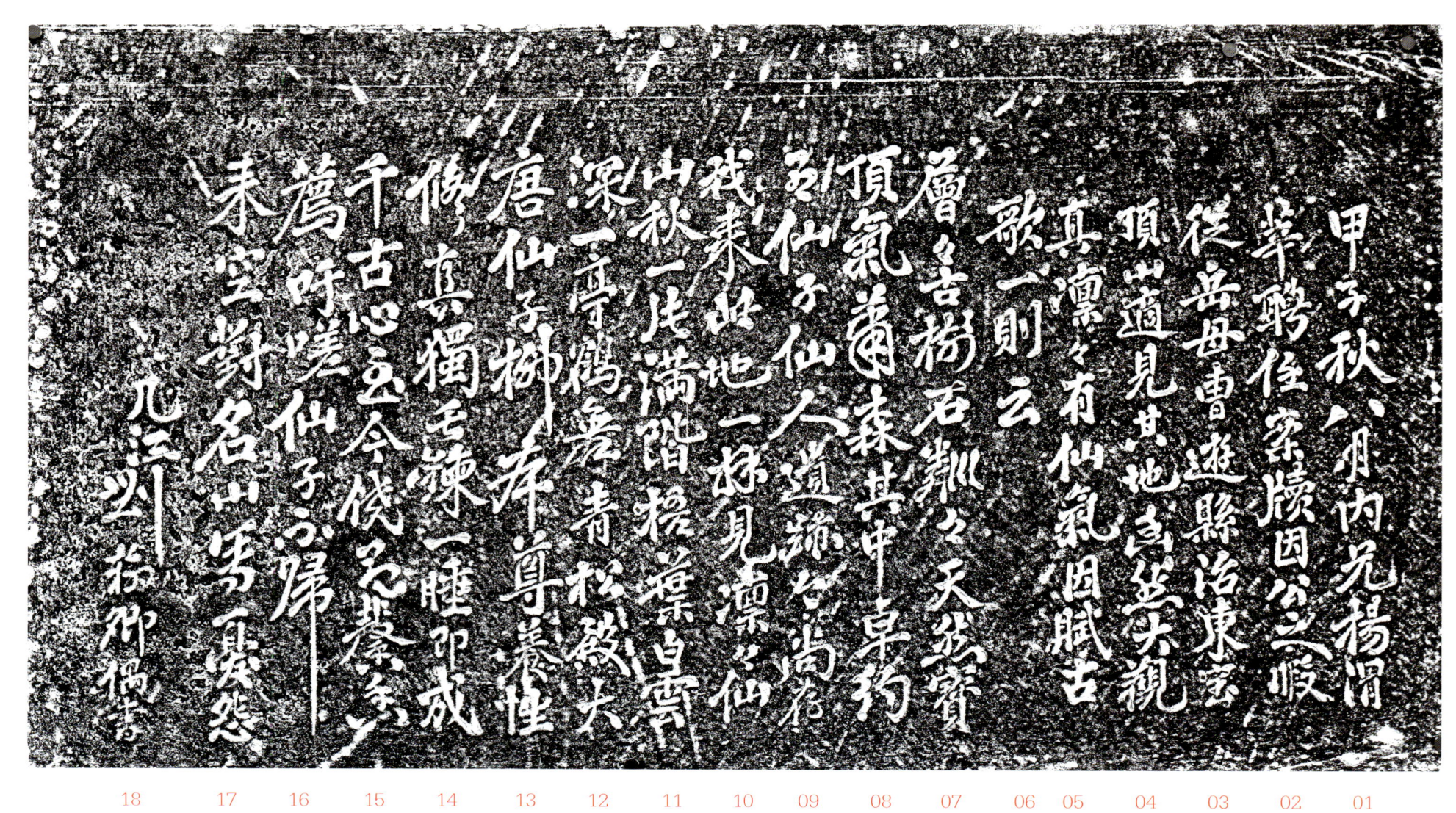

图版 176　第 24 号龛刘翰卿题诗并序

图版177　第24号龛龛外平台下方楹联

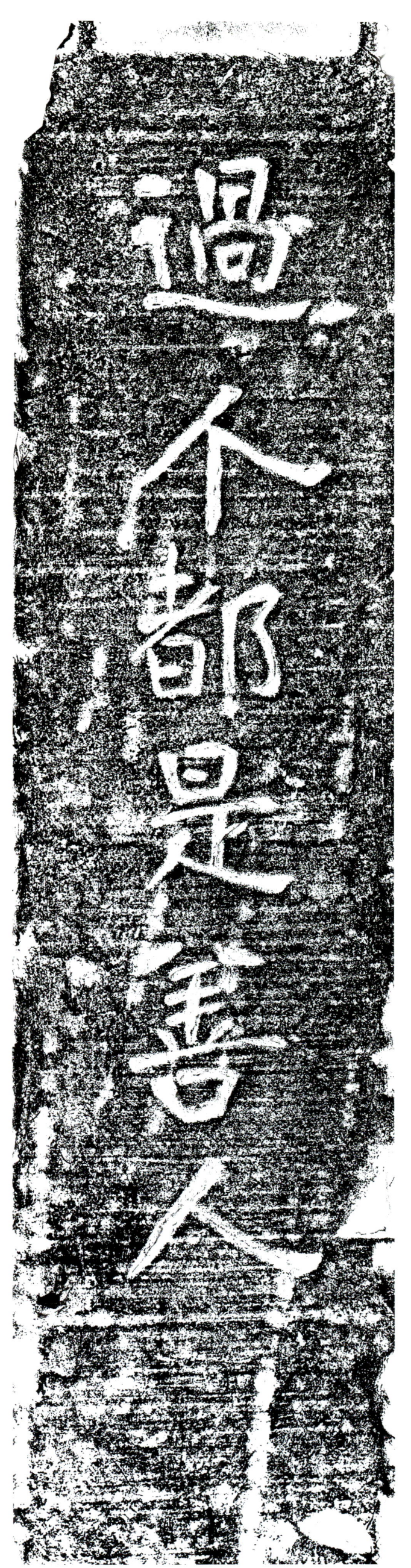

图版177　第24号龛龛外平台下方楹联

图版178　第25号龛造像镌记

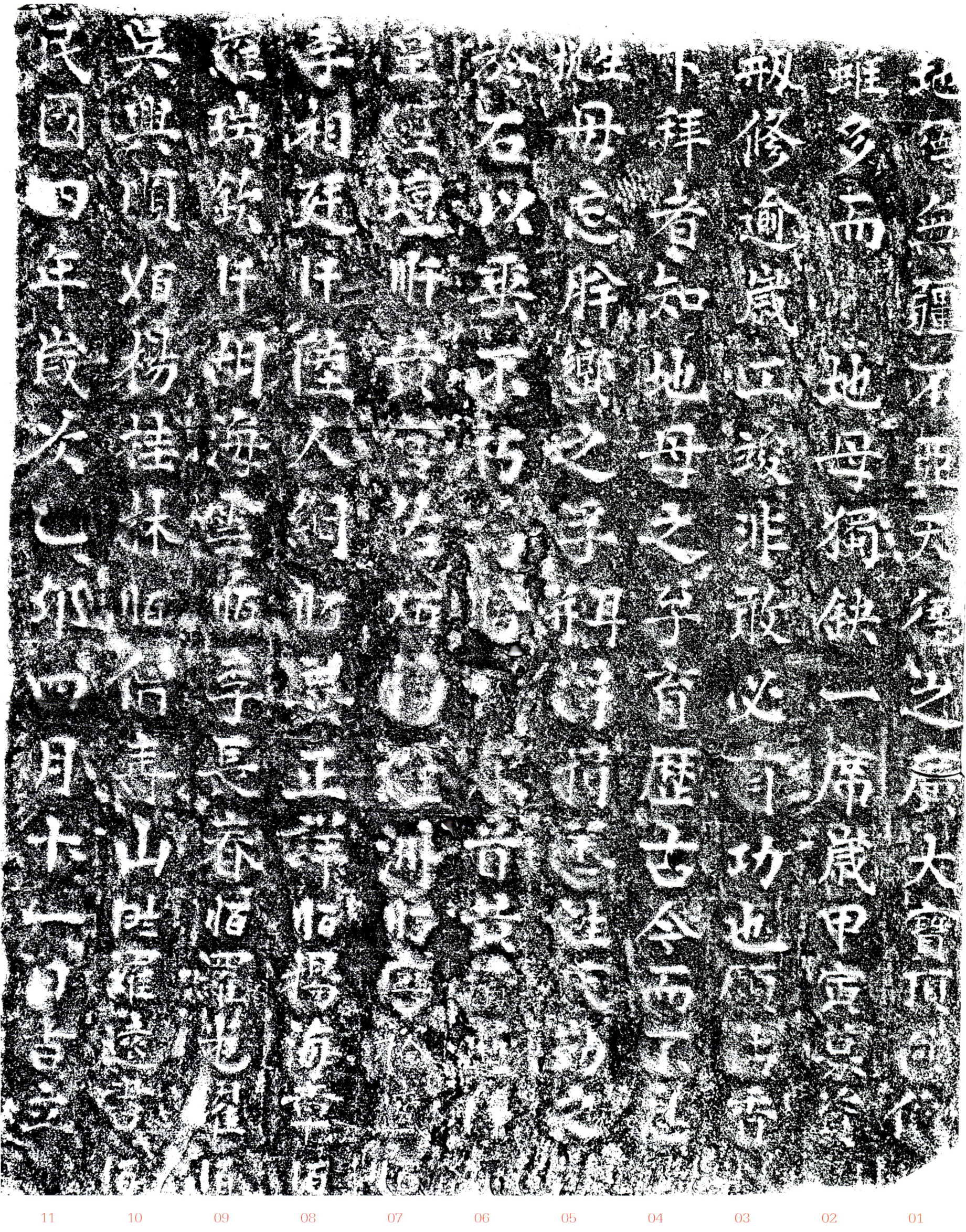

图版178　第25号龛造像镌记

图版179 第26号窟外西壁王德嘉书"宝顶"题刻

图版179 第26号窟外西壁王德嘉书"宝顶"题刻

图版 180　第 26 号窟外西壁龙必飞书"福寿"题刻

图版 180　第 26 号窟外西壁龙必飞书"福寿"题刻

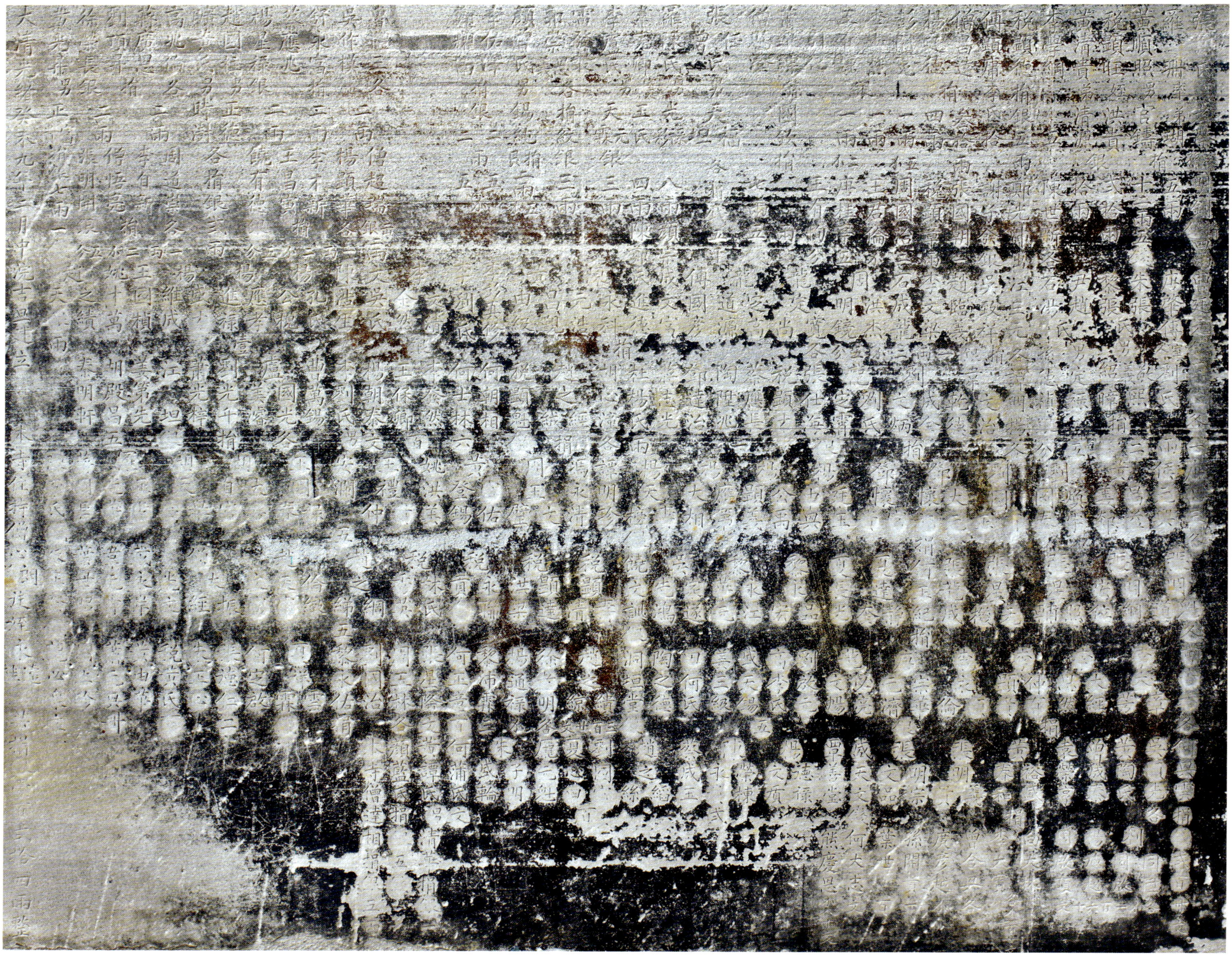

图版 181　第 26 号窟外西壁培修碑碑文

图版 182　第 26 号窟外北壁刘念行题"山水佳处"题刻

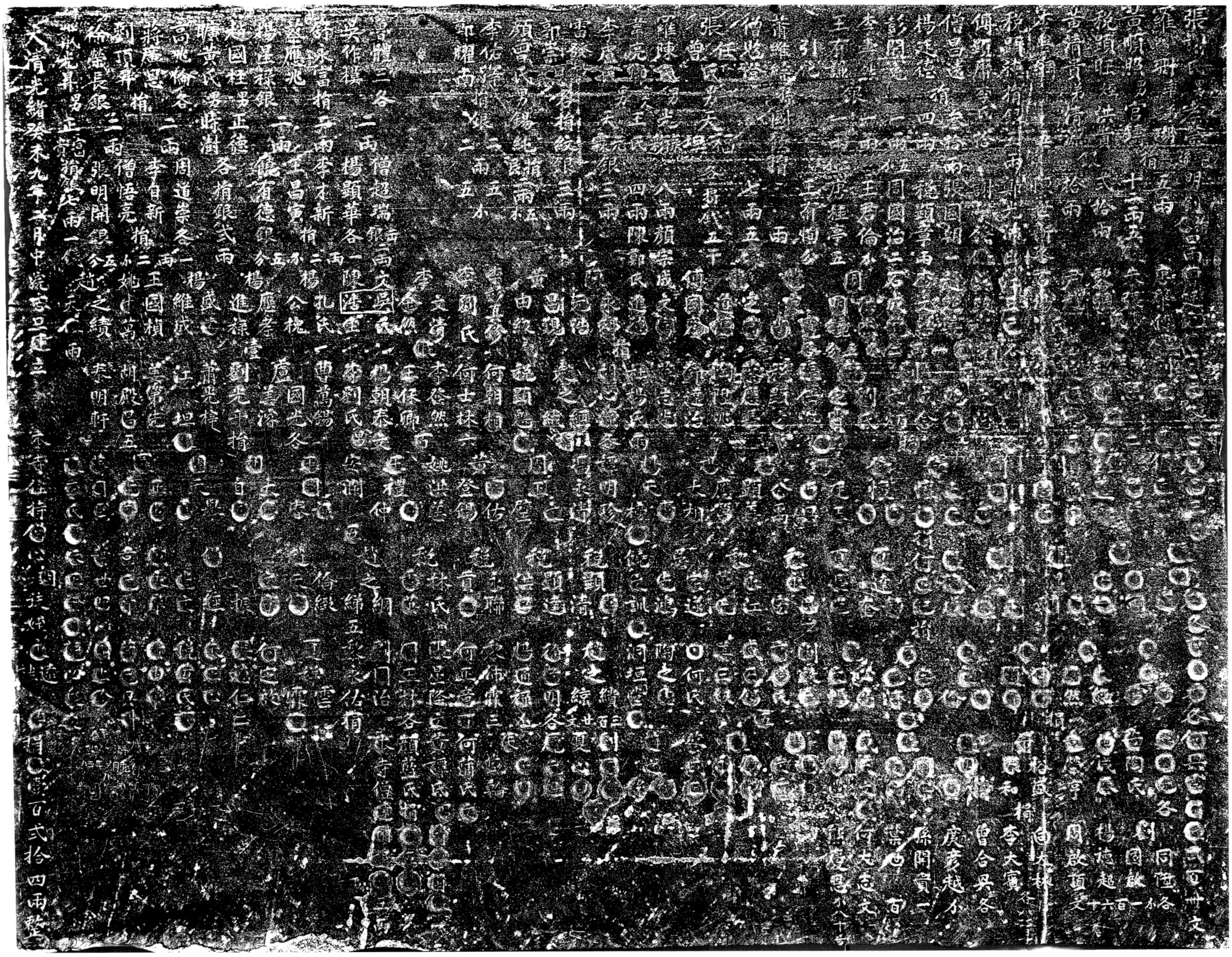

图版 181　第 26 号窟外西壁培修碑碑文

图版 182　第 26 号窟外北壁刘念行题"山水佳处"题刻

图版 183　第 27 号龛龛外左壁史彰撰《重开宝顶碑记》

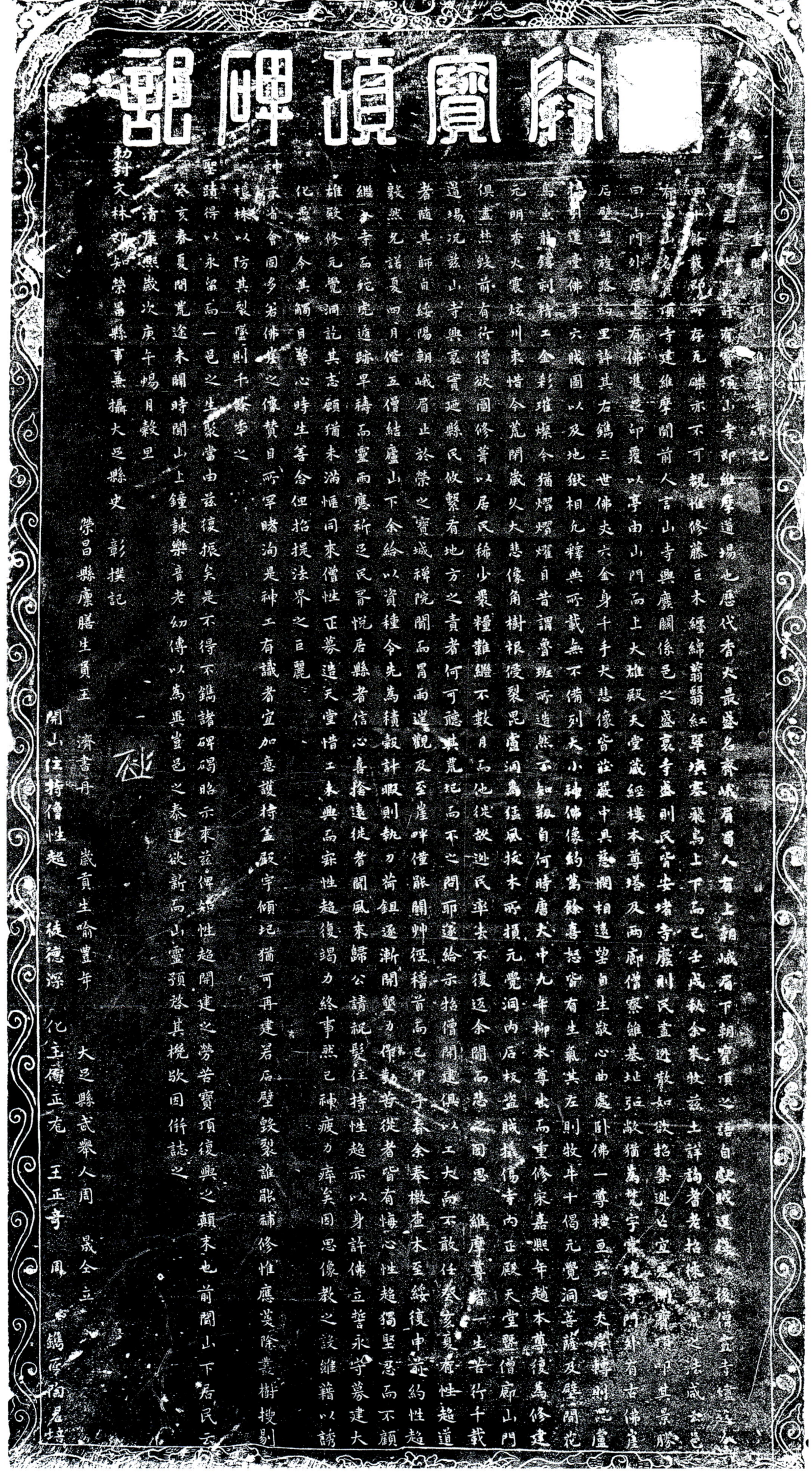

图版183　第27号龛龛外左壁史彰撰《重开宝顶碑记》

18　17　16　15　14　13　12　11　10　09　08　07　06　05　04　03　02　01

图版184　第27号龛龛外左壁刘畋人撰《重开宝顶石碑记》

图版184　第27号龛龛外左壁刘畋人撰《重开宝顶石碑记》

图版 185　第 27 号龛龛外左壁玄极立《重修宝顶事实》碑

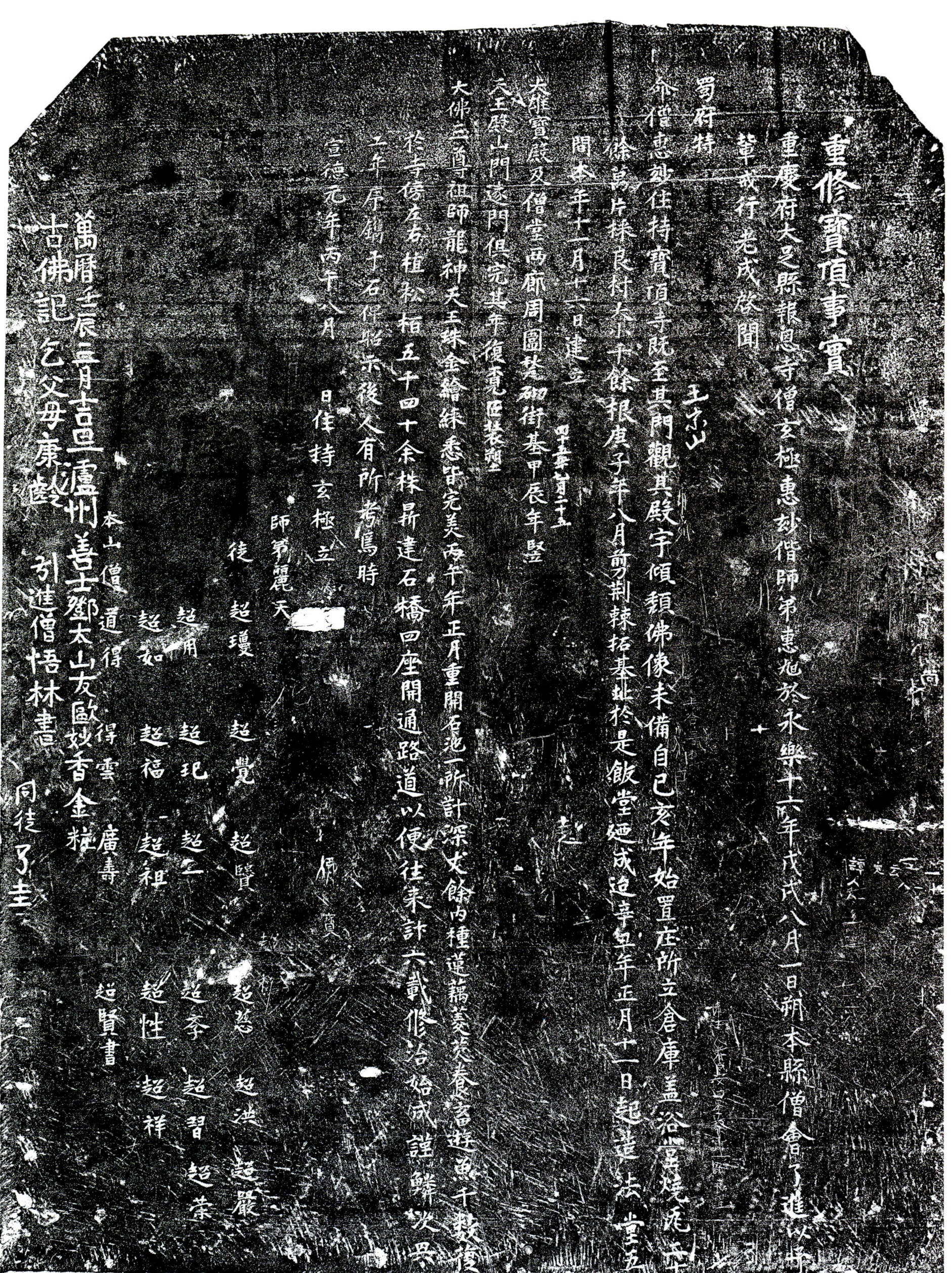

图版 185　第 27 号龛龛外左壁玄极立《重修宝顶事实》碑

图版186 第27号龛龛外石壁刘畋人撰《重开宝顶石碑记》

图版186　第27号龛龛外右壁刘畋人撰《重开宝顶石碑记》

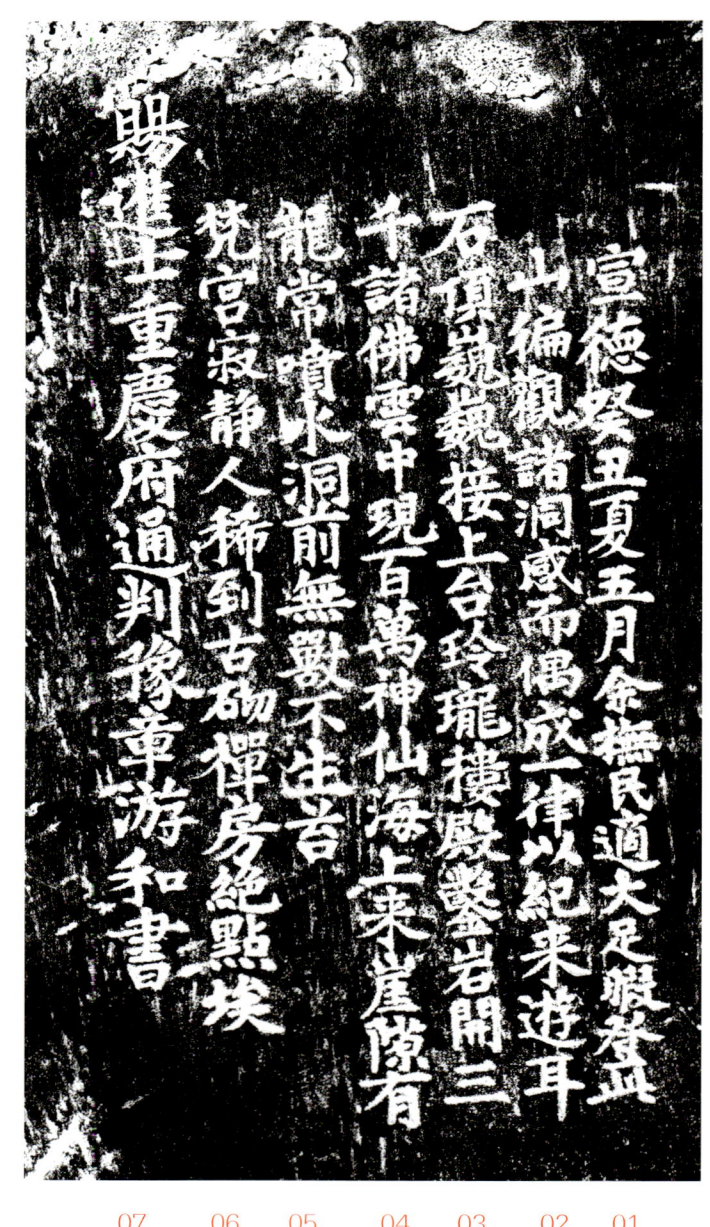

07　06　05　04　03　02　01

图版187　第27号龛龛外右壁《重开宝顶石碑记》碑面右上"豫章游和诗"

图版188　第27号龛龛外右壁刘超儒书"寿"字

图版189　第29号窟左壁上部第5组造像"法王宫"题名

图版189　第29号窟左壁上部第5组造像"法王宫"题名

图版190　第29号窟右壁上部第5组造像"光明藏"题名

图版190　第29号窟右壁上部第5组造像"光明藏"题名

图版191　第29号窟甬道左壁魏了翁书"宝顶山"题刻

图版191　第29号窟甬道左壁魏了翁书"宝顶山"题刻

Ⅱ　铭文图版　565

图版 192　第 29 号窟甬道左壁李善岗书"报恩圆觉道场"题刻

图版 192　第 29 号窟甬道左壁李善岗书"报恩圆觉道场"题刻

04　　　03　　　02　　　01

图版 193　第 29 号窟甬道左壁经目题刻

04　　　03　　　02　　　01

图版 193　第 29 号窟甬道左壁经目题刻

图版 194　第 29 号窟甬道右壁佚名书"宝岩"题刻

图版 194　第 29 号窟甬道右壁佚名书"宝岩"题刻

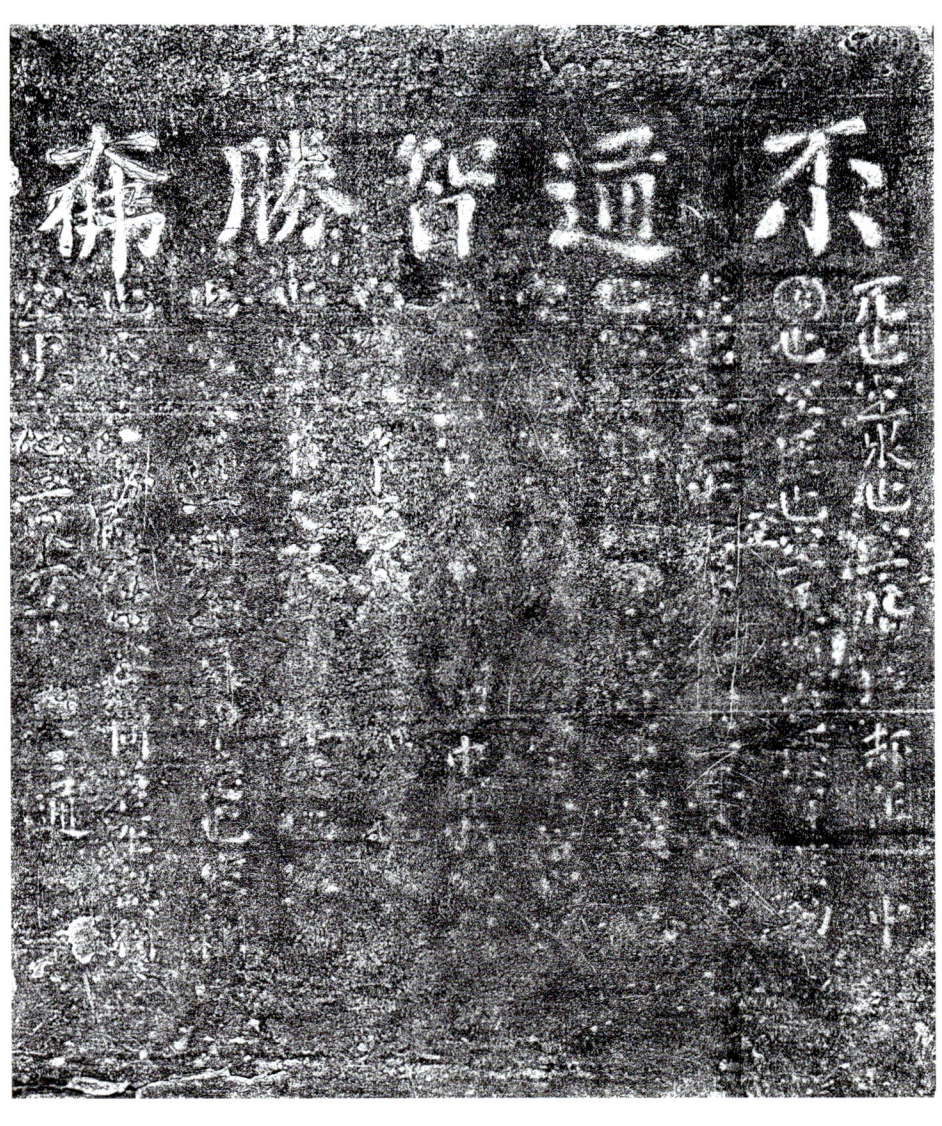

图版 195　第 29 号窟甬道右壁《大通智胜佛碑》碑文

图版 196　第 29 号窟窟口左侧偈语

图版197　第29号窟甬道左壁晚期第1则"觉寿妆盍培修记"

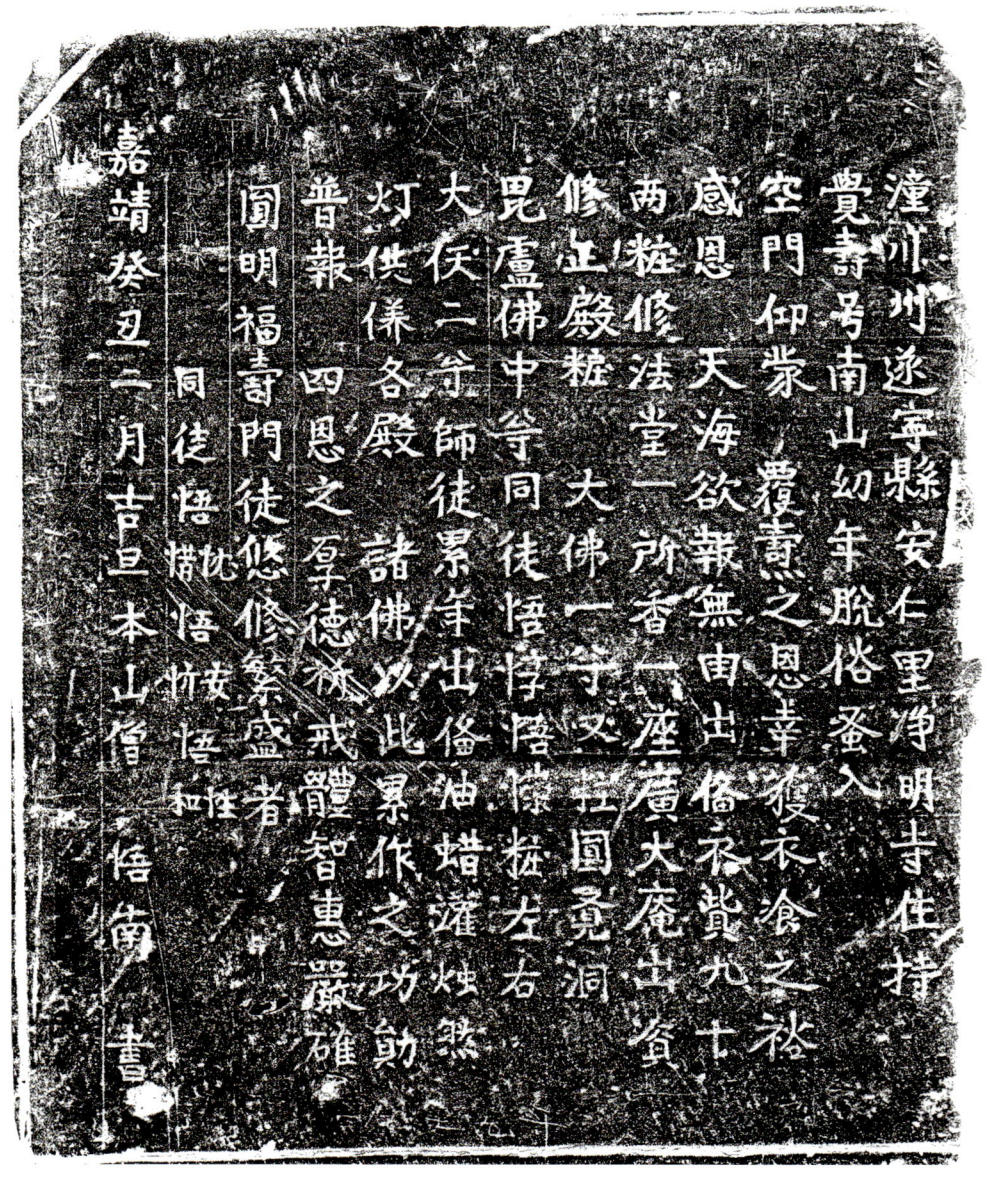

图版197　第29号窟甬道左壁晚期第1则"觉寿妆盍培修记"

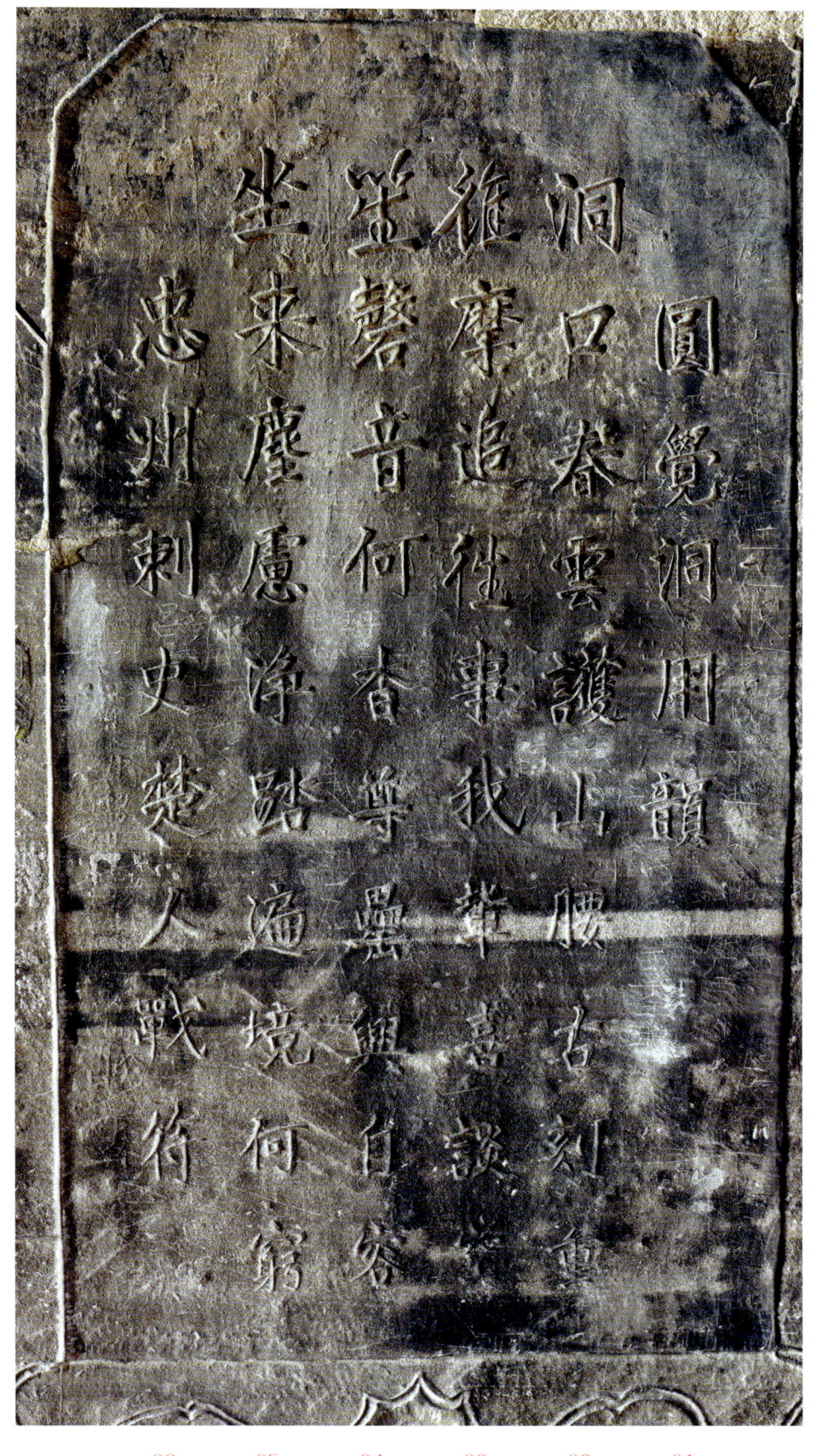

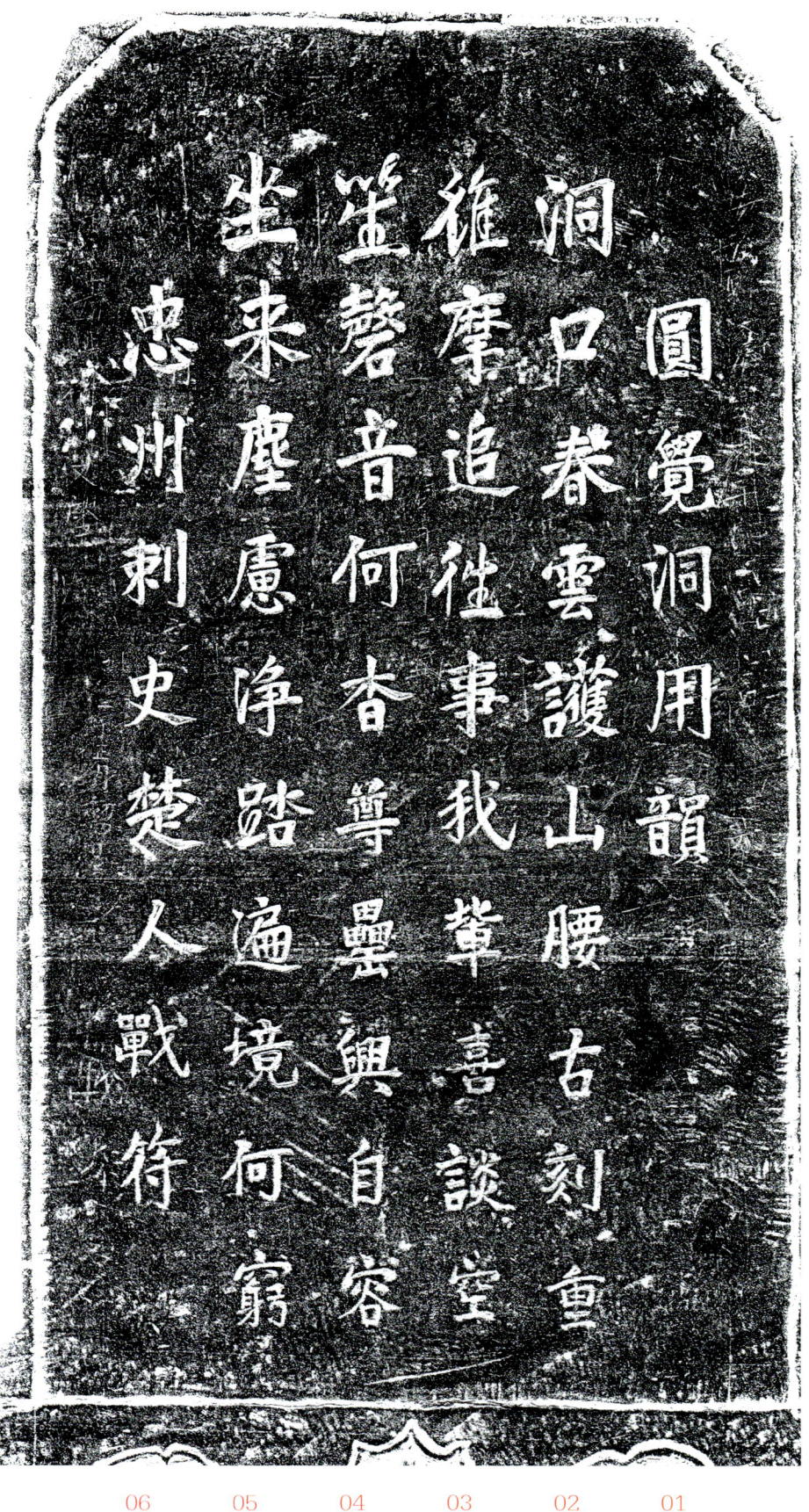

图版198　第29号窟甬道左壁战符题"圆觉洞用韵"

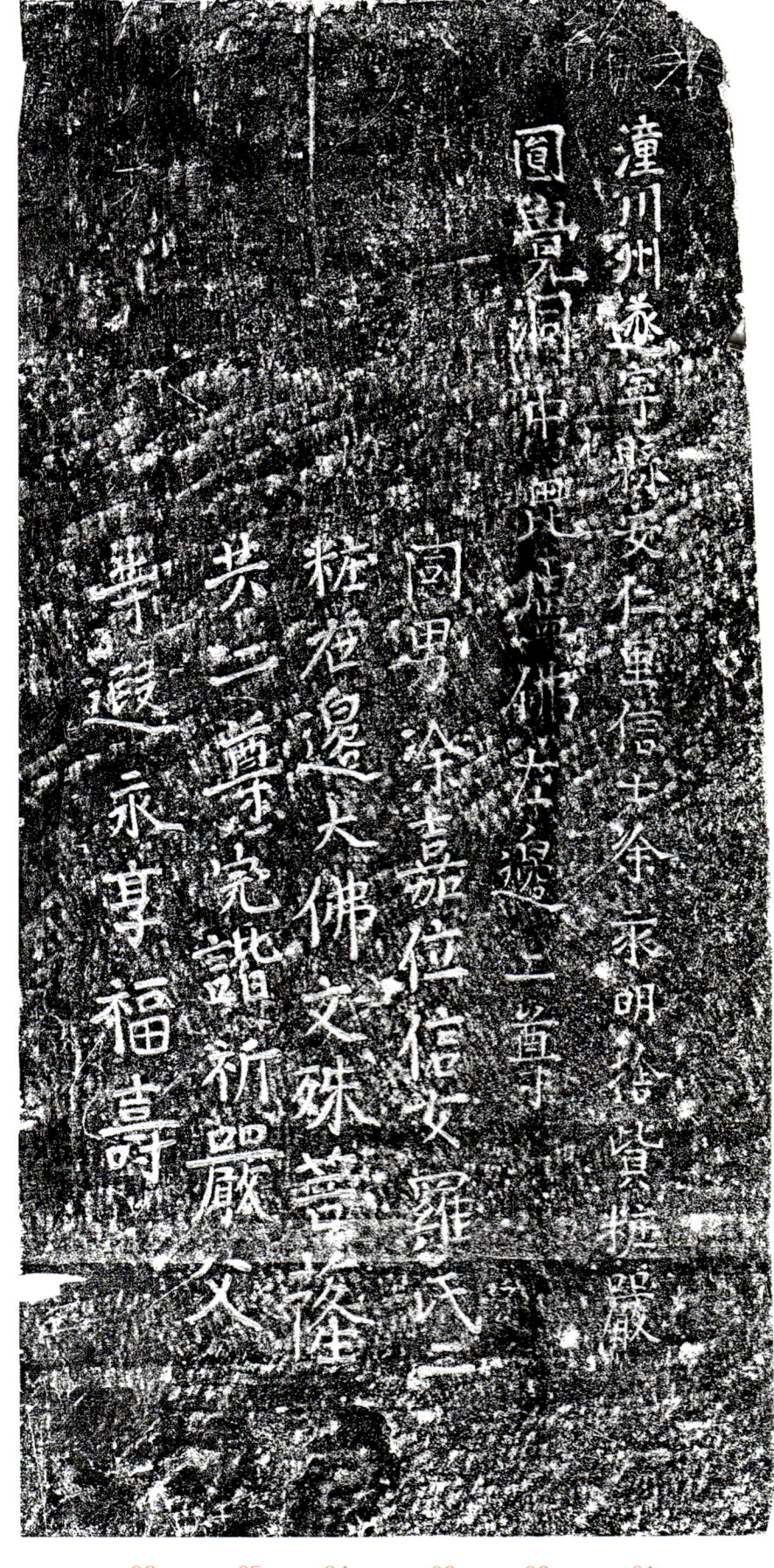

图版199　第29号窟甬道左壁涂永明"妆绚圆觉洞像记"妆彩记

 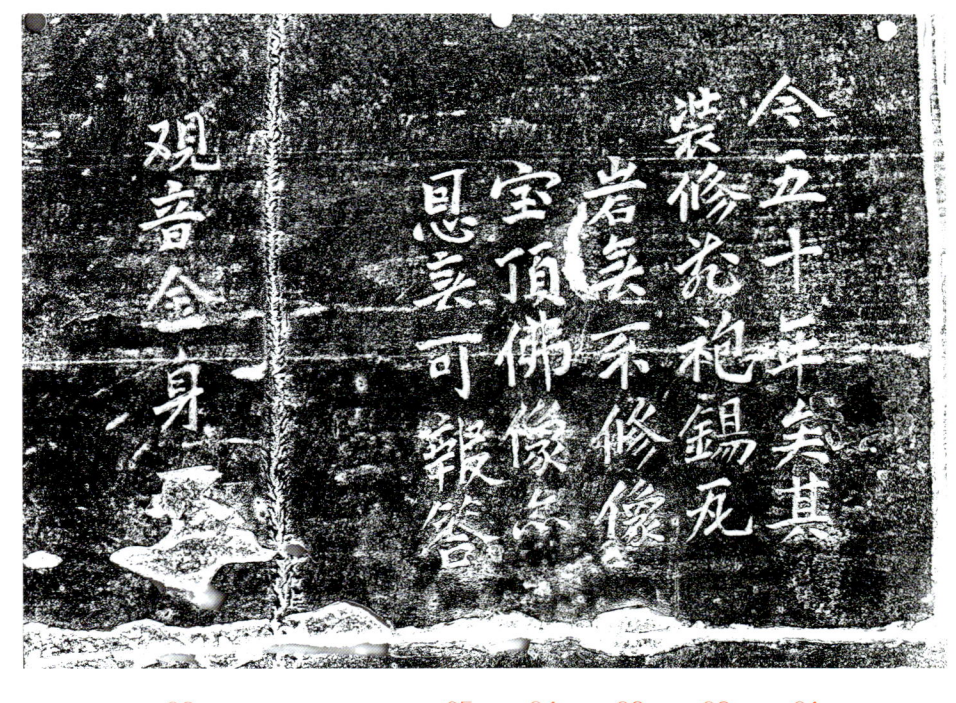

图版 200　第 29 号窟甬道右壁佚名"观音金像"妆彩记

 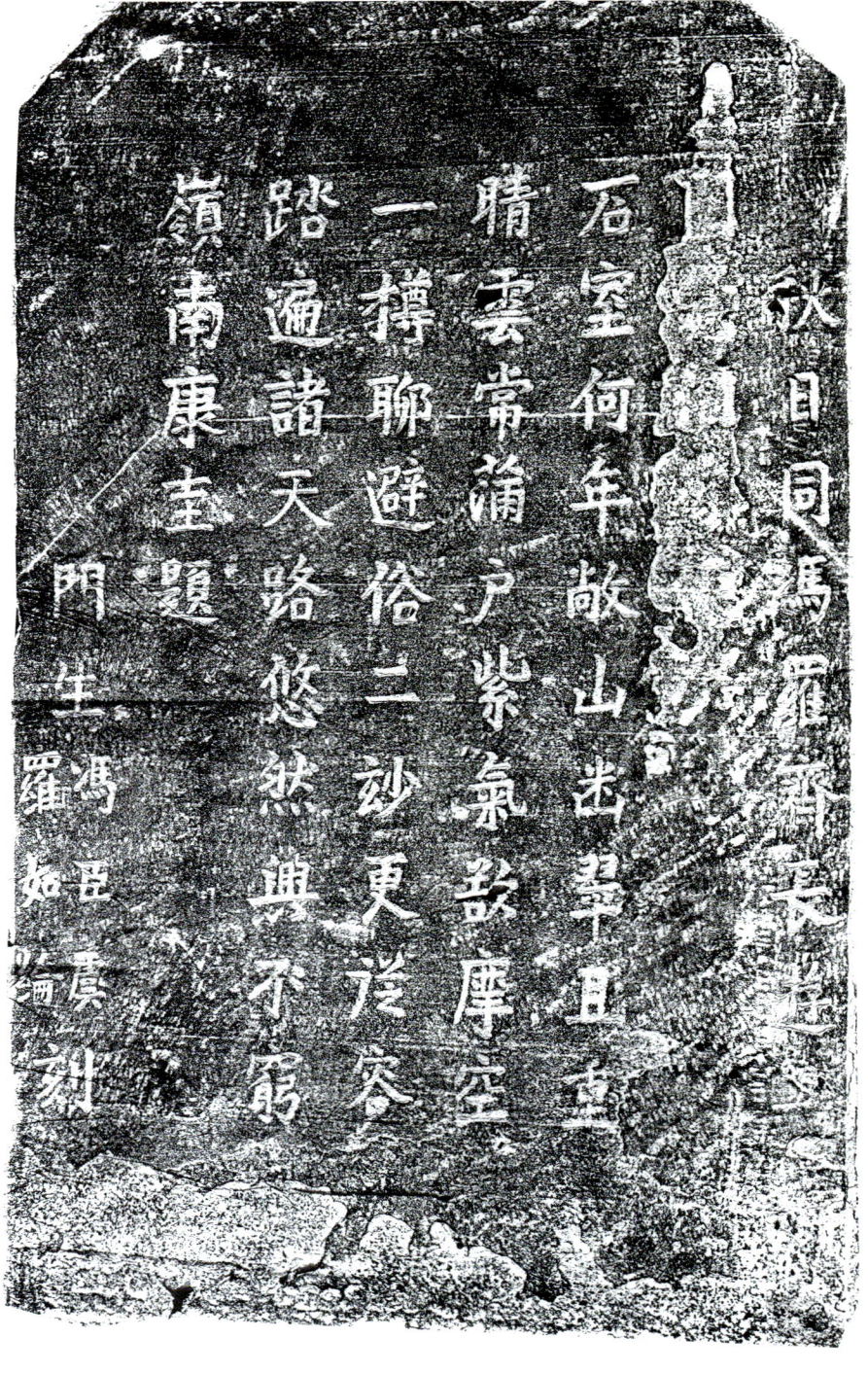

图版 201　第 29 号窟甬道右壁康圭题"游圆觉洞有怀"

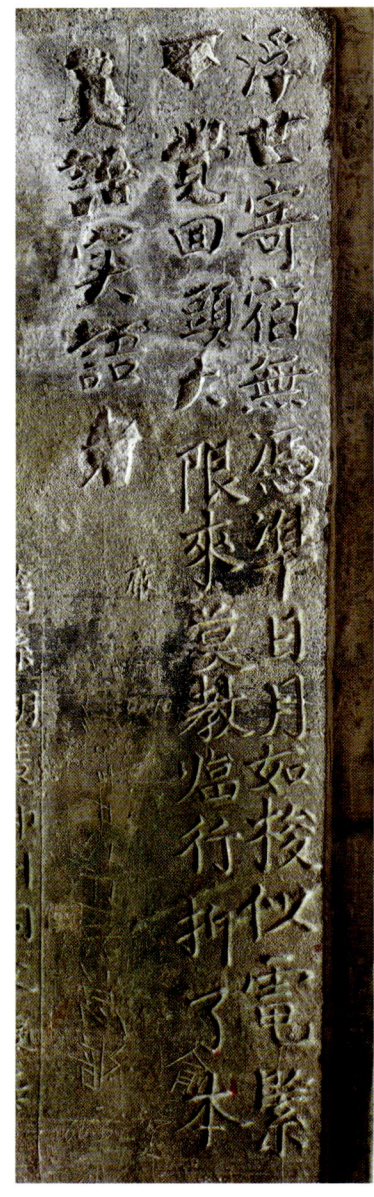

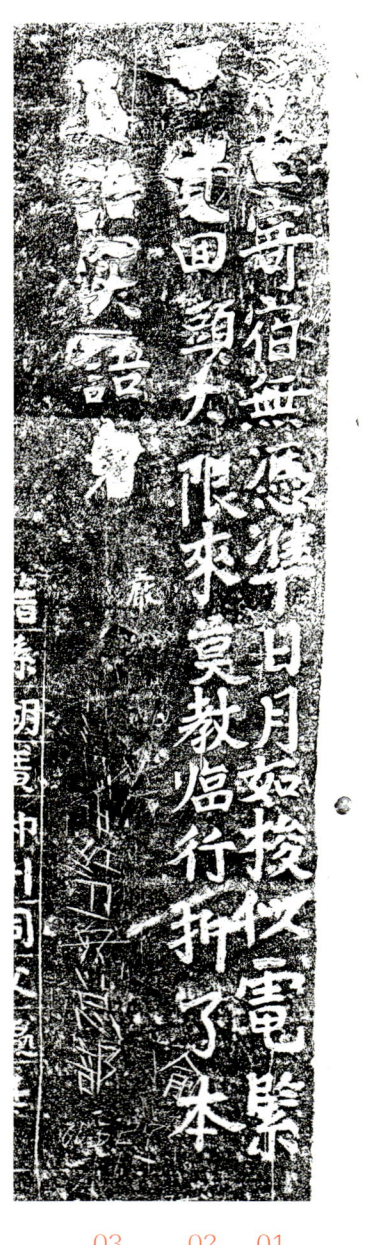

图版 202　第 29 号窟甬道右壁佚名题"无题诗"

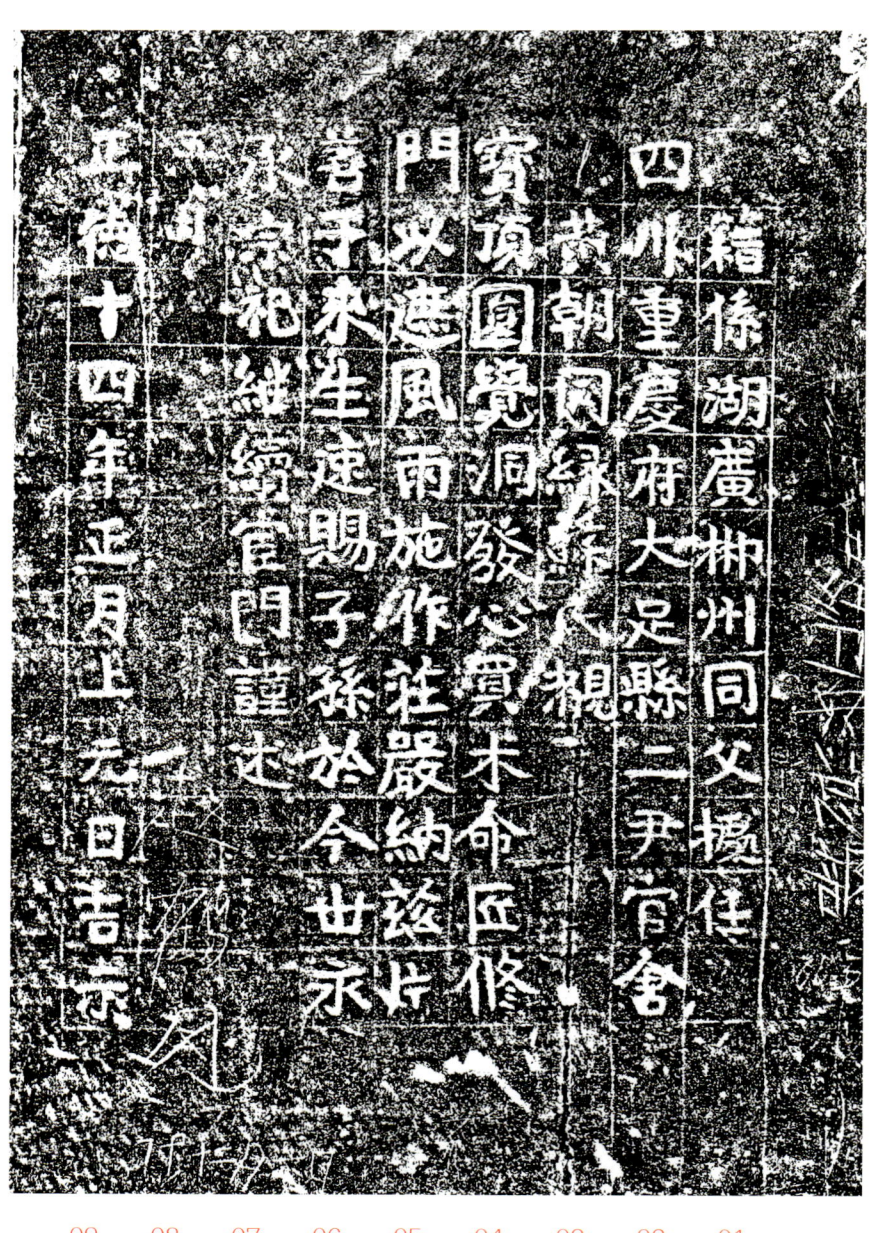

图版 203　第 29 号窟甬道右壁"黄朝题培修圆觉洞记"培修记

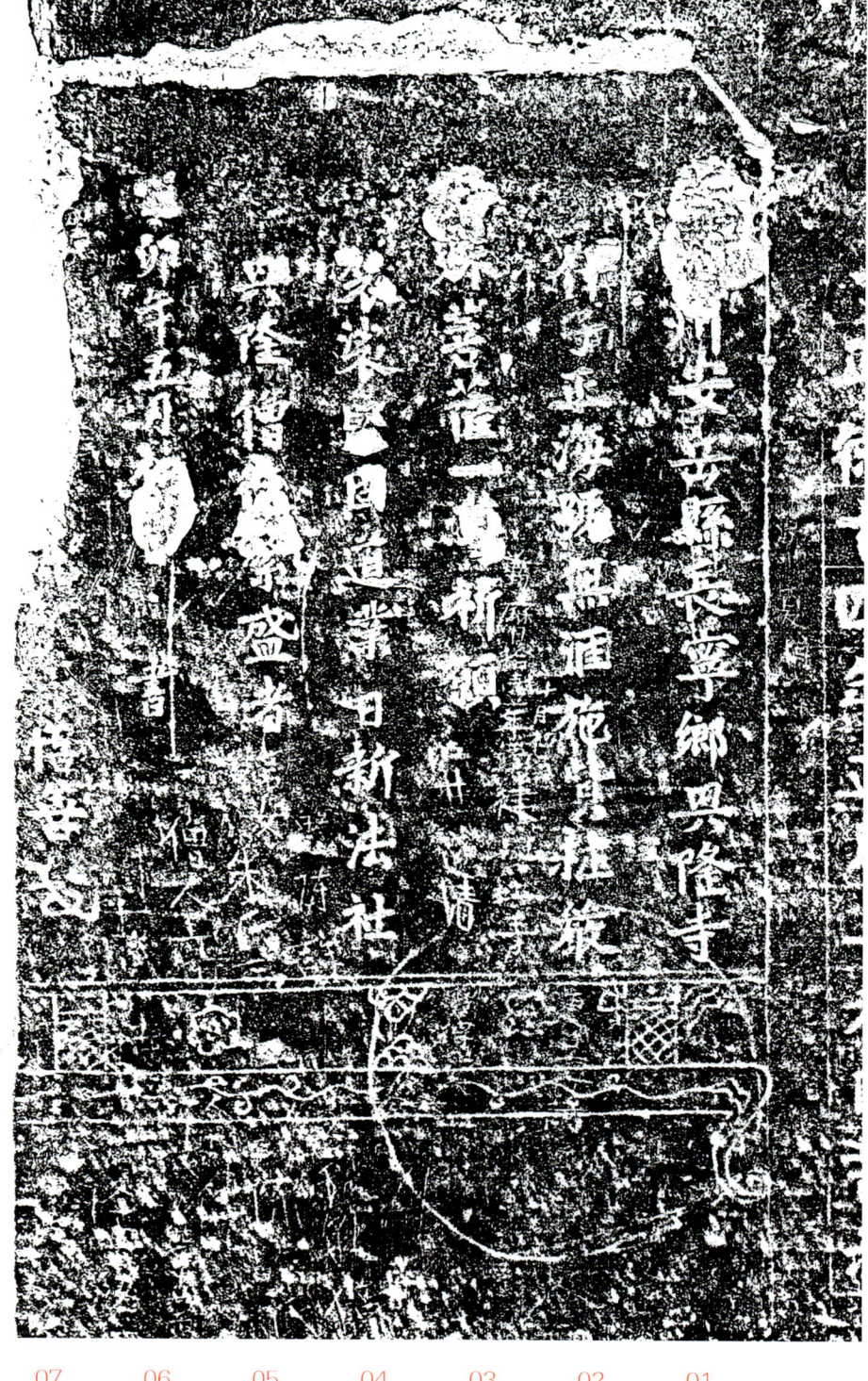

图版 204　第 29 号窟甬道右壁"无涯妆严圆觉洞文殊像记"妆彩记　　图版 204　第 29 号窟甬道右壁"无涯妆严圆觉洞文殊像记"妆彩记

07　06　05　04　03　02　01

图版205　第29号窟甬道右壁"陈重书七绝"诗文

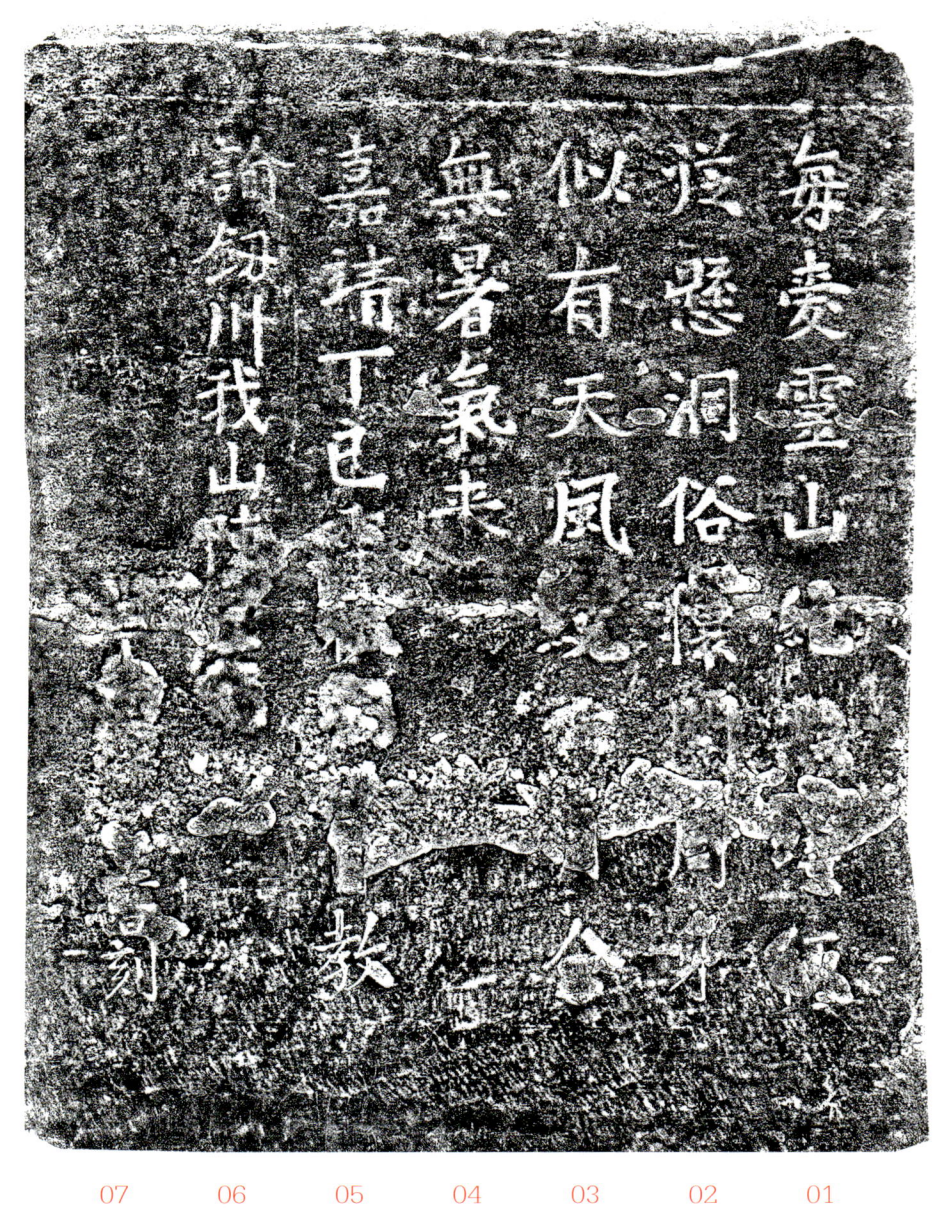

07　06　05　04　03　02　01

图版205　第29号窟甬道右壁"陈重书七绝"诗文

图版206　第29号窟甬道右壁"彭世琏装彩圆觉洞像记"妆彩记

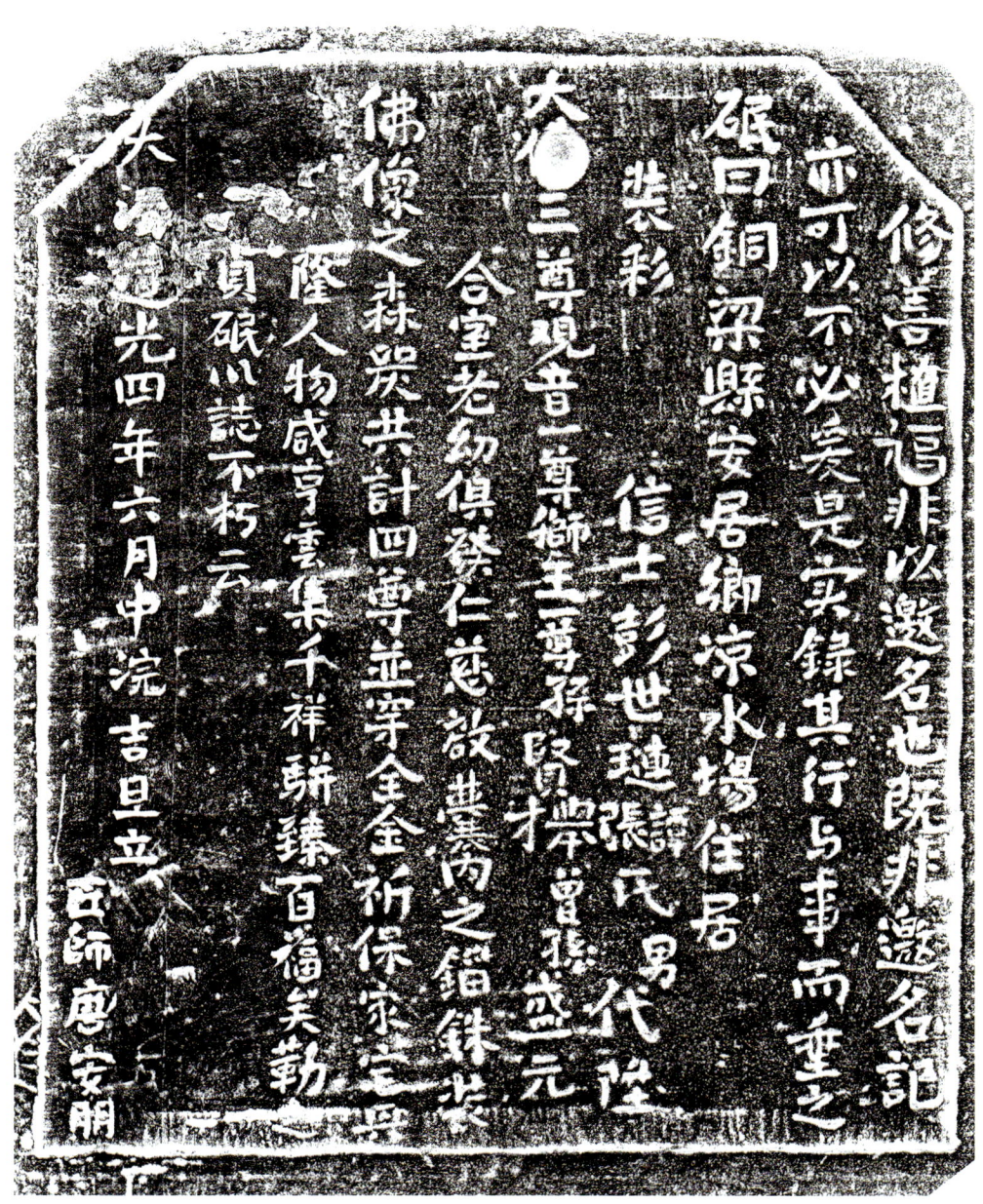

图版206　第29号窟甬道右壁"彭世琏装彩圆觉洞像记"妆彩记

图版 207　第 29 号窟甬道右壁"僧有久修装圆觉洞"培修记

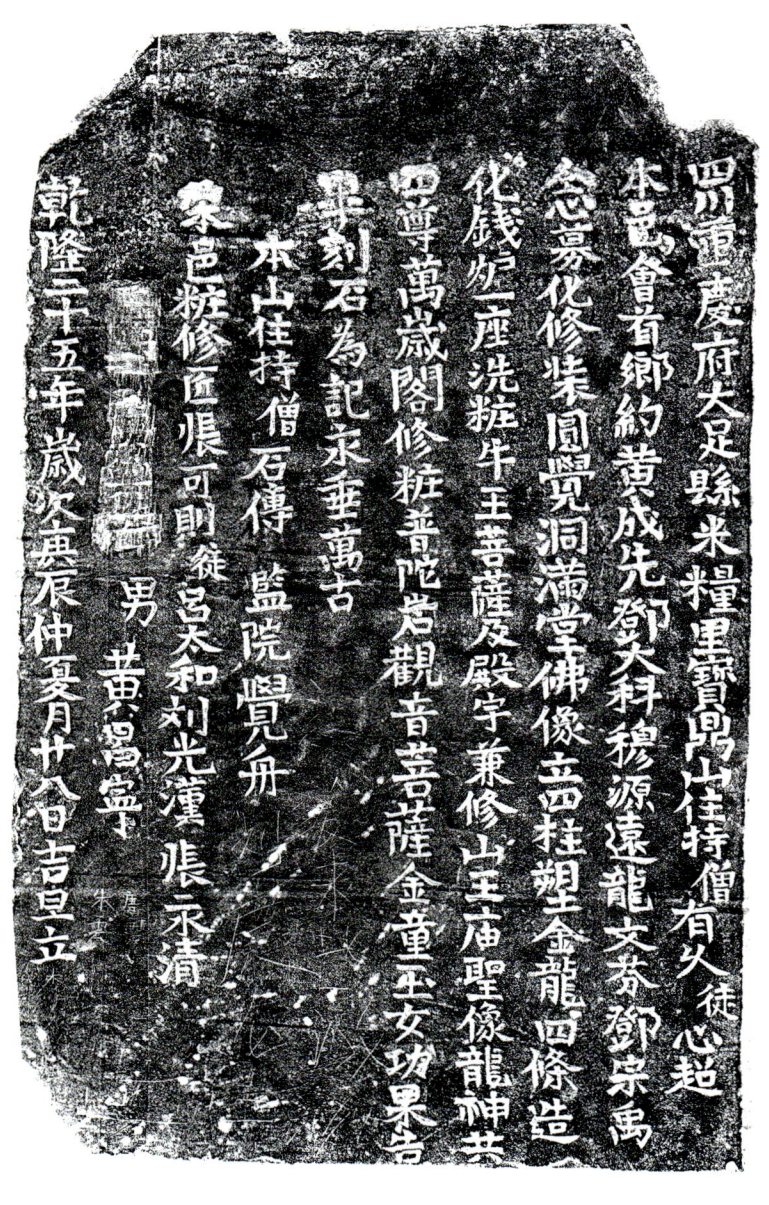

图版 207　第 29 号窟甬道右壁"僧有久修装圆觉洞"培修记

图版 208　第 29 号窟窟外左壁佚名书"江风山月"题刻

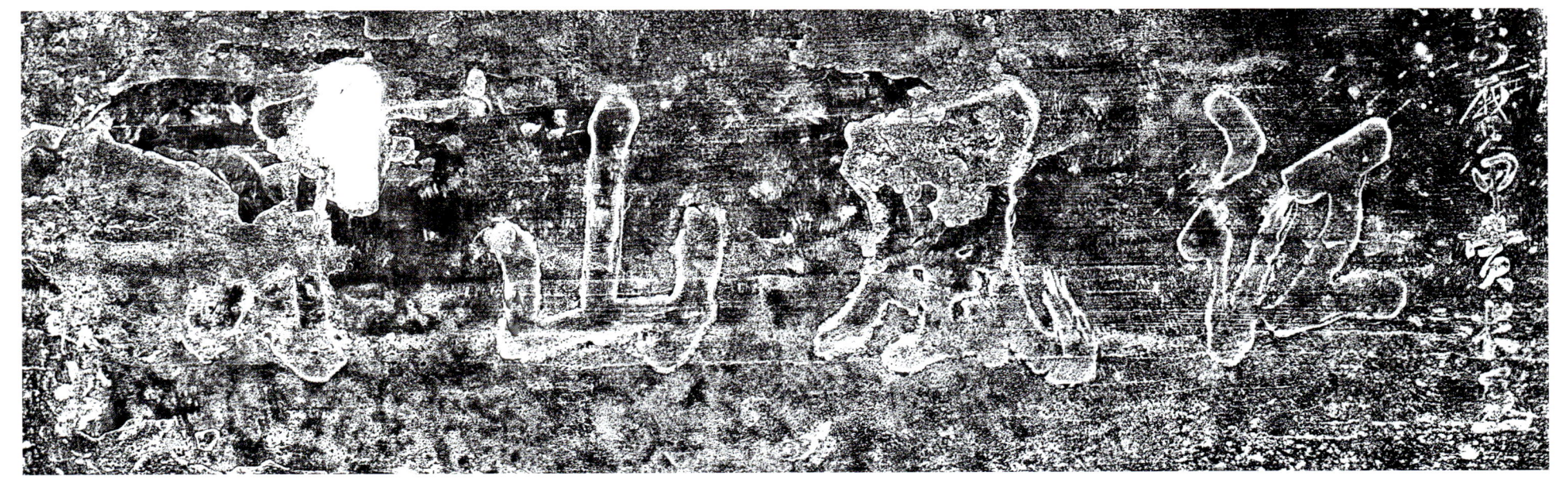

图版 208　第 29 号窟窟外左壁佚名书"江风山月"题刻

图版209　第30号龛第1组造像颂词

图版209　第30号龛第1组造像颂词

图版210　第30号龛第2组造像颂词

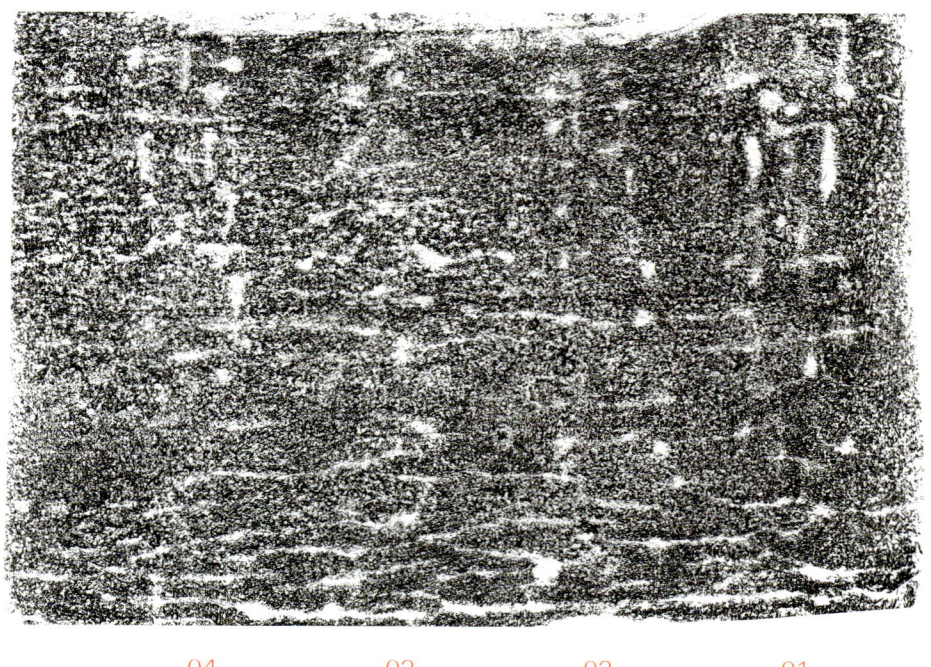

图版210　第30号龛第2组造像颂词

04　　　03　　　02　　　01

图版211　第30号龛第3组造像颂词

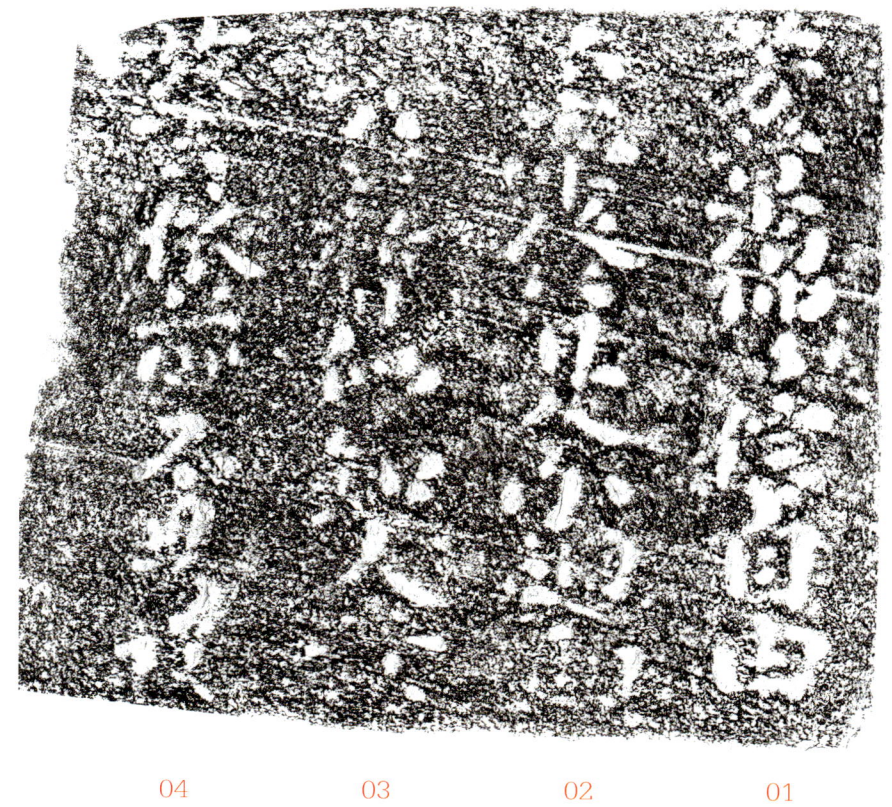

04　　　03　　　02　　　01

图版211　第30号龛第3组造像颂词

04　　　03　　　02　　　01

图版212　第30号龛第4组造像颂词

04　　　03　　　02　　　01

图版212　第30号龛第4组造像颂词

04　　　03　　　02　　　01　　　　　　　　　　　04　　　03　　　02　　　01

图版 213　第 30 号龛第 5 组造像颂词　　　　　　图版 213　第 30 号龛第 5 组造像颂词

04　　　03　　　02　　　01　　　　　　　　　　　04　　　03　　　02　　　01

图版 214　第 30 号龛第 6 组造像颂词　　　　　　图版 214　第 30 号龛第 6 组造像颂词

图版 215　第 30 号龛第 7 组造像颂词

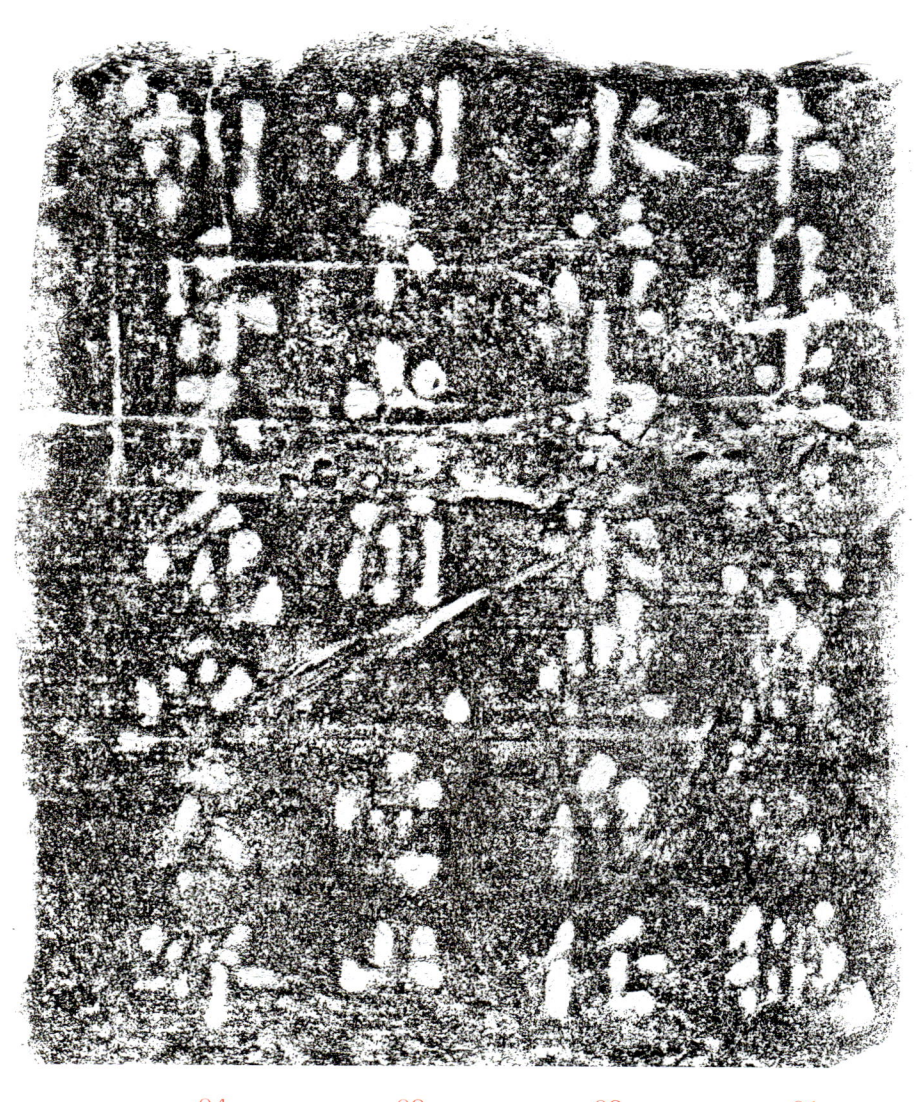

图版 215　第 30 号龛第 7 组造像颂词

图版 216　第 30 号龛第 8 组造像颂词

图版 216　第 30 号龛第 8 组造像颂词

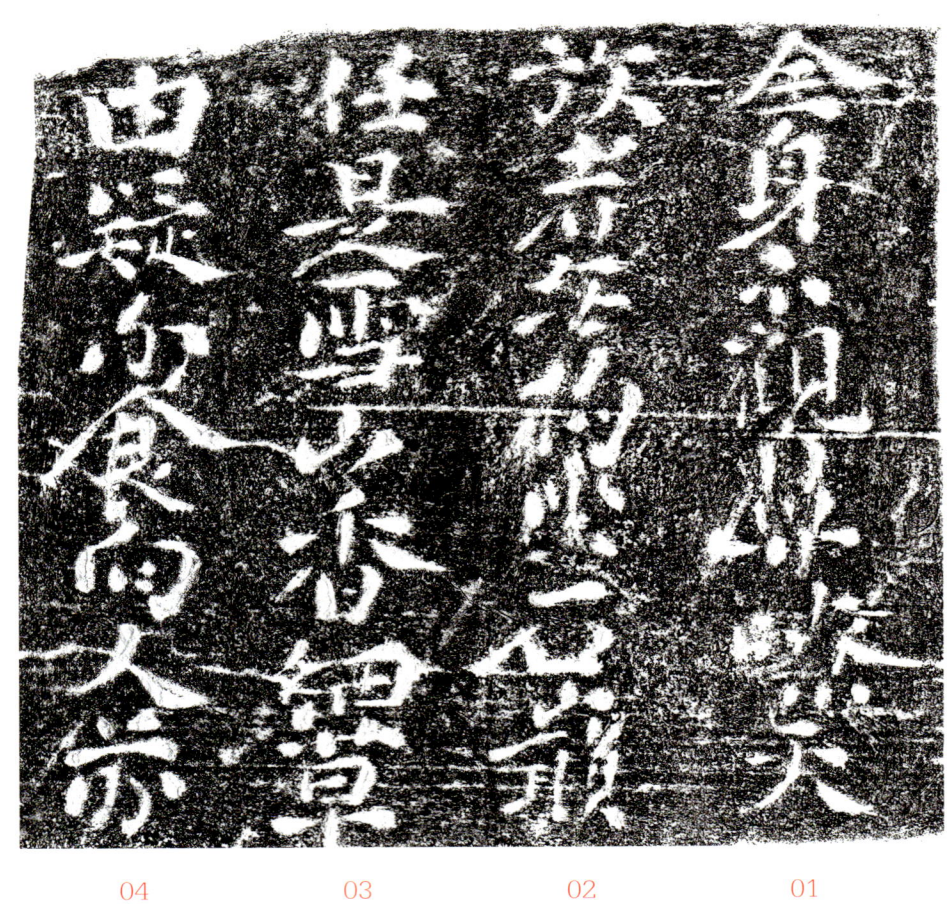

图版 217　第 30 号龛第 9 组造像颂词

图版 218　第 30 号龛第 10 组造像颂词

图版 219　第 30 号龛第 11 组造像颂词

 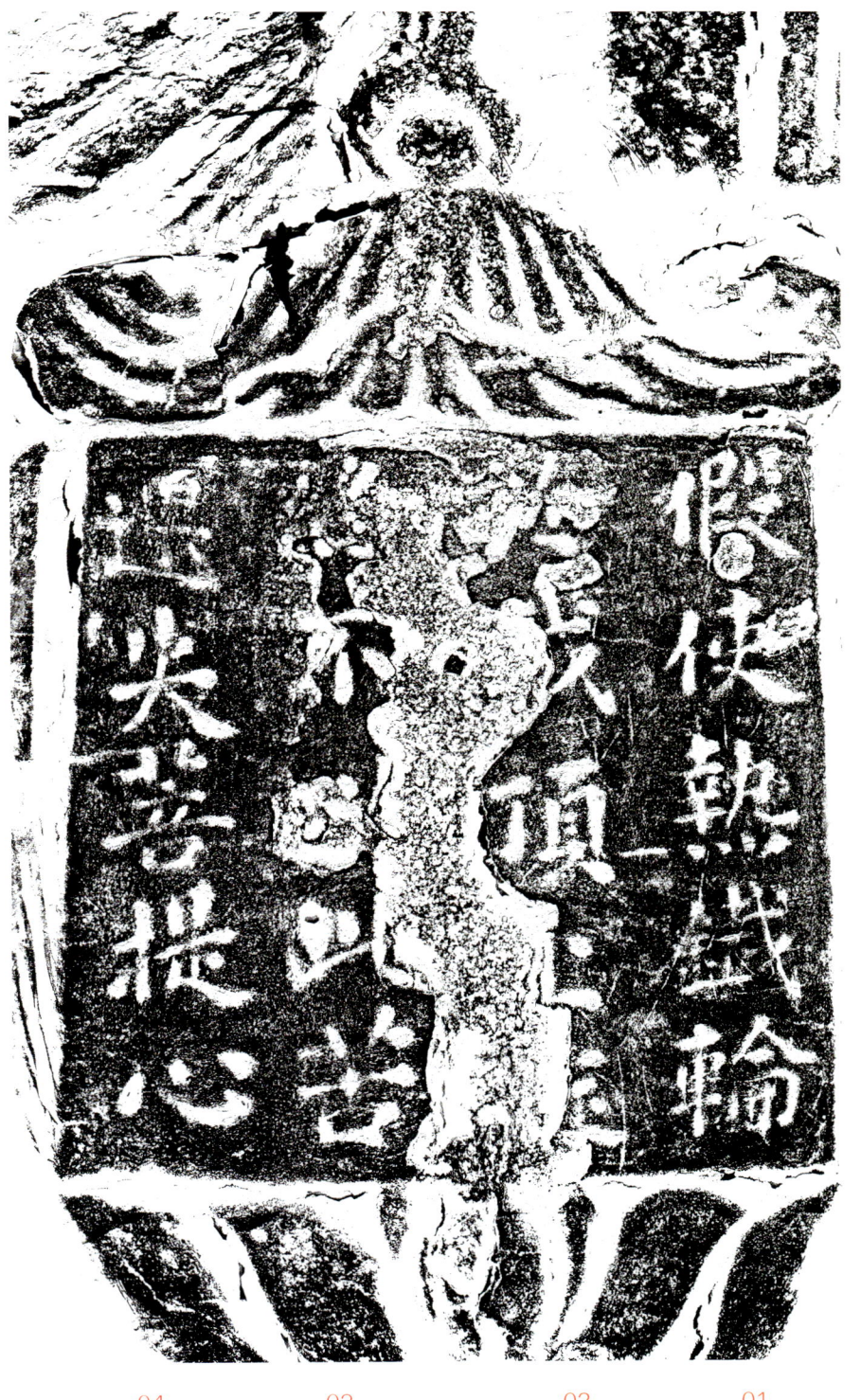

图版 220　第 30 号龛第 11 组造像右下方偈语

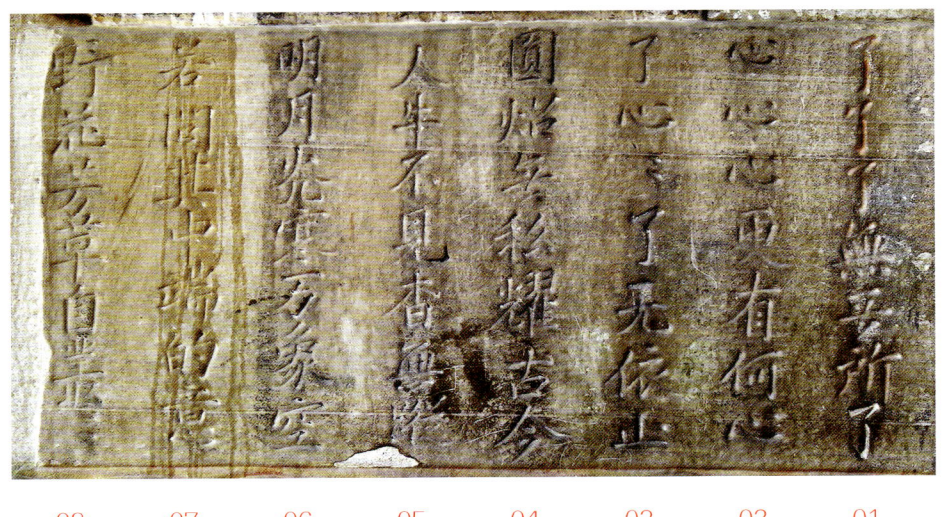 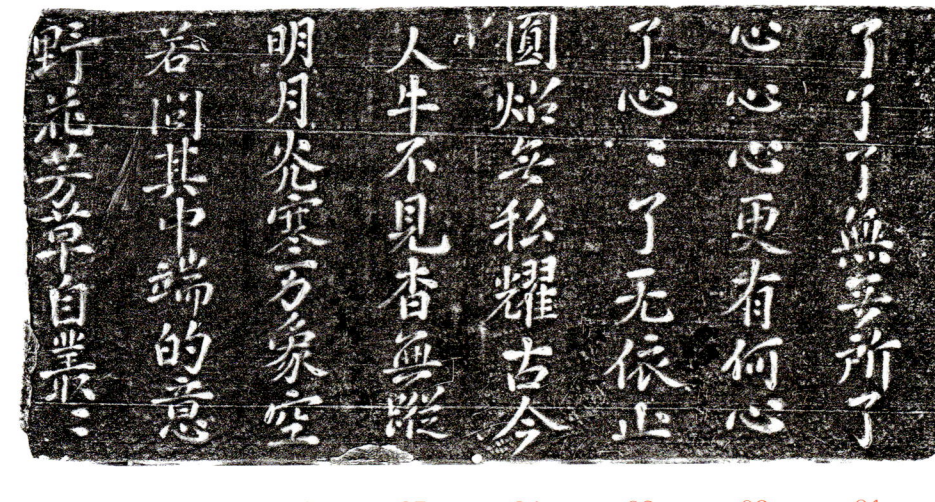

图版 221　第 30 号龛第 12 组造像偈颂

图版 222　第 30 号龛"杨次公证道牧牛颂"题刻

图版 223　第 30 号龛"姜秋舫游记"

图版 224　第 30 号龛壁东端右部《永垂不朽》碑

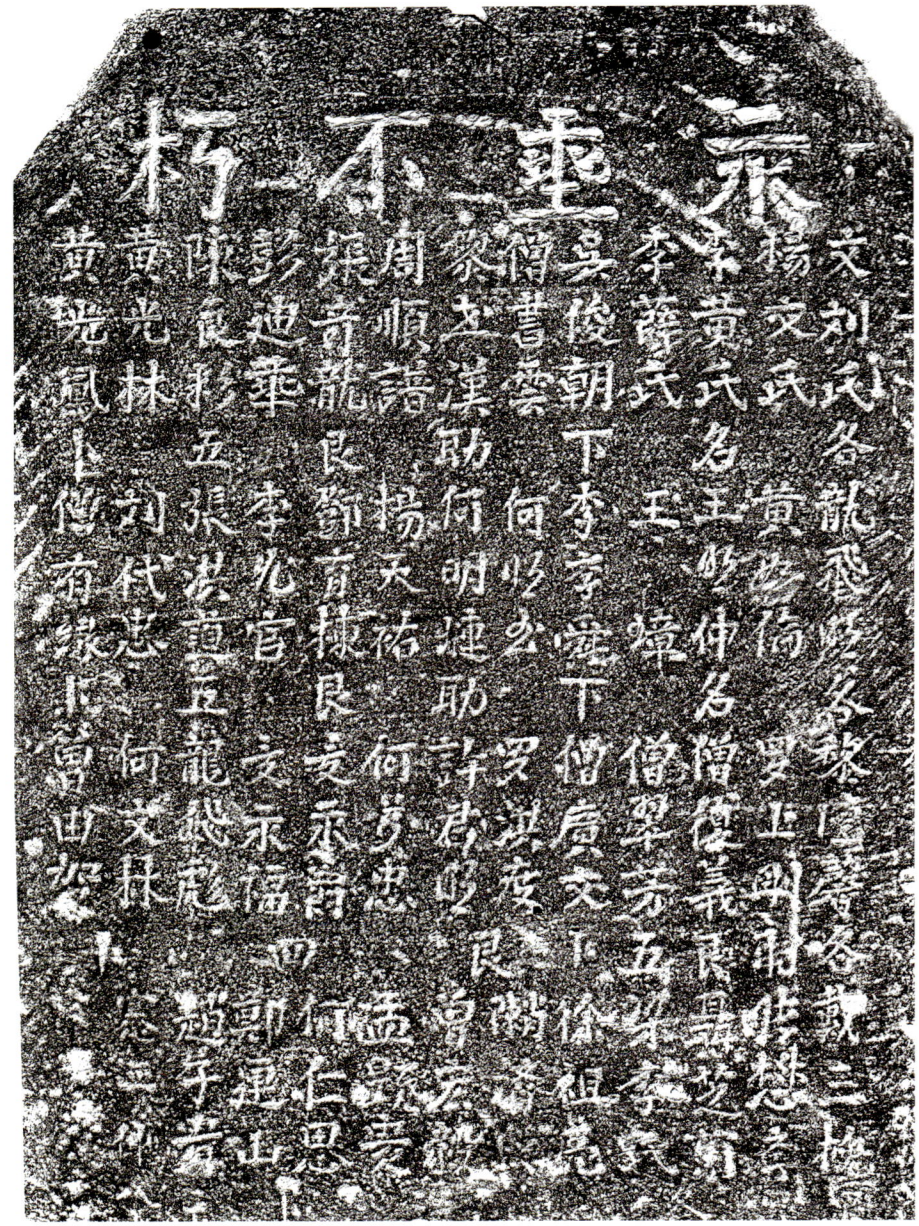

图版 224　第 30 号龛壁东端右部《永垂不朽》碑

图版 225　第 30 号龛第 11、12 组造像间 "牧牛王菩萨金身残记"

图版 225　第 30 号龛第 11、12 组造像间 "牧牛王菩萨金身残记"

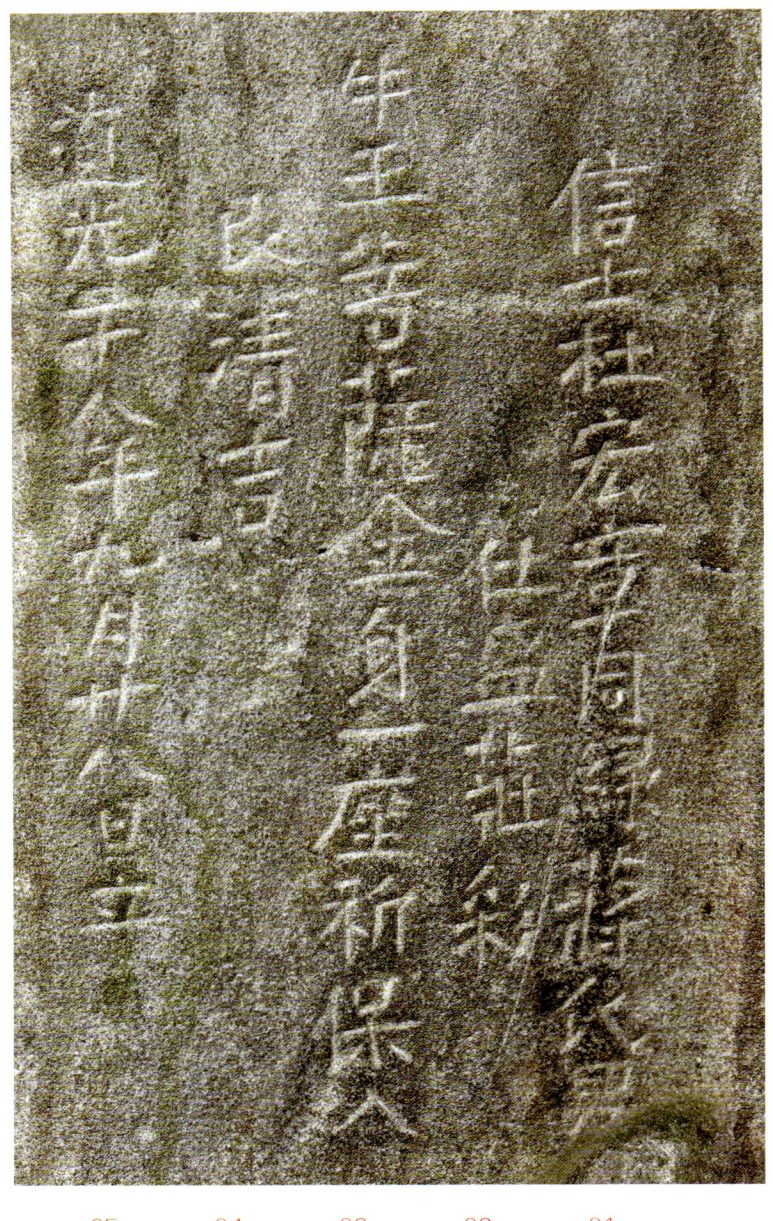

图版 226　第 30 号龛第 11、12 组造像间"杜宏章妆彩牧牛图像记"

图版 226　第 30 号龛第 11、12 组造像间"杜宏章妆彩牧牛图像记"

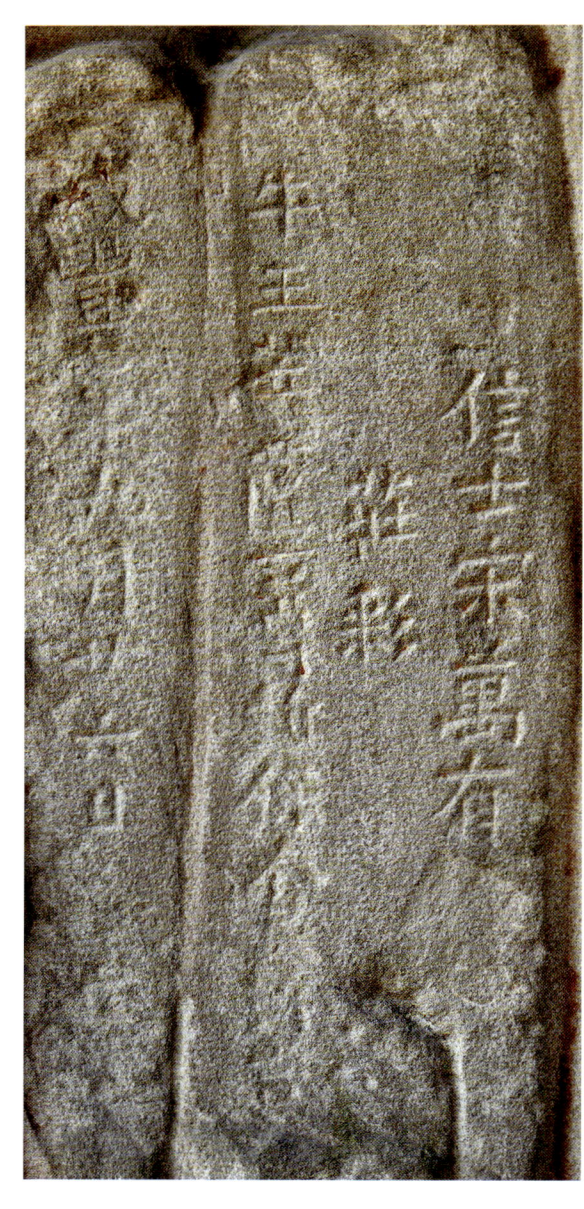

图版 227　第 30 号龛第 11、12 组造像间"宋万有妆彩牧牛图记"

图版 227　第 30 号龛第 11、12 组造像间"宋万有妆彩牧牛图记"

04　　　　　03　　　　　02　　　　　01

图版228　第31号龛偈语

04　　　　　03　　　　　02　　　　　01

图版228　第31号龛偈语

图版 229　第 32 号龛龛内左侧《佛说大鱼事经》经文

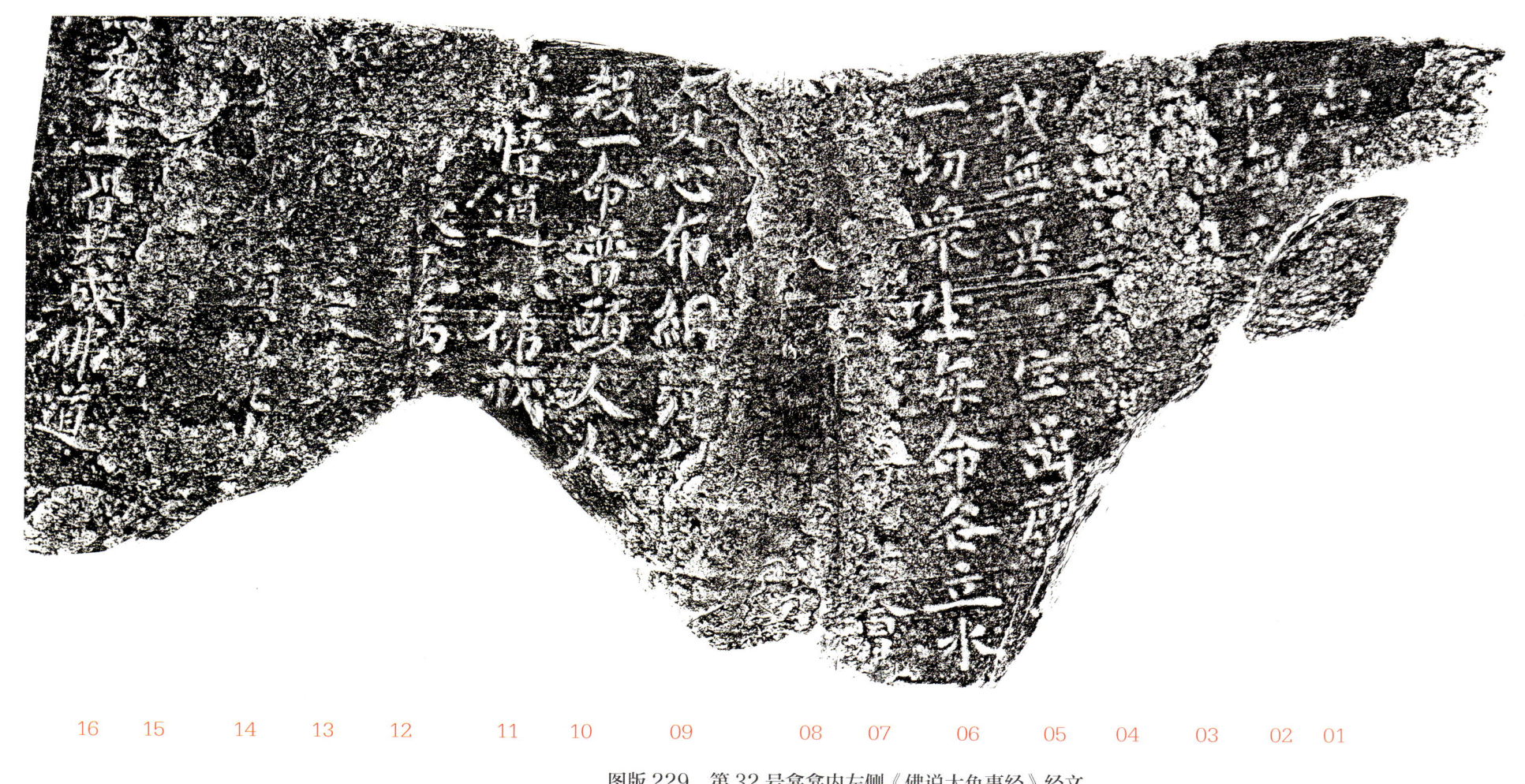

图版 229　第 32 号龛龛内左侧《佛说大鱼事经》经文

图版 230　第 32 号龛龛内右侧大藏经残文

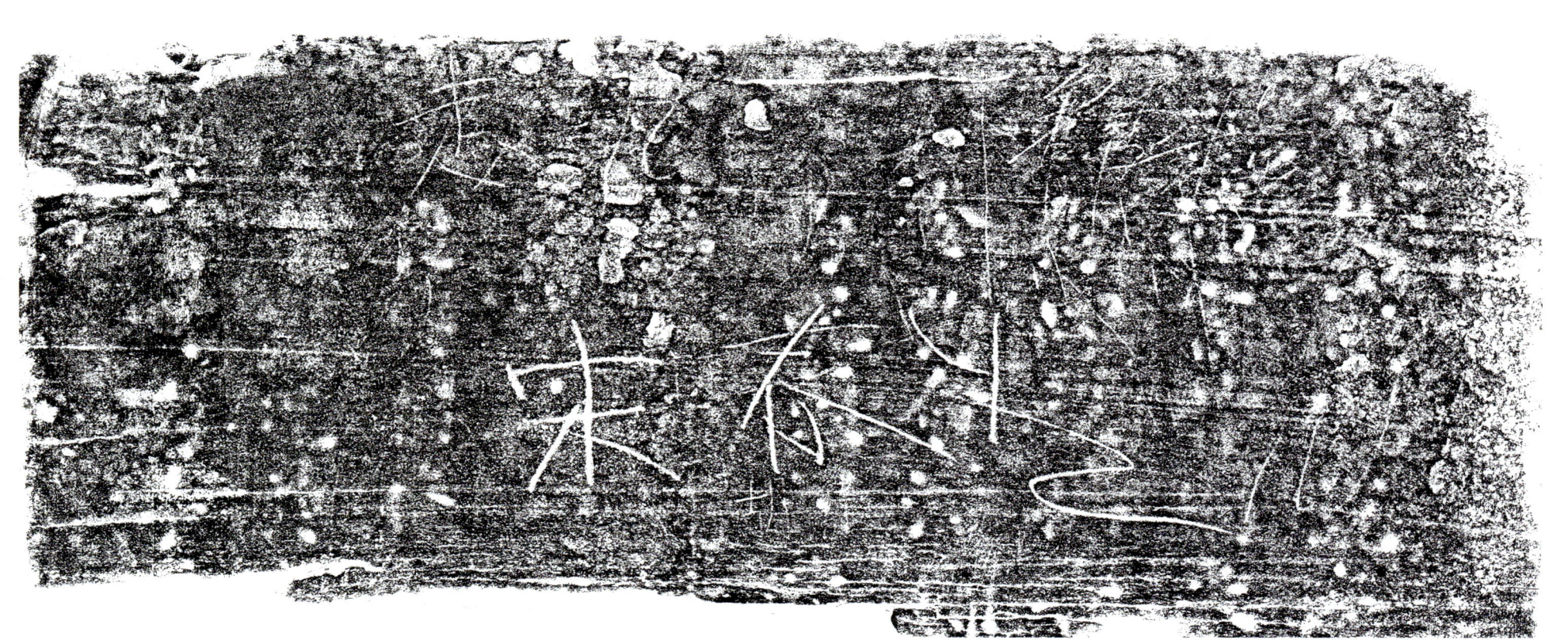

图版 230　第 32 号龛龛内右侧大藏经残文

图书在版编目（CIP）数据

宝顶山大佛湾石窟第15—32号考古报告.下册/黎方银主编；大足石刻研究院编.—重庆：重庆出版社,2018.5
（大足石刻全集.第七卷）
ISBN 978-7-229-12695-7

Ⅰ.①宝… Ⅱ.①黎… ②大… Ⅲ.①大足石窟－考古发掘－发掘报告
Ⅳ.①K879.275

中国版本图书馆CIP数据核字(2017)第228214号

宝顶山大佛湾石窟第15—32号考古报告　下册
BAODINGSHAN DAFOWAN SHIKU DI 15-32 HAO KAOGU BAOGAO XIACE
黎方银　主编　　大足石刻研究院　编

总策划：郭　宜　黎方银
责任编辑：康聪斌　夏　添
美术编辑：郑文武　夏　添　王　远　吕文成
责任校对：何建云
装帧设计：胡靳一　郑文武
排　　版：何　璐　黄　淦

重庆出版集团
重庆出版社　出版

重庆市南岸区南滨路162号1幢　邮政编码：400061　http://www.cqph.com
重庆新金雅迪艺术印刷有限公司印制
重庆出版集团图书发行有限公司发行
E-MAIL:fxchu@cqph.com　邮购电话：023-61520646
全国新华书店经销

开本：889mm×1194mm　1/8　印张：77
2018年5月第1版　2018年5月第1次印刷
ISBN 978-7-229-12695-7
定价：2700.00元

如有印装质量问题，请向本集团图书发行有限公司调换：023-61520678

版权所有　侵权必究